KB074758

신주 사마천 사기 29

평원군우경열전

위공자열전

춘신군열전

범저채택열전

악의열전

염파인상여열전

이 책은 롯데장학재단의 지원을 받아 번역, 출간되었습니다.

신주 사마천 사기 29 / 평원군우경열전·위공자열전·춘신군열전·

범저채택열전·악의열전·염파인상여열전

초판 1쇄 인쇄 2023년 10월 15일
초판 1쇄 발행 2023년 11월 10일

지은이   (본문) 사마천
         (삼가주석) 배인·사마정·장수절
번역 및 신주 한가람역사문화연구소 사기연구실

펴낸이   이덕일
펴낸곳   한가람역사문화연구소

등록번호 제2019-000147호
주소   서울특별시 종로구 김상옥로17 대호빌딩 신관 305호
전화   02) 711-1379
팩스   02) 704-1390
이메일   hgr4012@naver.com

ISBN   979-11-90777-42-1 94910

값은 뒤표지에 있습니다.

세계 최초
삼가주석
완역

신주 사마천 사기

평원군우경열전 | 위공자열전 | 춘신군열전
범저채택열전 | 악의열전 | 염파인상여열전

지은이
본문_ 사마천
삼가주석_ 배인·사마정·장수절

번역 및 신주
한가람역사문화연구소 사기연구실

한가람역사문화연구소

차례

머리말   《사기》〈열전〉의 넓고 깊은 세계에 관하여 …9

사기 제76권 史記卷七十六
평원군우경열전 平原君虞卿列傳

들어가기 … 18

제1장   평원군 조승 … 20

제2장   유세객 우경 … 42

사기 제77권 史記卷七十七
위공자열전 魏公子列傳

들어가기 … 66

제1장   독단으로 조나라를 구원에 나서다 … 68

제2장   한 때의 영광과 쓸쓸한 말년 … 88

사기 제78권 史記卷七十八
춘신군열전 春申君列傳

들어가기 ⋯ 100

제1장 진왕을 설득하다 ⋯ 102

제2장 춘신군에 봉해지다 ⋯ 125

제3장 비참한 최후 ⋯ 135

사기 제79권 史記卷七十九
범저채택열전 范雎蔡澤列傳

들어가기 ⋯ 148

제1장 진왕을 설득해 재상이 된 범저 ⋯ 150

제2장 원수에게 복수한 범저 ⋯ 191

제3장 범저를 대신한 채택 ⋯ 209

차례

사기 제80권 史記卷八十
악의열전 樂毅列傳

들어가기 … 240

제1장　중산국을 멸망시킨 악의 집안 … 242

제2장　무너진 공로와 후손 … 254

지도 1　악의열전 … 277

사기 제81권 史記卷八十一
염파인상여열전 廉頗藺相如列傳

들어가기 … 280

제1장   화씨벽을 보존한 인상여 … 284

제2장   문경지교 … 295

제3장   조사와 조괄 … 305

제4장   염파와 이목의 불운한 최후 … 317

지도 2   **염파인상여열전** … 333

•   **찾아보기** … 334

新註史記

신주사기26	사기 61권	백이열전	편
	사기 62권	관안열전	편
	사기 63권	노자한비열전	편
	사기 64권	사마양저열전	편
	사기 65권	손자오기열전	편
	사기 66권	오자서열전	편
신주사기27	사기 67권	중니제자열전	편
	사기 68권	상군열전	편
	사기 69권	소진열전	편
신주사기28	사기 70권	장의열전	편
	사기 71권	저리자감무열전	편
	사기 72권	양후열전	편
	사기 73권	백기왕전열전	편
	사기 74권	맹자순경열전	편
	사기 75권	맹상군열전	편
신주사기29			◀
			◀
			◀
			◀
			◀
			◀
신주사기30	사기 82권	전단열전	편
	사기 83권	노중련추양열전	편
	사기 84권	굴원가생열전	편
	사기 85권	여불위열전	편
	사기 86권	자객열전	편
신주사기31	사기 87권	이사열전	편
	사기 88권	몽염열전	편
	사기 89권	장이진여열전	편
	사기 90권	위표팽월열전	편
	사기 91권	경포열전	편
신주사기32	사기 92권	회음후열전	편
	사기 93권	한신노관열전	편
	사기 94권	전담열전	편
	사기 95권	번역등관열전	편
	사기 96권	장승상열전	편
신주사기33	사기 97권	역생육가열전	편
	사기 98권	부근괴성열전	편
	사기 99권	유경숙손통열전	편
	사기 100권	계포난포열전	편
	사기 101권	원앙조조열전	편
	사기 102권	장석지풍당열전	편
	사기 103권	만석장숙열전	편
신주사기34	사기 104권	전숙열전	편
	사기 105권	편작창공열전	편
	사기 106권	오왕비열전	편
	사기 107권	위기무안후열전	편
신주사기35	사기 108권	한장유열전	편
	사기 109권	이장군열전	편
	사기 110권	흉노열전	편
	사기 111권	위장군표기열전	편
신주사기36	사기 112권	평진후주보열전	편
	사기 113권	남월열전	편
	사기 114권	동월열전	편
	사기 115권	조선열전	편
	사기 116권	서남이열전	편
신주사기37	사기 117권	사마상여열전	편
	사기 118권	회남형산열전	편
신주사기38	사기 119권	순리열전	편
	사기 120권	급정열전	편
	사기 121권	유림열전	편
	사기 122권	혹리열전	편
	사기 123권	대원열전	편
신주사기39	사기 124권	유협열전	편
	사기 125권	영행열전	편
	사기 126권	골계열전	편
	사기 127권	일자열전	편
	사기 128권	귀책열전	편
신주사기40	사기 129권	화식열전	편
	사기 130권	태사공자서	편

원 사료는 중화서국中華書局 발행의 《사기》와 영인본 《백납본사기百衲本史記》를 기본으로 삼고, 인터넷 사료로는 대만 중앙연구원 역사어언연구소歷史語言研究所에서 제공하는 한적전자문헌자료고漢籍電子文獻資料庫의 《사기》를 참조했다.

일러두기

❶ 네모 상자 안의 글은 사기 본문 및 삼가주석 서문의 글이다.
❷ 한글 번역문 바로 아래 한문 원문을 실어 쉽게 대조할 수 있게 했다.
❸ 삼가주석 아래 신주를 실어 우리 연구진의 새로운 해석을 달았다.
❹ 사기 분문뿐만 아니라 삼가주석도 필요할 경우 신주를 달았다.
❺ 직역을 원칙으로 삼고 의역은 최대한 피했다.
❻ 한문 원문에서 ( )는 빠져야 할 글자를, 〔 〕는 추가해야 할 글자를 나타낸다.
　 예) 살펴보니 15개 읍은 이 두 읍에 가까웠다.
　　　 案 十五邑近此(三)〔二〕邑

《사기》〈열전〉의 넓고 깊은 세계에 관하여

1. 시대별 〈열전〉의 세계

《사기》는 〈본기本紀〉, 〈표表〉, 〈서書〉, 〈세가世家〉, 〈열전列傳〉의 다섯 부분으로 구성된 기전체紀傳體 역사서이다. 기전체라는 이름은 다섯 부분 중에 제왕의 사적인 〈본기〉와 신하의 사적인 〈열전〉이 중심이라는 사실을 시사하고 있다. 〈본기〉가 북극성이라면 〈세가〉와 〈열전〉은 북극성을 향하는 뭇별이라는 구성이다. 〈열전〉은 모두 70편으로 구성되어 있지만 한 편의 〈열전〉에 여러 명을 수록하는 경우가 여럿이어서 실제 수록된 인물은 300명이 넘는다. 중국의 24사는 대부분 《사기》를 따라 기전체를 택하고 있지만 《사기》만의 독창적 내용이 적지 않다.

먼저 서술 시기를 보면 《사기》는 한 왕조사가 아니라 오제五帝부터 자신이 살던 한무제漢武帝 시기까지 천하사天下史를 기술했기에 그 시기가 광범위한데, 이는 〈열전〉도 마찬가지다. 그래서 이를 시기별로 나누어 정리할 필요가 있다.

첫째 시기는 춘추春秋시대 이전부터 춘추시대까지 활동했던 여러 인물이다. 〈백이열전伯夷列傳〉부터 〈중니제자열전仲尼弟子列傳〉까지 7편이 그런 경우로서 백이伯夷·숙제叔齊, 관중管仲, 안영晏嬰, 노자老子, 손자孫子, 오자서伍子胥, 공자孔子의 제자들 등이 이에 속한다.

둘째 시기는 전국戰國시대와 진秦 조정에서 활동한 인물들에 대해서 서술했다. 〈상군열전商君列傳〉부터 〈몽염열전蒙恬列傳〉까지 21편이 이런 경우로서 상앙商鞅, 소진蘇秦, 장의張儀, 백기白起, 왕전王剪, 전국 4공자, 여불위呂不韋, 이사李斯, 몽염蒙恬 등이 이에 속한다.

셋째 시기는 초楚와 한漢이 중원의 패권을 다투던 시기에 활동했던 인물들이다. 〈장이진여열전張耳陳餘列傳〉부터 〈전담열전田儋列傳〉까지 6편으로 장이, 진여, 한신韓信, 노관盧綰 등이 이에 속한다.

넷째 시기는 한고조 유방부터 경제景帝 때까지의 인물들을 서술하고 있다. 〈번역등관열전樊酈滕灌列傳〉부터 〈오왕비열전吳王濞列傳〉으로 번쾌樊噲, 육가陸賈, 계포季布, 유비劉濞 등이 이에 속한다.

다섯째 시기는 한무제 때의 인물들이다. 〈위기무안후열전魏其武安侯列傳〉 등으로 두영竇嬰, 이광李廣, 위청衛靑, 곽거병霍去病 등과 사마천 자신에 대해서 서술한 〈태사공자서太史公自序〉도 이 범주에 들 수 있다.

사마천은 한 사람의 인생 전부를 서술하는 개념으로 〈열전〉을 서술하지는 않았다. 그가 관심을 가진 것은 특정 인물이 어떤 사상을 가지고 한 시대를 어떻게 헤쳐 나갔는가, 또는 그 시대에 어떤 영향을 미쳤는가 하는 것이지 인생 전반을 세세하게 서술하는 것은 아니었다. 그러다보니 《사기》〈열전〉을 보면 한 인간의 역경을 통해서 그가 산 시대의 생생한 분위기도 엿볼 수 있다.

2. 〈백이열전〉을 첫머리로 삼은 이유

《사기》〈열전〉이 지금껏 인구에 회자되는 것은 사마천이 당위성만 추구한 것이 아니라 당위성과 실제 현실 사이의 괴리를 포착해 한 인물의 부침을 서술했기 때문이기도 할 것이다. 그가 〈열전〉의 첫머리를 〈백이열전〉으로 삼은 것은 〈세가〉의 첫머리를 〈오태백세가吳泰伯世家〉로 삼아 막내 계력季歷에게 왕위를 물려준 사양辭讓의 정신을 크게 높인 것과 마찬가지로 이利보다는 의義를 추구한 백이·숙제를 높인 것이다.

사마천은 제후가 아닌 공자를 〈공자세가〉로 높여 서술하고 〈중니제자열전〉과 〈유림열전儒林列傳〉도 서술해 유가儒家를 높이기도 하였다. 그러나 사마천은 단순히 유학을 높인 것이 아니라 유학에서 천하는 공公의 것이기에 자기 자식이 아니라 현명한 인물에게 자리를 넘겨주는 선양禪讓의 정신을 높게 산 것이다. 그래서 오제의 황제黃帝부터 요순堯舜까지 행해졌던 선양禪讓의 정신을 크게 높였다.

그러나 〈백이열전〉에서 사마천은 "백이·숙제는 남을 원망하지 않았다."는 공자의 말을 수록하면서도 사마천 자신은 공자의 견해에 동의하지 않고 백이·숙제의 뜻을 비통한 것으로 여겼다. 또한 그가 의문을 가진 것은 "하늘의 도道는 친함이 없고 항상 선한 사람과 함께한다."라고 했는데 선한 사람인 백이·숙제 같은 사람이 왜 굶어죽어야 했느냐는 질문이다. 그럼에도 불구하고 이利를 추구하는 삶보다 의義를 추구하는 삶이 중요하다는 생각에서 〈백이열전〉을 첫머리로 삼은 것이다.

〈백이열전〉뿐만 아니라 초나라를 끝까지 부흥시키려고 했던 〈춘신군열전春申君列傳〉이나 〈자객열전刺客列傳〉 등도 이에 속한다. 〈자객열전〉의

형가荊軻가 남긴 "장사 한 번 떠나면 다시 돌아오지 않으리[壯士一去兮
不復還]"라는 시가가 대일항전기 의열단원들이 목숨을 걸고 국내에 잠입
할 때 동지들과 나누던 시가라는 점은 시대와 장소를 넘어 의義의 실천에
목숨을 건 사람들이 깊은 동질감을 느꼈기 때문일 것이다.

3. 주제별 〈열전〉

〈열전〉 중에는 각 부문의 사람들을 주제별로 묶어서 서술한 〈열전〉이
적지 않다. 좋은 벼슬아치를 뜻하는 〈순리열전循吏列傳〉은 이후 많은 기
전체 역사서가 따라서 서술하고 있다. 후세 벼슬아치들에게 역사의 포상
이 가장 중요한 상으로 여기고 좋은 벼슬아치가 되려고 노력하라는 권고
의 뜻을 담고 있다. 또한 혹독한 벼슬아치를 뜻하는 〈혹리열전酷吏列傳〉은
반대로 역사의 비판이 가장 무거운 형벌임을 깨닫고 백성들을 가혹하게
대하거나 가렴주구를 하지 말라는 권고를 담고 있다.

사마천은 비록 유학을 높였지만 유자儒者는 칭송을 받는데 유협游俠은
비난을 받는 현실에 대해서도 불만이었다. 그래서 유협들도 수백 년이
지난 후에도 제사를 받든다면서 〈유협열전〉을 서술했다. 〈유협열전〉같은
경우 《사기》, 《한서》와 그 전편이 모두 전하지 않는 《위략魏略》 정도가
이어서 유협에 대해 서술하였고 이후의 역사서에서는 외면받았던 인물
들이다.

사마천은 또한 '기업가 열전'이라고 할 〈화식열전貨殖列傳〉을 서술했다는

이유로도 비판받았지만 그가 지금껏 역사가의 전범典範으로 대접받는 밑바탕에는 경제를 무시하지 않았던 역사관이 깔려 있었다. 그러나 〈화식열전〉은 이후 《사기》와 《한서》에서만 서술하고 있을 정도로 여러 사서는 벼슬아치와 학자만 높였지 사업가는 낮춰 보았던 것이 동양 유학 사회의 현실이었다.

《사기》에만 실려 있고, 다른 기전체 사서는 외면한 〈열전〉이 〈골계열전滑稽列傳〉, 〈일자열전日者列傳〉, 〈귀책열전龜策列傳〉이다. 〈골계열전〉은 보통 세속을 따르지 않고, 세상의 이익을 다투지 않는 것을 귀하게 여기는 사람들의 풍자정신에 대해 서술한 것으로 해석된다. 사마천이 보기에는 천문관측에 관한 〈일자열전〉이나 길흉을 점치는 복서卜筮에 대한 〈귀책열전〉도 나라를 다스리는데 필수적이라는 생각에서 이를 〈열전〉에 서술했다.

4. 위만조선만 서술한 〈조선열전〉

사마천이 〈열전〉에서 창안한 형식중 하나가 외국에 대한 〈열전〉이다. 사마천은 〈흉노열전匈奴列傳〉을 필두로 〈남월열전南越列傳〉, 〈동월열전東越列傳〉, 〈조선열전朝鮮列傳〉, 〈서남이열전西南夷列傳〉 등을 서술했다. 이 것이 공자가 《춘추》에서 높인 존주대의尊周大義와 함께 중국의 전통적인 화이관華夷觀을 만들어 낸 것으로 볼 수 있다.

그러나 사마천은 동이족이 분명한 삼황三皇을 배제하고 오제五帝부터 서술한 데에서 알 수 있는 것처럼 화하족華夏族의 뿌리를 찾기 어렵다는 현실에 부닥칠 수밖에 없었다. 그래서 때로는 이족夷族의 역사를 무리하게 화하족 역사로 편입시키려 노력했다. 한나라를 크게 괴롭혔던 흉노를 하夏나라의 선조 하후夏后의 후예로 서술하고, 남월, 동월 등도 그 뿌리를 모두 화하족과 연결되게 서술한 것은 이 때문일 것이다.

〈조선열전〉에서는 단군과 기자의 사적은 생략하고 연나라 출신 위만衛滿에 대해서만 서술했다. 사마천은 《사기》의 여러 부분에서 기자箕子에 대해 서술했고, 그가 존경하던 공자가 《논어》에서 기자를 미자微子, 비간比干과 함께 삼인三仁으로 꼽았으므로 그의 사적을 몰랐을 리 없다. 그러니 기자가 주무왕周武王에 의해 석방된 후 '조선朝鮮'으로 갔다는 사실을 몰랐을 리 없고 기자가 간 조선이 '단군조선檀君朝鮮'이라는 사실도 몰랐을 리 없다. 그러나 사마천은 단군과 기자는 생략하고 위만조선만 서술했다. 그럼에도 그가 〈조선열전〉이라도 서술했기에 우리는 위만조선과 한나라의 관계나 위만조선의 왕족과 귀족들이 왜 망국 후 한나라의 제후로 봉함을 받았는지 알 수 있게 되었다.

이제 〈열전〉을 내놓으면서 40권에 이르는 《신주 사마천 사기》의 대단원의 막이 내려진다. 《신주 사마천 사기》는 비단 지금까지 전 세계에서 발간된 가장 방대한 《사기》 번역서 및 주석서일 뿐만 아니라 그간 《사기》에서 놓쳤던 여러 관점과 사실에 대해 알 수 있다. 예를 들면 《사기》 본문 및 그 주석에 숱하게 드러나고 있는 이족夷族의 역사를 되도록 되살렸다는 내용면에서도 새로운 시도라고 자평할 수 있다.《신주 사마천 사기》완간을 계기로 사마천이 그렸던 천하사가 더욱 풍부해질 뿐만 아니라《사기》속에 숨어 있던 우리 선조들의 이야기가 우리 후손들의 가슴 속에 자리잡게 된다면 망외의 소득이라고 말할 수 있을 것이다.

사기 제76권 史記卷七十六

평원군우경열전 平原君虞卿列傳

사기 제76권 평원군우경열전 제16

史記卷七十六 平原君虞卿列傳第十六

신주 평원군平原君과 우경虞卿은 모두 조나라 사람이다. 평원군平原君 (?~서기전 251)은 전국시대 조趙나라 공자로서 성은 조趙이며 이름은 승勝 이다. 이른바 전국 사공자戰國四公子 중 한 사람이다. 전국 사공자는 조 趙의 평원군 조승趙勝, 제齊의 맹상군孟嘗君 전문田文(?~서기전 279), 위魏의 신릉군信陵君 무기無忌, 초楚의 춘신군春申君 황헐黃歇이다.

평원군은 조나라 무령왕武靈王의 아들이자 혜문왕惠文王의 동생이다. 그는 식객 3,000여 명을 모았는데 그중에 공손룡公孫龍, 추연鄒衍, 모수 毛遂 등이 유명하다. 한나라가 진秦의 침공으로 나라가 양분되자 상당 上黨 땅을 조나라에 바치겠다고 한 것을, 평양군平陽君은 진나라의 군사 를 부를 수 있다며 반대했지만, 평원군이 받아들일 것을 주장해 받아들 임으로써 장평대전長平大戰이 일어나는 계기가 된다.

이 싸움에서 조나라는 끝내 45만여 명의 엄청난 병사를 잃어 조나라 는 크게 약화되자 진군이 조나라의 수도 한단邯鄲을 포위한다. 이에 평원 군은 식객 모수毛遂를 데리고 초楚나라로 가서 초와 합종책을 성사시키 는데, 이것이 이른바 '모수자천毛遂自薦'이다. 이후 위기상황에서 자신에게 직언을 서슴치 않는 이동李同을 중용해 한단을 지켜냈지만 끝내 약화된 조나라를 중흥시키지 못하고 세상을 떠나고 말았다.

우경虞卿은 이름이 신信이고 경卿은 직책의 이름이다. 조나라 중모中牟 사람인데, 중모는 지금의 하남성 학벽시鶴壁市 지역을 말한다. 제순帝舜의 후예로 동이족이며 경성卿姓의 득성得姓 시조이다. 진나라와 장평대전이 발생하기 전에는 초楚, 위魏와 합종해서 진秦나라에 화평을 압박해야 한다고 주장했다. 한단의 포위가 풀린 후에는 진나라에 땅을 떼어주고 화평을 구하자는 조벽趙郝과 누완樓緩의 계책을 배격하고 조나라가 제齊나라, 위魏나라와 합종책을 주도해 진秦나라에 맞서야 한다고 주장했다. 이후 우경은 조나라에서 재상직을 버리고 곤경에 빠진 위제魏齊와 함께 위나라 수도 대량大梁으로 가는데, 그곳에서도 큰 곤경을 당한다. 이후 자신의 경험을 살려 《우씨춘추虞氏春秋》를 지었다. 지금은 전하지 않고 다만 《한서》〈예문지〉에 그것이 15권이란 사실만 전하고 있다.

제1장

평원군 조승

평원군平原君 조승趙勝[1]은 조趙나라의 여러 공자[2] 중 한 사람이다. 여러 공자公子 가운데에서도 가장 현명했고 빈객賓客들을 좋아하여 (공자에게) 이른 빈객들이 대략 수천 명이나 되었다. 평원군은 조나라 혜문왕惠文王과 효성왕孝成王 때에 재상이었는데, 세 번이나 재상에서 떠났다가 세 번이나 재상으로 복귀했으며 동무성東武城[3]에 봉해졌다.

平原君趙勝[1]者 趙之諸公子也[2] 諸子中勝最賢 喜賓客 賓客蓋至者數千人 平原君相趙惠文王及孝成王 三去相 三復位 封於東武城[3]

① 趙勝조승

정의 勝의 발음은 '승[式證反]'이다.

勝 式證反

신주 조씨趙氏는 진나라와 함께 영성嬴姓에서 나온 동이족 성씨이다. 영성은 맹자가 동이족이라고 했던 제순帝舜이 사위 백익伯益에게 영성을 내리면서 시작하는데, 백익은 동이족 전욱顓頊의 손자이다. 조씨의 득성 시조 조부造父는 영성으로 백익의 후예이고 비렴蜚廉의 4세손인데, 수레를 잘 몰랐다. 동이족 서국徐國의 서언왕徐偃王이 주나라에 반기를 들었을 때 주목왕周穆王을 수레에 모시고 하루에 1,000리를 달려 호경鎬京에 도착해 서언왕을 격파하게 했다. 그 공으로 주목왕이 현재의 산서성 홍동洪洞 땅인 조성趙城을 내린 것이 조씨趙氏의 시작이자 훗날 조국趙國의 시작이었다.

② 趙之諸公子也조지제공자야

[집해] 서광이 말했다. "〈위공자열전〉에는 조혜문왕의 아우라고 했다."

徐廣曰 魏公子傳曰趙惠文王弟

③ 東武城동무성

[집해] 서광이 말했다. "청하군에 속한다."

徐廣曰 屬淸河

[정의] 지금의 패주貝州 무성현이다.

今貝州武城縣也

[신주] 당시 조나라 동단으로 제나라와 접경 지역이다.

평원군 저택의 누대는 민가를 내려보고 있었다. 민가에는 다리가 성하지 못한 사람이 살고 있었는데 그는 발을 절룩거리며① 걸어가서는 물을 긷고 있었다. 평원군의 미인이 누대 위에서 그 광경을 내려다보고 깔깔거리며 웃었다. 다음날 다리가 성하지 못한 사람이 평원군의 문 앞까지 찾아와 청해서 말했다.

"신이 듣기에, 군주께서는 사인士人을 좋아한다고 했습니다. 사인이 천 리가 멀다고 여기지 않고 (군君에게) 이르는 것은 군께서 사인을 귀하게 여기고 첩을 천하게 여기기 때문입니다. 신이 불행하게도 곱사병을 앓아[2] 다리가 성치 못하게 되었는데 군의 첩이 누대에서 내려다보며 신을 비웃었습니다. 신은 원컨대 신을 비웃은 자의 머리를 얻고자 합니다."

평원군이 웃으면서 응대해 말했다.

"알겠소."

平原君家樓臨民家 民家有躄者 槃散[1]行汲 平原君美人居樓上 臨見 大笑之 明日 躄者至平原君門 請曰 臣聞君之喜士 士不遠千里而至者 以君能貴士而賤妾也 臣不幸有罷癃之病[2] 而君之後宮臨而笑臣 臣願得笑臣者頭 平原君笑應曰 諾

① 躄者 槃散벽자 반산

[집해] 또한 '산跚'(비틀거리다)으로 되어 있다.

亦作跚

[색은] 躄의 발음은 '벽壁'이다. 散의 발음은 '산[先寒反]'이다. 또한 '산跚'으로 되어 있는데 발음은 같다.

躄音壁 散音先寒反 亦作跚 同音

[정의] 벽躄은 절름발이이다.

躄 跛也

② 罷癃之病피륭지병

절름발이가 떠나가자 평원군이 비웃으면서 말했다.

"이 애송이를 보게! 한번 웃은 걸 가지고 나의 미인을 죽이라니 또한 심하지 않은가!"

마침내 죽이지 않았다. 한 해쯤 되자 빈객과 문하의 사인舍人들 중에서 점점 떠나간 자들이 절반이나 되었다. 평원군이 괴상하게 여기며 말했다.

"나는 여러분을 대우하는 데 일찍이 감히 예를 잃은 적이 없는데 떠나가는 자가 어찌 이렇게 많습니까?"

문하의 한 사람이 앞에서 대답해 말했다.

"군께서 다리가 성하지 못한 사람을 비웃은 여인을 죽이지 않자 군께서는 여색을 좋아하고 사인을 천하게 여긴다고 여겨서 사인 들이 떠난 것입니다."

이에 평원군이 다리가 성하지 못한 사람을 비웃었던 미인을 처형 하고 머리를 들고 스스로 문에 이르러 다리가 성하지 못한 사람 에게 나아가 사과했다. 그 뒤로는 다시 문하에 점점 빈객들이 모 여들었다. 이때 제나라에는 맹상군이 있었고 위나라에는 신릉군이 있었고 초나라에는 춘신군이 있었는데, 이들은 서로 경쟁하듯이 사인을 초빙하여 후대[1]하였다.

躄者去 平原君笑曰 觀此豎子 乃欲以一笑之故殺吾美人 不亦甚乎 終不殺 居歲餘 賓客門下舍人稍稍引去者過半 平原君怪之 曰 勝所以待諸君者未嘗敢失禮 而去者何多也 門下一人前對曰 以君之不殺笑躄者 以君爲愛色而賤士 士卽去耳 於是平原君乃斬笑躄者美人頭 自造門進躄者 因謝焉 其後門下乃復稍稍來 是時齊有孟嘗 魏有信陵 楚有春申 故爭相傾以待[1]士

① 待대

집해 서광이 말했다. "대待는 다른 판본에는 '득得'으로 되어 있다."

徐廣曰 待 一作得

진秦나라가 한단邯鄲을 포위하자[1] 조나라는 평원군을 시켜 초나라에 구원을 요청하게 하고 초나라에 합종책을 따르게 하려고 했다.[2] 이에 식객과 문하에 용력과 문무를 겸비한 자 20명과 함께 가겠다고 청했다. 평원군이 말했다.

"가령 문文으로 사용해 승리를 취할 수 있으면 좋겠지만 문文으로 승리를 취할 수 없다면 화려한 전각 아래에서 피를 마시더라도 반드시 합종을 성사시키고 돌아오겠습니다. 사인은 밖에서 찾지 않고 식객과 문하에서 취해도 충분합니다."

19명은 얻었는데 나머지는 취할 만한 자가 없어서 20명을 채울 수가 없었다. 문하에 모수毛遂라는 자가 있었는데 앞으로 나와 스스로를 추천하며③ 평원군에게 말했다.

"제가 들으니 군께서는 장차 초나라에 합종책을 따르게 하기 위해서 왕과 약속하고 식객과 문하의 20명과 함께하기로 했는데 밖에서 찾지 않는다고 했습니다. 지금 문하에는 한 사람이 부족하다는데 원컨대 군께서는 저로써 인원수를 갖추어 가십시오."

秦之圍邯鄲① 趙使平原君求救 合從於楚② 約與食客門下有勇力文武備具者二十人偕 平原君曰 使文能取勝 則善矣 文不能取勝 則歃血於華屋之下 必得定從而還 士不外索 取於食客門下足矣 得十九人 餘無可取者 無以滿二十人 門下有毛遂者 前 自贊③於平原君曰 遂聞君將合從於楚 約與食客門下二十人偕 不外索 今少一人 願君卽以遂備員而行矣

① 秦之圍邯鄲진지위한단

정의 조혜문왕 9년, 진소왕 15년이다.

趙惠文王九年 秦昭王十五年

신주 진나라가 조나라 수도 한단을 포위한 때는 서기전 260년 장평대전 이후이다. 〈조세가〉에는 효성왕 8년에 평원군이 초나라에 구원을 요청하러 갔다고 한다. 〈백기열전〉에 따르면 진소왕 49년 정월부터 한단을 포위했다고 한다. 그때가 효성왕 8년이므로 〈조세가〉 기록이 정확함을 알 수 있다. 〈육국연표〉 및 〈위공자열전〉에 조나라를 구원하여 한단의 포위를 푼 것은 조효성왕 9년과 진소양왕 50년인 서기전 257년으로 장평대전 3년 후이다. 여러 기록을 종합하면, 진나라가 한단을 포위하고 평원군이 초나라로 구원을 요청하러 간 것은 효성왕 8년이며, 마침내 초와 위 구원군의 힘을 빌려 한단의 포위를 푼 것은 효성왕 9년이다. 따라서 조혜문왕 9년과 진소왕 15년이란 정의 주석은 착오로 보인다.

② 合從於楚합종어초

신주 합종은 전국시대 진秦에 맞섰던 연燕, 제齊, 초楚, 한韓, 위魏, 조趙의 6국 사이의 외교 전술이다. 한, 위, 조를 중심으로 북쪽의 연과 남쪽의 초가 남북으로 서로 연결하여 진에 맞서는 것이 종縱으로 합종이라 하고, 동서로 제 또는 진과 연결하여 생존을 도모하는 것이 횡橫으로 연횡이라 한다. 유세가였던 소진蘇秦은 연과 다른 5국에게 '진 밑에서 쇠꼬리가 되기보다는 차라리 닭의 머리가 되자'고 설득하여 6국을 종적縱的으로 연합시켜 진나라에 맞서게 했는데, 이것이 합종合從이다.

이에 맞서 위나라 출신의 장의張儀는 합종은 일시적 대책에 지나지 않는다면서 진을 섬겨서 생존을 도모해야 한다고 6국을 돌며 설득해 진이 6국과 개별로 횡적 동맹을 맺게 했는데 이것이 연횡連衡이다. 연횡책으로 합종책을 무너뜨린 진은 6국을 차례로 멸망시켜 중원을 통일하였다.

③ 自贊자찬

신주 곧 자천自薦이며, '모수가 자신을 추천하다'는 뜻의 고사성어 '모수자천毛遂自贊'의 출처이다. 능력 있는 자가 스스로를 내세워 기용하도록 요구하는 것이다.

평원군이 말했다.

"선생께서 조승(평원군)의 문하에 거처하신 지 몇 년이나 되었소?"

모수가 말했다.

"이곳에 있은 지 3년 되었습니다."

평원군이 말했다.

"대저 현명한 사인이 세상에 처함은 비유컨대 송곳이 주머니 속에 있는 것과 같아서[1] 그의 끝이 곧 나타나는 것입니다. 지금 선생께서는 내 문하에 거처한 지 곧 3년인데도 좌우에서 일컬어 칭송된 바가 없고 나도 들은 바가 없으니 이는 선생에게 가진 재능이 없는 것입니다. 선생은 능하지 못하니 선생께서는 그냥 머무르시오."

모수가 말했다.

"신은 오늘부터라도 주머니 속에 있기를 청합니다. 저에게 일찍이 주머니 속에 처하게 했다면 자루까지 나왔을 것이지,[2] 특별히 그 끝만 드러나지 않을 것입니다."

평원군이 마침내 모수와 함께하기로 했다. 19명은 서로 눈짓으로 비웃었으나 버리지는 못했다.[3]

平原君曰 先生處勝之門下幾年於此矣 毛遂曰 三年於此矣 平原君曰 夫賢士之處世也 譬若錐之處囊中[1] 其末立見 今先生處勝之門下三年 於此矣 左右未有所稱誦 勝未有所聞 是先生無所有也 先生不能 先生 留 毛遂曰 臣乃今日請處囊中耳 使遂蚤得處囊中 乃穎脫而出[2] 非特其 末見而已 平原君竟與毛遂偕 十九人相與目笑之而未廢也[3]

① 錐之處囊中추지처낭중

고사성어 '낭중지추囊中之錐'의 출전으로 재능이 뛰어난 사람은 숨어 있어도 저절로 남의 눈에 띈다는 뜻이다.

② 穎脱而出영탈이출

살펴보니 정현이 말했다. "영穎은 환環이다." 脱의 발음은 '퇄[吐活反]'이다.

按 鄭玄曰 穎 環也 脱音吐活反

영穎은 옥으로 된 고리라는 뜻이다.

③ 相與目笑之而未廢也상여목소지이미폐야

살펴보니 정현이 말했다. "모두 눈짓으로 바라보고 가벼이 여기며 비웃었으나 곧 폐하여 버릴 수는 없었다."

按 鄭玄曰 皆目視而輕笑之 未能卽廢棄之也

모수가 일행과 초나라에 이르기까지 19명과 더불어 토론했는데 19명이 모두 탄복했다. 평원군이 초나라와 합종책에 대해서 그 이로움과 해로움을 말하는데 해가 뜰 무렵부터 논란을 벌여 한낮이 되기까지 결정하지 못했다. 19명이 모수에게 일러 말했다.

"선생께서 당에 오르시오."

모수는 칼자루에 손을 얹고 계단을 거쳐 당에 올라가 평원군에게 말했다.

"합종책의 이로움과 해로움은 두 마디면 결정됩니다. 지금 해가 뜰 때부터 합종책에 대해 이야기했는데 해가 중천에 이르도록 결정하지 못한 것은 무엇 때문입니까?"

초왕이 평원군에게 물었다.

"객客은 무엇을 하는 자입니까?"

평원군이 말했다.

"이 사람은 저의 사인舍人입니다."

초왕이 꾸짖어 말했다.

"어찌하여 내려가지 않는가! 나는 너의 주군과 이야기를 나누는데 너는 무엇을 하려는가?"

모수는 칼자루에 손을 얹은채 앞에서 말했다.

"왕께서 저를 꾸짖는 것은 초나라의 많은 군사 때문일 것입니다. 지금 10보步 안에서는 왕께서 초나라의 많은 군사에 기댈수 없으니 왕의 목숨은 제 손에 달려 있습니다. 나의 주군께서 앞에 계신데 꾸짖는 것은 무엇 때문입니까? 또 제가 듣건대 탕왕湯王은 70리의 땅으로 천하의 왕이 되었고 문왕文王은 100리의 땅으로 제후들을 신하로 삼았다고 했는데 어찌 그 사졸의 무리가 많았기 때문이겠습니까? 진실로 그 형세에 의지하여 그 위엄을 떨쳤기 때문입니다.

지금 초나라 땅은 사방이 5,000리이고 창을 가진 군사는 백만이니 이는 패왕의 바탕입니다. 초나라의 강함은 천하에서 당해낼 자가 없을 것입니다. (진나라) 백기白起는 애송이일 뿐인데 수만의 군사를 거느리고 군사를 일으켜 초나라와 싸웠는데, 한 번 싸워

언영과 영영을 빼앗았고 두 번 싸워 이릉夷陵을 불태웠고 세 번 싸워 왕의 선조들을 욕보였습니다.[①] 이는 백 세대에 걸친 원한이며 조나라에서도 부끄럽게 여기는 바인데 왕께서는 어찌 부끄러움[②]을 알지 못하십니까? 합종책은 초나라를 위한 것이지 조나라를 위한 것은 아닙니다. 나의 주군께서 앞에 계신데 꾸짖는 것은 무엇 때문입니까?"

毛遂比至楚 與十九人論議 十九人皆服 平原君與楚合從 言其利害 日出而言之 日中不決 十九人謂毛遂曰 先生上 毛遂按劍歷階而上 謂平原君曰 從之利害 兩言而決耳 今日出而言從 日中不決 何也 楚王謂平原君曰 客何爲者也 平原君曰 是勝之舍人也 楚王叱曰 胡不下 吾乃與而君言 汝何爲者也 毛遂按劍而前曰 王之所以叱遂者 以楚國之衆也 今十步之內 王不得恃楚國之衆也 王之命縣於遂手 吾君在前 叱者何也 且遂聞湯以七十里之地王天下 文王以百里之壤而臣諸侯 豈其士卒衆多哉 誠能據其勢而奮其威 今楚地方五千里 持戟百萬 此霸王之資也 以楚之彊 天下弗能當 白起 小豎子耳 率數萬之衆 興師以與楚戰 一戰而擧鄢郢 再戰而燒夷陵 三戰而辱王之先人[①] 此百世之怨而趙之所羞 而王弗知惡[②]焉 合從者爲楚 非爲趙也 吾君在前 叱者何也

① 三戰而辱王之先人삼전이욕왕지선인

신주 초나라가 진나라 백기에게 거듭 패하여 언영, 영영(초나라 수도), 이릉夷陵 등을 빼앗기고 동쪽 진陳으로 수도를 옮긴 것은 이때부터 20년 전인 서기전 279~서기전 278년이다. 이때 초왕은 고열왕考烈王이다. 진나라에

억류되었다가 죽은 회왕懷王에 이어 수도마저 빼앗긴 치욕을 당한 것은
경양왕頃襄王이다.

② 惡오

정의 惡의 발음은 '오[烏故反]'이다.

惡 烏故反

초왕이 말했다.

"그렇소. 그렇소. 진실로 선생의 말과 같으니 삼가 사직을 받들어
합종하겠소."

모수가 말했다.

"합종으로 결정하셨습니까?"

초왕이 말했다.

"결정했소."

모수가 초왕의 측근에게 말했다.

"닭과 개와 말의 피를 가져오시오.①"

모수는 피가 담긴 구리 쟁반을 받쳐 들고② 꿇어앉아 초왕에게 올
리면서 말했다.

"왕께서 마땅히 피를 마시는 것③으로 합종을 결정하시면 다음
은 나의 주군께서 마시고 그 다음은 제가 마시겠습니다."

마침내 전상殿上에서 합종책이 결정되었다. 모수는 왼손으로 구
리 쟁반의 피를 가지고 오른손으로 19명을 불러서 말했다.

"공들도 서로 당堂 아래에서 이 피를 마시시오. 공들은 줄줄이 따라왔으나④ 이른바 다른 사람의 힘으로 일을 이룬 것입니다."

楚王曰 唯唯 誠若先生之言 謹奉社稷而以從 毛遂曰 從定乎 楚王曰 定矣 毛遂謂楚王之左右曰 取雞狗馬之血來① 毛遂奉銅槃②而跪進之楚王曰 王當歃③血而定從 次者吾君 次者遂 遂定從於殿上 毛遂左手持槃血而右手招十九人曰 公相與歃此血於堂下 公等錄錄④ 所謂因人成事者也

① 取雞狗馬之血來취계구마지혈래

색은 살펴보니 맹세하는데 사용되는 희생물은 귀하고 천한 것이 서로 다르다. 천자는 소와 말을 사용했고, 제후는 개와 돼지를 사용했고, 대부 이하는 닭을 사용했다. 지금 여기서는 맹세하는데 사용할 피를 모두 말한 것이다. 그러므로 '취계구마지혈래取雞狗馬之血來'라고 일렀을 따름이다.

按 盟之所用牲貴賤不同 天子用牛及馬 諸侯用犬及豠 大夫已下用雞 今此總言盟之用血 故云 取雞狗馬之血來耳

② 奉銅槃봉동반

색은 奉의 발음은 '봉[敷奉反]'이다. 《주례》에서 주반珠盤을 사용하는 것과 같은 것이다.

奉 敷奉反 若周禮則用珠盤也

③ 歃삽

색은 이는 피를 마시는 것이다. 歃의 발음은 '삽[所甲反]'이다.

啑此血 音所甲反

④ 錄錄녹록

집해 錄의 발음은 '록祿'이다.

音祿

색은 錄의 발음은 '록祿'이다. 살펴보니 왕소는 "녹錄은 차자借字(본뜻과 관계없이 음이나 훈을 빌려다 쓰는 글자)일 뿐이다."라고 했다. 또 《설문》에서 "녹록錄錄은 따르는 모습이다."라고 했다.

音祿 按 王劭云 錄 借字耳 又說文云 錄錄 隨從之貌

평원군이 합종을 결정하고 돌아왔다. 돌아와 조나라에 이르러 말했다.

"나는 감히 다시는 사인의 관상을 보지 않을 것이오. 내가 사인의 관상을 본 것이 많게는 1,000명이고 적게는 수백 명이었으니 스스로 천하의 사인을 잃지 않았다고 생각했는데 지금 모毛 선생을 잃을 뻔했소. 모 선생이 한 번 초나라에 이르러 조나라를 구정九鼎이나 대려大呂①보다도 중하게 했소. 모 선생의 세 치 혀는 백만 군사보다 강했소. 나는 감히 다시는 사인의 관상을 보지 않을 것이오."

마침내 (모수를) 상객上客으로 삼았다.

平原君已定從而歸 歸至於趙 曰 勝不敢復相士 勝相士多者千人 寡者百數 自以爲不失天下之士 今乃於毛先生而失之也 毛先生一至楚 而使趙重於九鼎大呂① 毛先生以三寸之舌 彊於百萬之師 勝不敢復相士 遂以爲上客

① 九鼎大呂구정대려

색은 구정과 대려는 국가의 보기寶器이다. 모수가 초나라에 이르러 조나라를 구정이나 대려보다 중요하게 여겨지게 했는데 이는 천하의 소중한 것이라는 말이다.

九鼎大呂 國之寶器 言毛遂至楚 使趙重於九鼎大呂 言爲天下所重也

정의 대려는 주나라 종묘의 대종大鍾이다.

大呂 周廟大鍾

신주 구정九鼎은 우禹임금이 하夏를 건국한 이후에 중원의 청동을 공납 받아 만든 솥으로 구주九州를 상징한다. 구정九鼎은 고대 중국 왕권의 상징이다.《춘추공양전주소春秋公羊傳注疏》에 따르면 구정은 천자의 지위를 상징하는 것으로 제사를 지낼 때 사인士人은 일정一鼎이나 삼정三鼎을 사용하고 대부大夫는 오정五鼎을 사용하고 제후는 칠정七鼎을 사용하고 천자는 구정을 사용한다. 상商나라 탕왕湯王이 하나라 걸왕桀王을 축출한 후 구정은 상나라 도읍으로 옮겼다가 반경盤庚으로 천도한 후 이곳으로 옮겼다. 주나라 무왕이 은나라 주왕을 멸망시키고 성왕이 즉위한 후 주공 단이 이를 낙읍雒邑(낙양)으로 옮겼다. 진秦나라 소양왕이 서주西周를 공격하여 구정九鼎을 빼앗았는데 하나가 사수泗水에 빠져 여덟 개만 진나라로 들여왔다. 그 후 진시황秦始皇이 주정周鼎을 찾으려고 1,000명을 동원해서 사수 물속을 샅샅이 뒤졌으나 끝내 찾지 못하였다. 한문제漢文帝도 사수를 뒤지게 했으나 찾지 못했다고 한다. 대려大呂는 주나라 종묘의 큰 종이다.

평원군이 조나라로 돌아가자 초나라는 춘신군에게 군사를 거느리고 달려가 조나라를 구원하게 했다. 위나라 신릉군도 속임수로 진비晉鄙의 군사를 빼앗아 조나라를 구원하러 갔는데 모두 아직 이르지 못했다. 진나라가 서둘러 한단을 포위하자 한단이 위급해지고 또 항복할 지경에 이르자 평원군은 매우 걱정했다. 한단의 전사傳舍를 맡은 관리의 아들 이동李同[1]이 평원군을 설득해서 말했다.

"군께서는 조나라가 망하는 것을 걱정하지 않으십니까?"

평원군이 말했다.

"조나라가 망한다면 나는 포로가 될 것인데 어찌 걱정되지 않겠는가?"

이동이 말했다.

"한단의 백성은 땔감이 없어 죽은 사람의 **뼈**로 밥을 짓고 (먹을 것이 없어서) 자식을 바꾸어 잡아먹고 있으니 실로 위급하다고 이를 것입니다. 그런데 군君의 후궁은 백 명이 넘고 여종과 첩들은 수놓은 비단옷을 입고 좋은 음식을 먹고도 남는 것이 있는데, 백성은 굵은 베옷도 완전하지 못하고 술지게미와 쌀겨도 배불리 먹지 못합니다. 백성은 곤궁하고 군사들의 병장기는 바닥나 어떤 이는 나무를 깎아 창과 화살을 만드는데 군君의 기물器物이나 악기들은 여전합니다. 만일 진秦나라에서 조나라를 무너뜨린다면 군께서는 어찌 이러한 것을 가질 수 있겠습니까? 만일 조나라가 온전하게 된다면 군君께서 어찌 이것들이 없음을 근심하시겠습니까? 지금 군君께서 진실로 부인夫人 이하에게 명하여 병졸들 사이에 넣어서 일을 나누게 하고 집안에 소유한 것들을 모두 나누어 군사들에게 베풀어 주면 군사들은 마침 위태하고 어려운 때이니 쉽게 덕으로 여길 것입니다.[2]"

곧 평원군이 (이동의 말을) 따르니 이로 인해 죽음을 무릅쓰는 군사 3,000명을 얻었다. 이동이 드디어 3,000명과 함께 진나라 군사에게 나아가자 진나라 군사는 30리 밖으로 물러났다. 또한 때마침 초나라와 위나라 구원병이 이르자 진나라 군사가 드디어 물러가 한단이 다시 보존되었다. 이동이 전사하자 그 아버지를 이후 李侯[3]로 봉했다.

平原君旣返趙 楚使春申君將兵赴救趙 魏信陵君亦矯奪晉鄙軍往救趙 皆未至 秦急圍邯鄲 邯鄲急 且降 平原君甚患之 邯鄲傳舍吏子李同[1] 說平原君曰 君不憂趙亡邪 平原君曰 趙亡則勝爲虜 何爲不憂乎 李同 曰 邯鄲之民 炊骨易子而食 可謂急矣 而君之後宮以百數 婢妾被綺縠 餘粱肉 而民褐衣不完 糟穅不厭 民困兵盡 或剡木爲矛矢 而君器物鍾 磬自若 使秦破趙 君安得有此 使趙得全 君何患無有 今君誠能令夫人 以下編於士卒之間 分功而作 家之所有盡散以饗士 士方其危苦之時 易德耳[2] 於是平原君從之 得敢死之士三千人 李同遂與三千人赴秦軍 秦軍爲之卻三十里 亦會楚魏救至 秦兵遂罷 邯鄲復存 李同戰死 封其 父爲李侯[3]

① 李同이동

정의 이름이 담인데, 태사공이 피휘하여 고친 것이다.

名談 太史公諱改也

신주 사마천의 아버지 이름이 사마담司馬談인데, 사마천은 담談 자를 피휘하여 동同이라고 하였다.

② 士方其危苦之時 易德耳사방기위고지시 이덕이
[정의] 군사들이 마침 위태롭고 고통스러울 때이므로 쉽게 은덕으로 여긴다는 말이다.
言士方危苦之時 易有恩德

③ 李侯이후
[집해] 서광이 말했다. "하내군 성고현에 이성李城이 있다."
徐廣曰 河內成皋有李城
[정의] 회주 온현은 본래 이성李城이다. 이동의 아버지를 봉한 곳이다. 수양제隋煬帝가 옛 온성溫城에서 이곳으로 현을 옮겼다고 한다.
懷州溫縣 本李城也 李同父所封 隋煬帝從故溫城移縣於此

우경虞卿은 신릉군信陵君이 한단을 보존한 것은 평원군 때문이라고 여겨서 평원군을 봉해줄 것을 청하고자 했다. 공손룡公孫龍이 듣고 밤에 수레를 몰고 평원군을 만나서 말했다.

"제가 들으니 우경은 신릉군이 한단을 보존한 것은 평원군 때문이라며 군君을 위해 봉지封地를 청하고자 한다는데 사실입니까?"

평원군이 대답했다.

"그렇소."

공손룡이 말했다.

"이것은 매우 옳지 않습니다. 또 왕께서 군君을 천거해 조나라 재상으로 삼는 것은 군君과 같은 지혜와 능력을 가진 사람이 조나라에 없어서가 아닙니다. 동무성東武城을 할애해 군君을 봉한 것은 군께서는 공로가 있고 나라 사람들은 공로가 없기 때문이 아닙니다. 곧 군께서는 스스로가 왕의 친척이라고 여겼기 때문이었습니다. 군께서 재상의 인수를 받고도 무능하다고 사양하지 않았고 땅을 할애받고도 공로가 없다고 하지 않은 것 또한 스스로가 왕의 친척이라고 여겼기 때문입니다. 지금 신릉군이 한단을 보존시켰다고 봉지를 청하면 이것은 친척으로 성을 받고는 (친척이 아닌) 조나라 사람으로 공로를 계산하는 것입니다.[①] 이것은 매우 옳지 않습니다. 또 우경은 그 두 가지 추를 잡아서 일이 성사되면 우권右券을 가지고 보상을 독촉할 것이고[②] 일이 성사되지 않더라도 헛된 명성을 가지고 군에게 덕을 베풀었다고 할 것입니다. 군께서는 절대로 듣지 마십시오."

평원군은 마침내 우경의 제안을 들어주지 않았다.

虞卿欲以信陵君之存邯鄲爲平原君請封 公孫龍聞之 夜駕見平原君曰 龍聞虞卿欲以信陵君之存邯鄲爲君請封 有之乎 平原君曰 然 龍曰 此甚不可 且王擧君而相趙者 非以君之智能爲趙國無有也 割東武城而封君者 非以君爲有功也 而以國人無動 乃以君爲親戚故也 君受相印不辭無能 割地不言無功者 亦自以爲親戚故也 今信陵君存邯鄲而請封 是親戚受城而國人計功也[①] 此甚不可 且虞卿操其兩權 事成 操右券以責[②] 事不成 以虛名德君 君必勿聽也 平原君遂不聽虞卿

① 是親戚受城而國人計功也시친척수성이국인계공야

[집해] 서광이 말했다. "다른 판본에는 '이는 친척으로 성을 받고 (친척이 아닌) 나라 사람인 것처럼 받은 것이다'라고 되어 있다."

徐廣曰 一本 是親戚受城而以國許人

② 操右券以責조우권이책

[색은] 우경이 평원군의 봉함을 취하는 것을 논하여 일이 이루어진다면, 그의 우권右券(오른쪽 부절)을 가지고 보답할 것을 요구할 것이라는 말이다.

言虞卿論平原君取封事成 則操其右券以責其報德也

평원군은 조나라 효성왕 15년에 죽었다.① 자손들이 대를 이어갔으며 뒤에 마침내 조나라와 함께 멸망했다.

평원군은 공손룡을 후하게 대우했다. 공손룡은 견백堅白의 변론에 능숙했는데 추연鄒衍이 조나라를 지나면서② 대도를 말하자 곧 공손룡을 물리쳤다.③

平原君以趙孝成王十五年卒① 子孫代 後竟與趙俱亡 平原君厚待公孫龍 公孫龍善爲堅白之辯 及鄒衍過②趙言至道 乃絀公孫龍③

---

① 平原君以趙孝成王十五年卒평원군이조효성왕십오년졸

[색은] 살펴보니 〈육국연표〉와 〈조세가〉에서는 모두 14년에 죽었다고 하여 이곳과 다르다.

按 六國年表及世家竝云十四年卒 與此不同

조효성왕 14년은 서기전 252년이다.

② 過과

過의 발음은 '과弋'이다.

過音弋

③ 乃絀公孫龍내출공손룡

유향의 《별록》에서 말한다. "제나라 사자 추연鄒衍이 조나라를 지나는데 평원군은 공손룡과 그의 무리인 기무자綦母子의 무리를 만나 보고 백마비마白馬非馬의 변설을 논하여 추자鄒子에게 물었다. 추자가 말하기를 '불가합니다. 저들 천하의 변론에는 오승五勝과 삼지三至가 있는데 말을 바로 하는 것을 못한다고 합니다. 변설이란, 다른 종류를 분별해서 서로 해치지 않게 하는 것이고, 다른 실마리를 순서 있게 해서 서로 어지럽지 않게 하는 것이며, 뜻을 펴서 가리키는 것을 통해 그 이르는 바를 밝게 하여 사람으로 하여금 함께 알게 하고 힘써 서로 미혹되지 않게 하는 것입니다. 그러므로 승자勝者는 지켜야 할 바를 잃지 않고 패자도 구하는 바를 얻게 됩니다. 이와 같은 까닭으로 변론은 할 만한 것입니다. 지극히 번거로운 문장으로 서로 거짓말을 하고, 말을 꾸며 서로 도탑게 해 교묘한 비유로 말을 옮기는데 이르면, 사람들의 소리에 이끌려 그 뜻을 얻지 못하게 됩니다. 이는 대도大道를 해치는 것입니다. 대저 얽히고설켜서 다투는 말은 다툰 뒤에 중지되면 군자를 해치는 일이 생기지 않을 수 없을 것입니다.'라고 했다. 좌석에서는 모두 훌륭하다고 칭찬했다."

劉向別錄曰 齊使鄒衍過趙 平原君見公孫龍及其徒綦母子之屬 論 白馬非馬 之辯 以問鄒子 鄒子曰 不可 彼天下之辯有五勝三至 而辭正爲下 辯者 別殊類使

不相害 序異端使不相亂 杼意通指 明其所謂 使人與知焉 不務相迷也 故勝者
不失其所守 不勝者得其所求 若是 故辯可爲也 及至煩文以相假 飾辭以相惇
巧譬以相移 引人聲使不得及其意 如此 害大道 夫繳紛爭言而競後息 不能無害
君子 坐皆稱善

杼의 발음은 '서墅'이다. 저杼(펴다)는 서舒(펴다)이다. 繳의 발음은
'규叫'이다. 어지럽게 얽혀서 다투는 말은 다툰 뒤에 중지되면 해가 없을
수 없음을 이른다.

杼音墅 杼者 舒也 繳音叫 謂繳繞紛亂 爭言而競後息 不能無害也

백마비마白馬非馬는 평원군의 문객이었던 조나라 공손룡(서기전
320~서기전 250)이 제기한 이론으로《전국책戰國策》〈조책趙策〉과《공손룡자
公孫龍子》〈백마론白馬論〉 등에 나온다. 공손룡 등을 명가名家라고 하는
데, 명가는 백마는 말이 아니라는 논리를 이렇게 주장했다.

누군가 물었다.

"백마는 말이 아니다, 옳습니까?[白馬非馬可乎]"

명가가 대답했다.

"옳습니다.[曰可]"

누군가 말했다.

"어째서입니까?[曰何哉]"

명가가 말했다.

"말이라는 것은 형체를 규정하는 것이고, 희다는 것은 색을 규정하는 것
입니다. 색을 규정하는 것은 형체를 규정하는 것이 아니므로 백마는 말
이 아닙니다.[曰馬者所以命形也 白者所以命色也 命色者 非命形也 故曰白馬非馬]"

유세객 우경

우경虞卿은 유세하는 사인이다. 짚신을 신고 우산을 쓰고① 조나라 효성왕에게 유세했다. 한 번 알현하고 황금 100일鎰과 백벽白璧 한 쌍을 하사받았고 두 번 알현하고 조나라 상경上卿이 되었다. 그러므로 호를 우경虞卿②이라 했다. 진秦나라와 조나라가 장평長平에서 싸웠는데 조나라가 이기지 못하고 한 명의 도위都尉를 잃었다. 조나라 왕은 누창樓昌과 우경虞卿을 불러서 말했다.

"군대는 싸워서 승리하지 못하고 도위는 연계되어③ 죽었소. 과인이 갑옷을 갖추고 달려가고 싶은데 어찌해야 하겠소?"

누창이 말했다.

"도움이 되지 않을 것입니다. 중요한 사람을 사신으로 보내서 강화하느니만④ 못합니다."

우경이 말했다.

"누창이 강화를 말하는 것은 강화를 하지 않으면 우리 군사가 반드시 깨진다고 여겨서 입니다. 그러나 강화의 결정권은 진나라에 있습니다. 또 왕께서 진나라를 생각할 때 (진나라가) 조나라 군사를 깨뜨릴 것으로 여기십니까? 그렇지 않을 것으로 여기십니까?"

왕이 말했다.

"진나라는 여력을 남기지 않고 반드시 조나라 군사를 깨뜨리고 자 할 것이오."

虞卿者 遊說之士也 躡蹻檐簦^①說趙孝成王 一見 賜黃金百鎰 白璧一雙 再見 爲趙上卿 故號爲虞卿^② 秦趙戰於長平 趙不勝 亡一都尉 趙王召樓 昌與虞卿曰 軍戰不勝 尉復^③死 寡人使束甲而趨之 何如 樓昌曰 無益也 不如發重使爲媾^④ 虞卿曰 昌言媾者 以爲不媾軍必破也 而制媾者在秦 且王之論秦也 欲破趙之軍乎 不邪 王曰 秦不遺餘力矣 必且欲破趙軍

① 躡蹻檐簦섭갹첨등

[집해] 서광이 말했다. "갹蹻은 짚신이다. 등簦은 자루가 긴 삿갓이다. 簦의 발음은 '등登'이다. 삿갓에 자루가 있는 것을 등簦(긴 삿갓)이라고 이 른다."

徐廣曰 蹻 草履也 簦 長柄笠 音登 笠有柄者謂之簦

[색은] 갹蹻은 또한 '각繑'으로 되어 있는데 발음이 '각腳'이다. 서광이 말 했다. "각繑은 짚신이다."

蹻 亦作繑 音腳 徐廣云 繑 草履也

② 虞卿우경

[집해] 초주가 말했다. "우虞 땅에 식읍을 가졌다."

譙周曰 食邑於虞

[색은] 조나라 우虞는 하동군 대양현大陽縣에 있는데 지금의 우향현虞鄕 縣이 이곳이다.

趙之虞在河東大陽縣 今之虞鄉縣是也

신주 우경의 이름은 신信이고, 경卿은 그의 관직이다. 제순帝舜의 후예로서 경성卿姓의 득성 시조이다. 조趙나라 한단(지금의 하북성 한단邯鄲) 사람이다. 저서로 《우씨춘추虞氏春秋》가 있다.

③ 復복

집해 서광이 말했다. "복復은 다른 판본에는 '계係'로 되어 있다."

徐廣曰 復 一作係

④ 媾구

집해 媾의 발음은 '구[古后反]'이다. 화평을 구하는 것을 '구媾'라고 한다.

古后反 求和曰媾

색은 구媾의 발음은 '구[古候反]'이다. 살펴보니 화평을 구하는 것을 '구媾'라고 했다. 구媾는 또한 강講이고 강講은 또 화和이다.

古候反 按 求和曰媾 媾亦講 講亦和也

우경이 말했다.

"왕께서는 신의 말을 들으십시오. 사신을 보내는데 중요한 보물을 내어서 초나라와 위나라에 보내십시오. 초나라와 위나라는 왕의 중요한 보물을 얻고자 틀림없이 우리 사신을 받아들일 것입니다. 조나라 사신이 초나라와 위나라로 들어가면 진나라는 반드시 천하에서 합종책을 쓸 것으로 의심하고 반드시 두려워할 것입니다.

이와 같이 하면 강화는 이루어질 수 있을 것입니다."

조나라 왕이 듣지 않고 평양군平陽君과 함께 강화를 하려고 정주鄭朱를 보내서 진나라로 들어가게 했다. 진나라에서 받아들였다.

조나라 왕이 우경을 불러서 말했다.

"과인이 평양군을 시켜 진나라와 강화를 맺으려고 하는데 진나라에서 이미 정주鄭朱를 받아들였소. 우경은 어떻게 생각하시오?"

우경이 대답했다.

"왕께서는 강화를 하지 못하고 군사는 반드시 깨질 것입니다. 천하에서 전쟁의 승리를 경하하는 사절들이 모두 진나라에 있습니다. 정주鄭朱는 귀한 신분입니다. (그러므로 그가) 진나라에 들어갔으니 진나라 왕과 응후應侯는 반드시 그를 중요하게 여김을 천하에 드러내보일 것입니다. 초나라와 위나라는 조나라가 (진나라와) 강화하려 한다고 여겨서 반드시 왕을 구원하지 않을 것입니다. 진나라에서 천하가 왕을 구하지 않는다는 것을 알면 강화는 성사되지 않을 것입니다."

응후는 과연 정주를 드러내어 천하에서 전승을 축하하러 온 자들에게 보이고 끝내 강화하지 않았다. 이에 (조나라는) 장평에서 대패하고① 마침내 한단까지 포위되자 천하의 웃음거리가 되었다.

虞卿曰 王聽臣 發使出重寶以附楚魏 楚魏欲得王之重寶 必內吾使 趙使入楚魏 秦必疑天下之合從 且必恐 如此 則媾乃可爲也 趙王不聽 與平陽君爲媾 發鄭朱入秦 秦內之 趙王召虞卿曰 寡人使平陽君爲媾於秦 秦已內鄭朱矣 卿之爲奚如 虞卿對曰 王不得媾 軍必破矣 天下賀戰

者皆在秦矣 鄭朱 貴人也 入秦 秦王與應侯必顯重以示天下 楚魏以趙
爲媾 必不救王 秦知天下不救王 則媾不可得成也 應侯果顯鄭朱以示
天下賀戰勝者 終不肯媾 長平大敗① 遂圍邯鄲 爲天下笑

① 長平大敗장평대패

신주 장평지전長平之戰이라고도 한다. 진나라 소양왕 47년(서기전 260),
조나라 효성왕 6년 5월부터 10월까지 진나라 군사와 조나라 군사가
조나라 영토인 장평에서 맞붙은 대전이다. 장평은 현재 산서성 진성晉城
의 고평시高平市 서북쪽 일대이다. 진나라의 공격을 받던 한韓나라가
상당上黨 땅을 조나라에 바치겠다고 했는데 평양군 조표趙豹는 이것이
진나라의 침공을 조나라로 돌리려는 계책이라고 반대했으나 조나라 효
성왕이 상당을 받아들이면서 진과 조 사이에 전운이 감돌았다. 조나
라 효성왕 5년(서기전 261)부터 염파는 장평에 파견되었는데, 효성왕 6년
(서기전 260) 4월 진나라 왕흘王齕이 상당 땅을 빼앗자 그 백성들은 조나
라로 달아났고, 염파가 장평에서 진나라 군사를 막아냈다. 염파가 장
기전을 펼치면서 저항하자 진나라는 "진나라가 가장 두려워하는 것
은 조사의 아들 조괄趙括이 장수가 되는 것"이라는 소문을 퍼뜨렸고,
이 소문에 현혹된 조나라 효성왕은 재상 인상여藺相如의 반대를 무릅
쓰고 염파를 파면하고 조괄을 대신 파견했다. 전쟁 경험이 부족한
조괄은 진나라 장군 백기白起에 계책에 속아 포위당했다가 9월에 전
사했고 백기에게 항복한 조나라 군사 45만여 명이 생매장을 당했다
고 전하고 있다. 진나라와 조나라는 영성嬴姓이 국성國姓으로 동이족
제전욱帝顓頊의 후예들인데, 같은 성의 같은 핏줄끼리 사생결단하고

싸운 것이다. 장평대전에서 조나라가 패전한 이후 진나라에 단독으로 맞설 나라는 존재하지 않았고, 연횡책에 의해 진나라가 전국을 통일하게 된다.

진나라가 한단의 포위를 풀자 조왕이 입조하여 조석趙郝[①]을 진나라에 보내 섬길 것을 약속하고 6개 현을 내어주고 화친을 맺게 했다. 우경이 조왕에게 말했다.

"진나라가 왕을 공격하다가 지쳐서 돌아간 것이겠습니까? 왕께서는 오히려 그들이 힘으로 진격할 능력이 있지만 왕을 아껴서 공격하지 않은 것이라 보십니까?"

왕이 말했다.

"진나라는 우리를 공격하다가 여력이 남지 않았기 때문에 반드시 지쳐서 돌아간 것이오."

우경이 말했다.

"진나라는 그들의 힘으로 취할 수 없는 곳을 공격하다가 지쳐서 돌아간 것인데, 왕께서는 또 그들의 힘으로는 능히 빼앗지 못할 곳을 주려고 하시니 이는 진나라를 도와 우리를 공격하게 하는 것입니다. 내년에 진나라가 다시 왕을 공격하면 왕께서는 구원받지 못할 것입니다."

왕이 우경의 말을 조석에게 전했다. 조석이 말했다.

"우경이 진실로 진나라의 힘이 이르는 곳을 다 헤아릴 수 있습니까? 진실로 진나라의 힘으로 진격할 수 없다는 것을 알았다면 이 탄환만한 땅이라도 주지 않았어야 합니다. 진나라에서 내년에 다시 왕을 공격하게 된다면 왕께서는 나라 안의 땅을 나누어주지 않고 화평을 얻을 수 있겠습니까?"

왕이 말했다.

"땅을 나누어 주겠다는 그대의 청을 받아들인다면 그대는 반드시 내년에 진나라가 우리를 다시 공격하지 않게 할 수 있겠소?"

조석이 대답했다.

"이는 신이 감히 맡을 일이 아닙니다. 지난날 삼진三晉(한, 조, 위)은 진秦과 외교에서 서로 좋았습니다. 지금 진나라는 한韓나라, 위魏나라와는 친하지만 왕을 공격하는데 왕께서 진나라를 섬기는 것이 반드시 한나라와 위나라만 못하기 때문입니다. 지금 신이 족하를 위해 진나라와의 화친을 등져서 받은 공격을 풀고[2] 관문을 열고 화폐를 유통시켜 한나라와 위나라와 같게 교제했는데도 내년에 이르러 왕께서 홀로 진나라에게 공격을 당하면, 이것은 왕이 진나라를 섬기는 것이 반드시 한나라와 위나라보다 뒤에 있기 때문일 것입니다. 이것은 신이 감히 보증할 바가 아닙니다."

秦旣解邯鄲圍 而趙王入朝 使趙郝[1]約事於秦 割六縣而媾 虞卿謂趙王曰 秦之攻王也 倦而歸乎 王以其力尙能進 愛王而弗攻乎 王曰秦之攻我也 不遺餘力矣 必以倦而歸也 虞卿曰 秦以其力攻其所不能取 倦而歸 王又以其力之所不能取以送之 是助秦自攻也 來年秦復攻王 王無救矣 王以虞卿之言趙郝 趙郝曰 虞卿誠能盡秦力之所至乎 誠知秦力之所不能進 此彈丸之地弗予 令秦來年復攻王 王得無割其內

而媾乎 王曰 請聽子割 子能必使來年秦之不復攻我乎 趙郝對曰 此非
臣之所敢任也 他日三晉之交於秦 相善也 今秦善韓魏而攻王 王之所
以事秦必不如韓魏也 今臣爲足下解負親之攻^② 開關通幣 齊交韓魏 至
來年而王獨取攻於秦 此王之所以事秦必在韓魏之後也 此非臣之所敢
任也

① 郝석

집해 郝의 발음은 '석釋'이다. 서광이 말했다. "다른 판본에는 '사赦'로
되어 있다."

音釋 徐廣曰 一作赦

색은 郝의 발음은 '석釋'이다.

音釋

② 足下解負親之攻족하해부친지공

색은 족하를 위해 그 부담을 풀고 친히 스스로 공격하게 한다는 말이다.

言爲足下解其負擔 而親自攻之也

신주 위에 색은 주석에서 '부負'를 부담의 뜻으로 해석한 것은 오류일
것이다. 조석은 시종 진나라의 요구를 들어주고 화평해야 한다는 인물이
므로 부負는 진나라를 배신했다는 뜻으로 해석해야 할 것이다.

왕이 우경에게 알렸다. 우경이 대답했다.

"조석의 말은 '강화하지 않으면 내년에 진나라가 다시 왕을 공격할 것인데 왕께서 나라 안의 땅을 나누어주지 않고 화평을 얻을 수 있겠습니까?'라는 뜻입니다. 지금 강화를 해도 조석은 또 반드시 진나라가 다시 공격하지 않는다고 할 수 없다고 했습니다. 그렇다면 지금 비록 6개의 성을 나누어준다고 해도 무슨 이익이 있겠습니까? 내년에 진나라가 다시 공격하면 (왕께서) 또 그들의 힘으로 빼앗을 수 없는 곳을 나누어주고 강화를 해야할 것인데, 이것은 스스로 멸망하는 술책입니다. 강화하지 않느니만 못합니다. 진나라가 비록 공격을 잘한다고 하더라도 6개의 현을 빼앗지는 못할 것입니다. 조나라가 비록 잘 지킬 능력이 없다고 하더라도 6개의 성을 모두 잃지는 않을 것입니다. 진나라가 싸움에 지쳐서 돌아가면 그 군사들은 반드시 피폐해질 것입니다. 우리가 6개의 성으로 천하를 거두어 피폐해진 진나라를 공격하면 이것은 우리가 천하에 (6개 성을) 잃고 진나라에서 보상을 받는 것입니다.

우리나라가 오히려 이로운데 어찌 앉아서 땅을 나누어주어 스스로 허약해지면서 진나라를 강하게 하는 것입니까?

지금 조석은 '진나라가 한나라와 위나라와 친하게 지내면서 조나라를 공격하는 것은 반드시 (한나라와 위나라가 조나라를 구하지 않을 것이니 왕의 군사는 반드시 고립될 것으로 여겨서) 왕께서 진나라를 섬기는 것이 한나라와 위나라만 같지 못합니다.'라고 말합니다.

이것은 왕께서 해마다 6개의 성을 떼어주어 진나라를 섬기라는 것으로 곧 앉아서 성城은 전부 잃게 될 것입니다. 내년에 진나라에서 다시 땅을 나누어달라고 요구하면 왕께서는 장차 주시겠습니까? 주지 않으시면 이것은 지난날의 공을 저버리는 것이자 진나라에 도전하는 재앙이 될 것입니다. 주게 된다면 더 줄 땅이 없을 때까지 주어야 합니다. 속담에 '강한 자는 공격을 잘하고, 약한 자는 지키지도 못한다.'라고 했습니다. 지금 앉아서 진나라 요구를 들어주면 진나라 군사는 힘을 쓰지 않고 많은 땅을 얻게 됩니다. 이것은 진나라를 강하게 하고 조나라를 약하게 하는 것입니다. 더욱더 강해지는 진나라가 더욱더 약해지는 조나라의 땅을 떼어가는 것이니 그 계책은 이 때문에 그치지 않을 것입니다. 또 왕의 땅은 한정되어 있는데 진나라 요구는 그치지 않을 것이니, 한정된 땅으로 끝없는 요구에 공급한다면 그 형세는 반드시 조나라를 없어지게 할 것입니다."

王以告虞卿 虞卿對曰 郝言 不媾 來年秦復攻王 王得無割其內而媾乎 今媾 郝又以不能必秦之不復攻也 今雖割六城 何益 來年復攻 又割其 力之所不能取而媾 此自盡之術也 不如無媾 秦雖善攻 不能取六縣 趙 雖不能守 終不失六城 秦倦而歸 兵必罷 我以六城收天下以攻罷秦 是 我失之於天下而取償於秦也 吾國尚利 孰與坐而割地 自弱以彊秦哉 今郝曰 秦善韓魏而攻趙者 必(以爲韓魏不救趙也 而王之軍必孤有以) 王之事秦不如韓魏也 是使王歲以六城事秦也 卽坐而城盡 來年秦復求 割地 王將與之乎 弗與 是棄前功而挑秦禍也 與之 則無地而給之 語曰

彊者善攻 弱者不能守 今坐而聽秦 秦兵不弊而多得地 是彊秦而弱趙
也 以益彊之秦而割愈弱之趙 其計故不止矣 且王之地有盡而秦之求無
已 以有盡之地而給無已之求 其勢必無趙矣

조나라 왕은 계책을 결정하지 못하고 있었다. 이때 누완樓緩이 진秦
나라에서 왔다. 조나라 왕은 누완과 계책을 말했다.

"진나라에 땅을 주는 것과 주지 않는 것 중에서 어떤 것이 더 길
하겠소?"

누완이 사양해서 말했다.

"이것은 신이 알 수 있는 바가 아닙니다."

왕이 말했다.

"비록 그렇더라도 시험 삼아 공의 사적인 견해①를 말해 보시오."

누완이 대답했다.

"왕께서는 또한 공보문백公甫文伯의 어머니② 이야기를 들으셨습
니까? 공보문백이 노魯나라에서 벼슬하다 병으로 죽었는데 방안
에서 그의 여자가 2명이나 자살을 했습니다. 그의 어머니가 듣
고 곡을 하지 않았습니다. 그의 유모③가 이를 알고 말하기를 '어
찌 자식이 죽었는데 곡을 하지 않습니까?'라고 하자 그의 어머
니는 '공자孔子는 어진 사람인데 노나라에서 쫓겨날 때 이 사람
(아들)은 따라가지 않았다. 지금 죽었는데 자살한 부인이 2명이니
이 자(아들)는 반드시 장자長者에게는 박하게 하고 부인婦人에게는
후하게 한 것이다.'라고 했습니다. 그러니 어머니의 말을 따르면

이는 어진 어머니가 되지만 아내의 말을 따르면 이는 반드시 투기가 심한 아내가 되는 것을 벗어나지 못할 것입니다. 그러므로 그 말은 하나인데, 말한 자가 다르면 사람의 마음도 변하는 것입니다.

지금 신臣이 새로이 진나라에서 왔는데 (조나라 땅을) 주지 말라고 말을 하면 계책이 아닌 것이고 (조나라 땅을) 주라고 말하면 아마 왕께서는 신이 진나라를 위한다고 여길 것입니다. 그러므로 감히 대답하지 못하는 것입니다. 신으로 하여금 대왕을 위한 계책을 내게 하신다면 (땅을) 주느니만 못할 것입니다."

왕이 말했다.

"알았소."

趙王計未定 樓緩從秦來 趙王與樓緩計之 曰 予秦地(何)如毌予 孰吉 緩辭讓曰 此非臣之所能知也 王曰 雖然 試言公之私^① 樓緩對曰 王亦聞夫公甫文伯母乎^② 公甫文伯仕於魯 病死 女子爲自殺於房中者二人 其母聞之 弗哭也 其相室^③曰 焉有子死而弗哭者乎 其母曰 孔子 賢人也 逐於魯 而是人不隨也 今死而婦人爲之自殺者二人 若是者必其於長者薄而於婦人厚也 故從母言之 是爲賢母 從妻言之 是必不免爲妒妻 故其言一也 言者異則人心變矣 今臣新從秦來而言勿予 則非計也 言予之恐王以臣爲爲秦也 故不敢對 使臣得爲大王計 不如予之 王曰 諾

① 私사

색은 살펴보니 사私는 사심을 이른다.

按 私謂私心也

② 公甫文伯母乎 공보문백모호

[정의] 노나라 계강자季康子의 종조모從祖母이다. 문백文伯의 이름은 촉歜이고 계강자의 종부從父 형제이다.

季康子從祖母 文伯名歜 康子從父昆弟

[신주] 계강자는 춘추시대 노魯나라 사람으로 계손사季孫斯의 아들인데, 계손비季孫肥라고도 불린다. 아버지를 이어 대부大夫가 되어 국정을 전담했다. 나중에 공자孔子를 위衛나라에서 노나라로 돌아오게 했지만 등용하지는 않았다. 시호는 강康이다.

③ 相室 상실

[정의] 부모傅姆(유모)의 부류를 이른다.

謂傅姆之類也

[신주] 상실은 고대 경대부卿大夫의 집을 관리하던 사람이다. 남자는 가로家老라고 하고 여자는 부모傅姆라고 한다. 가신을 통칭하는 말인데, 상국相國, 재상宰相의 뜻도 있다.

우경이 이를 듣고 들어가 왕을 뵙고 말했다.

"이는 누완이 말을 꾸민 것이니 왕께서는 삼가시고① 땅을 주지 마십시오."

누완이 듣고 가서 왕을 뵈었다. 왕이 또 우경의 말을 누완에게 알렸다. 누완이 대답했다.

"그렇지 않습니다. 우경은 하나만 알고 둘은 모릅니다. 무릇 진나라와 조나라가 얽혀서 싸우면 천하(제후)에서 모두 기뻐하는데 왜 그렇겠습니까? '우리는 장차 강한 쪽에 붙어서 약한 쪽에 올라타자.'라고 하는 것입니다. 지금 조나라 군사는 진나라에 곤욕을 치렀습니다. 천하에서 전쟁의 승리를 하례하는 자들은 반드시 모두 진나라에 있습니다. 그러므로 신속하게 땅을 나누어 주어 강화를 맺고, 천하(제후)를 의심스럽게 하고, 진나라의 마음을 위로하느니만 못합니다.

그렇지 않으면 천하는 장차 진나라의 노여움을 이용해서 조나라의 피폐함을 틈타 오이를 나누듯 (조나라를 분할하는) 것입니다. 조나라가 장차 망하면 무엇으로 진나라를 도모하겠습니까? 그래서 우경은 그 하나만 알고 그 둘을 알지 못한다고 한 것입니다. 원컨대 왕께서는 이것으로 결정하시고 다시 계획하지 마십시오."

虞卿聞之 入見王曰 此飾說也 王眘[1]勿予 樓緩聞之 往見王 王又以虞卿之言告樓緩 樓緩對曰 不然 虞卿得其一 不得其二 夫秦趙構難而天下皆說 何也 曰 吾且因彊而乘弱矣 今趙兵困於秦 天下之賀戰勝者則必盡在於秦矣 故不如亟割地爲和 以疑天下而慰秦之心 不然 天下將因秦之(彊)怒 乘趙之獘 瓜分之 趙且亡 何秦之圖乎 故曰虞卿得其一 不得其二 願王以此決之 勿復計也

[1] 眘신

<u>집해</u> 서광이 말했다. "眘의 발음은 '신愼'이다."

徐廣曰 音愼

우경은 이 말을 듣고 가서 왕을 뵙고 말했다.

"위험한 사태입니다! 누완이 진나라를 위해 움직이고 있는 것입니다. 이것은 오히려 천하(제후)를 의심하게 하는 것인데 어떻게 진나라의 마음을 위로하겠습니까? 다만 천하에 (조나라가) 약하다는 것을 보이라는 말이 아닙니까? 또 신이 땅을 주지 말자고 말씀드리는 것은 진실로 주지 말자고 하는 것만은 아닙니다. 진나라에서 6개의 성을 왕에게 요구하니 왕께서는 6개의 성을 제나라에 뇌물로 주십시오. 제나라는 진나라와 깊은 원수이니 6개의 성을 얻으면 (조나라와) 힘을 합쳐 서쪽으로 진나라를 칠 것이고, 제나라에서 왕의 말을 들으면 그 말이 끝날 때까지 기다리지 않을 것입니다.

이것은 곧 왕께서 제나라에서 잃은 것을 진나라에 보상을 받는 것입니다. 제나라와 조나라는 깊은 원수를 갚을 수 있으니 천하에 (조나라의) 유능함을 보여주는 것입니다. 왕께서 이를 선언하시면 (조나라와 제나라) 군사가 국경을 살피기도 전에 신이 보건대 진나라는 무거운 뇌물을 가지고 조나라에 이르러 도리어 왕에게 화평을 청할 것입니다. 진나라가 화평을 요청하면 한나라와 위나라에서 듣고 반드시 왕을 중하게 여길 것입니다. 왕을 중하게 여기면 반드시 중한 보물을 꺼내어 왕에게 먼저 올 것입니다. 이는 곧 왕께서 한꺼번에 세 나라와 친교를 맺는 것이고 진나라와 처지가 바뀌는 것입니다.[1]"

虞卿聞之 往見王曰 危哉樓子之所以爲秦者 是愈疑天下 而何慰秦之心哉 獨不言其示天下弱乎 且臣言勿予者 非固勿予而已也 秦索六城

於王 而王以六城賂齊 齊 秦之深讎也 得王之六城 并力西擊秦 齊
之聽王 不待辭之畢也 則是王失之於齊而取償於秦也 而齊趙之
深讎可以報矣 而示天下有能爲也 王以此發聲 兵未窺於境 臣見
秦之重賂至趙而反媾於王也 從秦爲媾 韓魏聞之 必盡重王 重
王 必出重寶以先於王 則是王一擧而結三國之親 而與秦易道也^①

① 易道也역도야

[정의] 앞에서는 진나라의 공격을 받았는데 지금은 뇌물을 얻으니 이는
처지가 바뀌는 것이다. 역易의 발음은 '역亦'이다.

前取秦攻 今得賂 是易道也 易音亦

조왕이 말했다.

"좋소."

곧 우경을 사신으로 보내 동쪽으로 제왕을 만나서 진나라를 도
모하는 계책을 함께하기로 했다. 우경이 (아직) 제나라에서 돌아
오지 않았는데 진나라 사신이 이미 조나라에 와 있었다. 누완이
듣고 도망쳐 떠났다. 조나라는 우경에게 1개의 성을 봉했다.

얼마 후 위魏나라에서 조나라에 합종하자고 청해왔다. 조나라
효성왕이 우경을 불러서 의논했다. 우경이 평원군의 집 앞을 지
나다^① 들렀는데 평원군이 말했다.

"경께서 합종책을 논하기를 원하오."

우경이 들어가 왕을 뵈었다. 왕이 말했다.

"위나라에서 합종책을 따르겠다고 청해왔소."

우경이 대답해 말했다.

"위나라가 지나친 것입니다.②"

왕이 말했다.

"과인이 아직은 허락하지 않았소."

우경이 대답했다.

"왕께서 지나치셨습니다."

왕이 말했다.

"위나라에서 합종책을 청했다고 하니 경은 위나라가 지나치다고 했고 과인이 아직 허락하지 않았다고 하니 또 경은 과인이 지나치다고 했소. 그렇다면 합종책은 끝내 불가한 것이오?"

우경이 대답했다.

"신이 듣기에, 작은 나라가 큰 나라와 함께 일을 하다가 이로운 것이 있으면 큰 나라가 그 복을 받고 실패하면 소국이 그 재앙을 받는다고 했습니다. 지금 위나라는 작은 나라로서 그 재앙을 청했고 왕께서는 큰 나라로서 그 복을 사양하고 계시는 것입니다. 신은 그러므로 왕께서 지나치시다고 한 것이고 위나라도 지나치다고 한 것입니다. 그윽이 생각해보면 합종책을 따르는 것이 편리할 것입니다."

왕이 말했다.

"좋소."

이에 위나라와 함께 합종책을 따르기로 했다.

趙王曰 善 則使虞卿東見齊王 與之謀秦 虞卿未返 秦使者已在趙矣 樓緩聞之 亡去 趙於是封虞卿以一城 居頃之 而魏請爲從 趙孝成王 召虞卿謀 過^①平原君 平原君曰 願卿之論從也 虞卿入見王 王曰 魏請 爲從 對曰 魏過^② 王曰 寡人固未之許 對曰 王過 王曰 魏請從 卿曰魏 過 寡人未之許 又曰寡人過 然則從終不可乎 對曰 臣聞小國之與大 國從事也 有利則大國受其福 有敗則小國受其禍 今魏以小國請其禍 而王以大國辭其福 臣故曰王過 魏亦過 竊以爲從便 王曰 善 乃合魏 爲從

① 過과

색은 過의 발음은 '과戈'이다.

過音戈

② 過과

집해 過의 발음은 '과[光臥反]'이다

光臥反

우경은 위제魏齊의 일 때문에 만호후와 경상卿相의 인수를 중요하 게 여기지 않고, 위제와 함께 몰래 달아나 마침내 조나라를 떠났 다가 양梁 땅에서 곤욕을 치렀다. 위제가 죽고 나서 뜻을 얻지 못 하자 이에 글을 저술했다.^① 위로는 《춘추》에서 캐내고 아래로는

근세를 관찰해서 절의節義와 칭호稱號와 췌마揣摩와 정모政謀 등
모두 8편이었다. 이는 국가에서 얻고 잃은 것들을 풍자한 것들이
다. 세상에 이것을 전해서《우씨춘추》②라고 했다.

虞卿既以魏齊之故 不重萬戶侯卿相之印 與魏齊間行 卒去趙 困於梁
魏齊已死 不得意 乃著書① 上採春秋 下觀近世 曰節義稱號揣摩政謀
凡八篇 以刺譏國家得失 世傳之曰虞氏春秋②

① 著書저서

색은　위제魏齊는 위魏나라 재상이며 응후應侯(범저)와 더불어 원수 간이
어서 진나라에서 요구함이 급해지자 이에 우경에게 이른다. 우경은 재상
의 인수를 버리고 이에 위제魏齊와 더불어 몰래 도망쳐 양梁 땅으로 돌아
가 신릉군信陵君에게 의탁했다. 신릉군이 의심하고 결정하지 못하자 위
제는 스스로 자기 목숨을 끊었다. 그러므로 우경은 재상의 지위를 잃고
이에 궁지와 수심에 빠져 책을 지었다.

魏齊 魏相 與應侯有仇 秦求之急 乃抵虞卿 卿棄相印 乃與齊間行亡歸梁 以託
信陵君 信陵君疑未決 齊自殺 故虞卿失相 乃窮愁而著書也

신주　위제魏齊(?~서기전 265)는 전국시대 위나라 종실로서 위소왕魏昭王
때 상국相國을 지냈다. 남의 무고를 믿고 범저范雎를 잡아 태형을 집행해
범저에게 매질하고 문객들에게 범저의 몸에 오줌을 누게 했다. 범저는 간
신히 목숨을 건지고 진나라로 도주해 진소양왕秦昭襄王의 상국이 되었
다. 범저가 위제를 잡으려 하자 위제는 조나라로 도주해 평원군에게 몸
을 의탁했다가 진나라가 다시 조나라를 위협하자 우경의 도움으로 위나
라로 돌아와 신릉군信陵君의 도움을 청했다. 신릉군이 위제를 의심하자

대량大梁에서 자결했는데, 위나라는 위제의 목을 잘라 진나라에 보냈다. 범저는 위제의 해골을 요강으로 사용해 원한을 풀었다. 위에 내용은 〈범 저채택열전范雎蔡澤列傳〉에 자세히 기록되어있다.

② 虞氏春秋 우씨춘추

정의 《한서》〈예문지〉에는 15편이라고 한다.
藝文志云十五篇

태사공은 말한다.

평원군은 넓디넓은 혼탁한 세상에서 아름다운 공자였으나 대체 大體를 보지 못했다. 속담에 이르기를 "이로운 것은 지혜를 어둡 게 한다."라고 하는데, 평원군은 풍정馮亭의 사특한 말을 탐해서 조나라가 장평에서 병사 40여만 명을 매장당하게 했으므로 한단 이 거의 멸망할 뻔했다.①

우경은 일을 헤아리고 정세를 어루만져 조나라를 위해 계책을 만 들었는데, 어찌 그리 교묘했던가! 위제魏齊의 불행을 참지못해 마 침내 대량大梁에서 곤경에 이르렀다. 보통 사람도 그것이 불가함 을 알 것인데, 하물며 현인에 있어서랴! 그러나 우경이 궁지에서 근심하지 않았더라면 또한 책을 지어 후세에 자신을 드러내지 못 했을 것이다.

太史公曰 平原君 翩翩濁世之佳公子也 然未睹大體 鄙語曰 利令智昏 平原君貪馮亭邪說 使趙陷長平兵四十餘萬衆 邯鄲幾亡① 虞卿料事揣

① 邯鄲幾亡한단기망

[집해] 초주가 말했다. "장평이 함락된 것은 조왕이 이간계에 빠져 장수를
바꾼 허물 때문인데 어찌 평원군이 풍정을 받아들인 것을 원망하는가?"
譙周曰 長平之陷 乃趙王信間易將之咎 何怨平原受馮亭哉

[신주] [집해] 주석에서 평가한 것처럼 장평대전은 진나라의 이간계에
빠져서 전선을 지키던 경험 많은 염파를 조사趙奢의 아들 조괄趙括로
교체한 조나라 효성왕의 책임이 크다. 그러나 장평대전이 발생한 근본적
인 원인을 살펴보면 진秦의 공격을 받던 한韓나라가 상당上黨 땅을 조나
라에 바치겠다고 했을 때 상당 땅을 받으면 진과 전쟁이 발생한다는 평
양군平陽君의 계책 대신에 상당 땅을 받으면 큰 이득이 된다는 평원군의
계책을 채택한 결과라고 볼 수도 있다. 사마천의 평처럼 장평대전이 발생
한 책임을 평원군이라고 한 것도 틀린 것만은 아니다.

[색은술찬] 사마정이 펼쳐서 밝히다.

넓디넓은 세상에 공자는 천하의 기이한 인재였다. 비웃은 총첩에겐 죽음
이 따랐고 의로운 사인은 기개를 더했다. 이동에게 군사를 풀어주고 모
수에게 맹세를 정하게 했다. 우경은 짚신 신고 우산을 썼으며 상을 받고
일을 헤아렸다. 위제 때문에 곤경에 이르렀지만 자신의 뜻을 저서에 나
타냈구나!

翩翩公子 天下奇器 笑姬從戮 義士增氣 兵解李同 盟定毛遂 虞卿蹀躞 受賞料

事 及困魏齊 著書見意

사기 제77권 史記卷七十七

위공자열전 魏公子列傳

사기 제77권 위공자열전 제17

史記卷七十七 魏公子列傳第十七

신주 위공자는 전국 사공자 중 한 명인 신릉군信陵君(?~서기전 243년)으로 이름은 무기無忌이다. 그는 위소왕魏昭王(재위 서기전 295~서기전 277)의 아들 이자 안리왕安釐王(재위 서기전 276~서기전 243)의 이복동생인데, 안리왕은 안 희왕安禧王, 또는 안희왕安禧王으로도 부른다. 안리왕 즉위한 후 위공자 는 지금의 하남성 영릉현寧陵縣 지역인 신릉信陵에 봉해짐으로써 신릉군 으로 불렸으며, 수천 명의 인재를 빈객賓客으로 거느린 것으로 유명하다.

안리왕이 즉위한 후 진秦나라 장수 백기白起가 이끄는 군사가 위魏나 라를 침공하자, 위나라 재상이었던 맹상군 전문田文이 천거한 망묘芒卯 가 위나라 군사를 이끌고 화양華陽에서 크게 패퇴한다. 망묘는 도주하고, 맹상군이 실각하면서 신릉군이 위나라의 정국을 주도한다. 그가 정국을 주도하던 10년 동안 다른 나라들이 침공하지 못해 위나라가 편안했다.

진秦나라 군사가 장평대전에서 조趙나라 군사를 대파하고 조趙나라 도성인 한단邯鄲을 포위하자 조나라는 이웃 국가들에 도움을 요청한다. 당시 위나라 신릉군의 누이는 조나라 평원군平原君 조승趙勝의 부인으로 두 나라 왕의 친인척이 사돈 관계였다. 이로인해 안리왕은 진비晉鄙에게 10만 군사를 주어 조나라를 구원하려 했다. 그러나 안리왕은 진나라의 보복이 두려워 진비의 군사를 업鄴 땅에 머물게 하고 사태를 관망하였다. 이에 신릉군은 빈객 후영侯嬴의 계책을 채용해 안리왕의 총희인 여희如姬의 도움으로 병부兵符를 훔쳐 진비의 병권兵權을 빼앗아 살해하고, 진秦나라 군대를 물리치고 조나라를 위기에서 구하였다.

이후 신릉군은 안리왕의 분노를 피해 조나라로 가서 10년 동안 머물다가 서기전 247년 진나라가 다시 위나라를 공격하자 안리왕의 요청으로 귀국해 상장군上將軍이 된다. 신릉군은 초楚, 연燕, 조趙, 한韓 등의 다섯 나라와 연합군을 꾸려 대항함으로써 진秦의 군대를 물리쳐 몰아냈다.

진나라는 신릉군을 제거하기 위해 쓴 이간책으로 결국 신릉군은 위나라 상장군의 자리에서 쫓겨나고 독한 술과 많은 여자를 가까이하다가 마침내 술병으로 죽었다. 이후 진秦나라는 장군 몽오蒙驁를 보내 위나라의 20개 성을 함락시켜서 처음으로 위나라에 동군東郡을 설치한다. 이후 위나라는 세력이 약해져 망국으로 치달린다. 이 내용은《전국책》이나 다른 책에도 보이지 않고 있어 사마천이 이를 알고 있는 당시 장로들의 말에 의존하여 기술한 것으로 추측된다.

한고조漢高祖 유방劉邦이 신릉군을 존경해 위나라 도성 대량大梁을 지날 때마다 신릉군에게 제사를 지내고, 신릉군의 묘에 다섯 가호家戶의 묘지기를 두게 했다는 기록이 〈고조본기〉에 보인다.

독단으로 조나라를 구원에 나서다

위공자 무기無忌는 위소왕魏昭王의 막내아들이며 위나라 안리왕
安釐王과는 어머니가 다른 동생이다. 소왕이 죽자 안희왕이 즉위
하여 공자를 봉해 신릉군信陵君①으로 삼았다.

이때 범저范雎가 위나라에서 도망쳐 진秦나라 재상이 되었는데,
위제魏齊와 오래 전부터 원한이 있었다. 이에 진나라 군사가 대량
大梁을 포위하고 화양華陽에서 위나라 군사를 쳐부수자 망묘芒卯②
가 도망쳤다. 이에 위나라 왕과 공자가 근심했다.

공자公子는 사람됨이 인자하고 사인에게 겸손했다. 사인이라면 현
명하고 불초한 것을 따지지 않고 모두에게 겸손했고 예로써 사귀
어 감히 자신이 부귀하다고 사인들에게 교만하지 않았다. 사인들
은 이 때문에 사방의 수천 리 밖에서도 다투어 가서 귀부해서 식
객食客이 3,000명에 이르렀다. 당시 제후들은 공자를 현명하다고
여기고 식객들도 많아서 감히 군사를 보내 위나라를 치려고 계획
하지 못한 것이 10여년이었다.

魏公子無忌者 魏昭王少子而魏安釐王異母弟也 昭王薨 安釐王卽位
封公子爲信陵君① 是時范雎亡魏相秦 以怨魏齊故 秦兵圍大梁 破魏華

陽下軍 走芒卯^② 魏王及公子患之 公子爲人仁而下士 士無賢不肖皆謙

而禮交之 不敢以其富貴驕士 士以此方數千里爭往歸之 致食客三千人

當是時 諸侯以公子賢 多客 不敢加兵謀魏十餘年

① 信陵君신릉군

색은 살펴보니 〈지리지〉에는 신릉信陵이 없으니 혹시 이는 향이나 읍
의 이름일 것이다.

按 地理志無信陵 或是鄉邑名也

② 芒卯망묘

신주 망묘는 전국시기 위소왕魏昭王 시기의 장수이다. 위魏의 재상이었
던 맹상군孟嘗君 전문田文의 천거로 장수가 되었다. 서기전 273년 진秦이
위를 공격하자 망묘는 위魏·한韓·조趙의 연합군을 이끌고 진군에 맞섰으
나 화양華陽에서 대패하고 15만의 병사를 잃었다. 망묘는 도주했는데 이
후 행적은 알려지지 않고 있다.

공자가 위왕魏王과 육박^①을 즐기고 있었는데 북방 변경에서 봉화
가 올랐음을 전하면서^② "조나라 군사가 또 변경을 침범하려 합니
다."라고 말했다. 이에 위나라 왕이 육박판을 내려놓고 대신들을
불러서 상의하려 했다. 공자는 왕에게 그만두게 하며 말했다.
"조왕은 사냥할 뿐이지 노략질하러 온 것은 아닙니다.^③"

다시 육박을 계속두었는데 왕은 두려워 마음이 육박에 있지 않았다. 얼마 후 다시 북쪽에서 전해오는 말이 있었다.

"조왕은 사냥할 뿐이지 노략질하지는 않습니다."

위왕이 크게 놀라서 말했다.

"공자는 어떻게 알았는가?"

공자가 말했다.

"신의 빈객 중에는 조나라 왕이 몰래 하는 일④에 대해서 깊게 알고 있는 자가 있어서 조나라 왕이 하는 일을 빈객이 번번이 신에게 알려줍니다. 신은 이 때문에 알았습니다."

이 뒤로부터 위왕은 공자가 어질고 능력이 있음을 두려워하고 감히 공자에게 국정을 맡기지 않았다.

公子與魏王博① 而北境傳擧烽② 言 趙寇至 且入界 魏王釋博 欲召大臣謀 公子止王曰 趙王田獵耳 非爲寇也③ 復博如故 王恐 心不在博 居頃復從北方來傳言曰 趙王獵耳 非爲寇也 魏王大驚 曰 公子何以知之 公子曰 臣之客有能深得趙王陰事者④ 趙王所爲 客輒以報臣 臣以此知之是後魏王畏公子之賢能 不敢任公子以國政

① 博박

신주 박은 박혁博奕을 의미하는데, 바둑이나 육박 등을 뜻한다. 둘이 즐기는 게임으로 기棋라는 직사각형 말을 두고 저箸라는 여섯 개의 막대를 던져 나오는 숫자만큼 기를 움직여 나간다.

② 傳擧烽전거봉

집해 문영이 말했다. "나무로 망루를 높게 만들어 망루 위에 두레박을 만들고, 두레박에는 도르래를 달아 두레박 안에 섶나무를 두는 것을 봉烽이라고 이른다. 항상 낮게 해 두었다가 적의 침범이 있으면 곧 불을 놓아서 들어 올려 서로에게 알리는 것이다."

文穎曰 作高木櫓 櫓上作桔橰 桔橰頭兜零 以薪置其中 謂之烽 常低之 有寇卽 火然擧之以相告

③ 非爲寇也비위구야

정의 爲의 발음은 '위[于僞反]'이다

爲 于僞反

④ 陰事者음사자

색은 살펴보니 초주는 "조왕이 몰래하는 일에 대해서 깊게 아는 것이다."라고 했다.

按 譙周作 探得趙王陰事

위나라에는 숨어 사는 사인士人이 있었는데 후영侯嬴[1]이라고 했다. 나이 70세이고 집안이 가난하여 대량大梁[2]의 이문감夷門監이 되었다. 공자는 이 소식을 듣고 가기를 청하면서 두터운 예물을 보냈지만 그는 기꺼이 받지 않고 말했다.

"신은 자신을 닦으며 행동을 깨끗하게 한 것이 수십여 년이었습니다. 마침내 감문監門의 생활이 고생스럽다고 공자의 재물을 받지는

제1장 독단으로 조나라를 구원에 나서다   71

않겠습니다."

공자는 이에 술을 준비하고 크게 빈객들에게 연회를 열었다. 연회의 자리가 정돈되고 자리가 정해지자 공자는 수레와 기마를 따르게 하고 왼쪽의 자리를 비워 스스로 이문夷門으로 후생(후영)을 맞이하러 갔다. 후생은 낡은 의관을 걸치고 곧바로 공자의 윗자리에 오르는 것을 사양하지 않았는데, 공자의 됨됨이를 살피려고 한 것이다. 공자는 고삐를 잡고 더욱 공손히 하자 후생이 또 공자에게 일러 말했다.

"신의 객客 중 시장 안의 푸줏간을 하는 자가 있어 원컨대 수레와 기마를 돌려서 지나가게 하십시오."

공자가 수레를 이끌고 시장으로 들어가자, 후생은 수레에서 내려 그의 객인 주해朱亥와 만나서 곁눈질을 하면서[3] 고의로 오래도록 서서 그의 객인 주해와 말을 하면서 몰래 공자를 살폈다. 공자의 안색은 더욱 화평했다.

魏有隱士曰侯嬴[1] 年七十 家貧 爲大梁[2]夷門監者 公子聞之 往請 欲厚遺之 不肯受 曰 臣脩身絜行數十年 終不以監門困故而受公子財 公子於是乃置酒大會賓客 坐定 公子從車騎 虛左 自迎夷門侯生 侯生攝敝衣冠 直上載公子上坐 不讓 欲以觀公子 公子執轡愈恭 侯生又謂公子曰 臣有客在市屠中 願枉車騎過之 公子引車入市 侯生下見其客朱亥 俾倪[3]故久立 與其客語 微察公子 公子顏色愈和

① 侯嬴후영

색은 嬴의 발음은 '영盈'이다. 또 조식은 嬴의 발음은 '이척嬴瘦'의 '이嬴'

로 발음한다고 했다.

音盈 又曹植音 羸瘦之羸

② 大梁대량

신주 전국시대 대량은 지금의 하남성 개봉시開封市 서북쪽으로 비정하는
데 위나라의 도읍이었다. 서기전 364년 위혜왕魏惠王이 지금의 산서성 하현
夏縣이었던 안읍安邑에서 대량으로 천도했다. 이 때문에 위혜왕을《맹자
孟子》등에서 양혜왕梁惠王으로 칭했다. 대량에 있던 위혜왕이라는 뜻이다.

③ 俾倪비예

색은 俾의 발음은 '폐[浦計反]'이고 倪의 발음은 '예[五計反]'이다. 추탄생은
또 앞쪽 俾의 발음은 '피[疋未反]'이고 倪의 발음은 '예[五弟反]'라고 했다.

上音浦計反 下音五計反 鄒誕云又上音疋未反 下音五弟反

정의 바르게 보지 않는 것이다.

不正視也

이때 위魏나라 장군이나 재상들이나 종실의 빈객들은 연회석을
가득 메우고 공자가 돌아와 술잔을 들어올리기를 기다리고 있
었다. 시장 사람들이 모두 공자가 말의 고삐를 잡은 것을 관찰했
다. 공자를 따르는 기마병들은 모두 몰래 후생을 욕하고 있었다.
후생은 공자의 안색이 끝까지 변하지 않는 것을 보고 곧 객에게
떠날 것을 말하고 수레로 나아갔다. 집에 이르자 공자가 후생을

인도해서 상좌上坐에 앉히고 두루 빈객들에게 소개하자^① 빈객들이 모두 놀랐다. 주연이 한창일 때에 공자가 일어나 후생 앞에서 장수를 빌었다. 후생이 이로 인하여 공자에게 일러 말했다.

"오늘 제가 공자에 한 짓^②으로 또한 충분합니다. 저는 이문夷門의 문지기인데 공자께서 친히 수레와 기마로 왕림하시어 직접 저를 사람들이 많은 넓은 좌석의 중앙에 맞이했습니다. 지나오는 길이 마땅치 않았는데도 지금 공자께서는 짐짓 저의 청을 따라 가주셨습니다. 그러나 저는 공자의 명성에 나아가고자 오래도록 공자와 수레와 기마들을 시장에 세워서 지나가는 객이 공자를 관찰하게 했는데도 공자께서는 더욱 공손했습니다. 시장 사람들은 모두 저를 소인이라고 여겼고 공자를 뛰어난 사람으로 사인에게 몸을 낮출 줄 아는 사람으로 여겼습니다."

이에 주연이 파하자 후생을 드디어 상객上客으로 삼았다. 후생이 공자에게 일러 말했다.

"신이 들렀던 푸줏간의 주해朱亥는 현명한 사람인데 세상에서는 능히 알지 못합니다. 그러므로 푸줏간에 숨어서 살고 있습니다."

공자가 가서 여러 번 만나기를 청했는데 주해는 고의로 사양하는 것조차 하지 않아서 공자는 이상하게 여겼다.

當是時 魏將相宗室賓客滿堂 待公子擧酒 市人皆觀公子執轡 從騎皆竊罵侯生 侯生視公子色終不變 乃謝客就車 至家 公子引侯生坐上坐 徧贊^①賓客 賓客皆驚 酒酣 公子起 爲壽侯生前 侯生因謂公子曰 今日 嬴之爲^②公子亦足矣 嬴乃夷門抱關者也 而公子親枉車騎 自迎嬴於衆人廣坐之中 不宜有所過 今公子故過之 然嬴欲就公子之名 故久立公

子車騎市中 過客以觀公子 公子愈恭 市人皆以嬴爲小人 而以公子爲
長者能下士也 於是罷酒 侯生遂爲上客 侯生謂公子曰 臣所過屠者朱
亥 此子賢者 世莫能知 故隱屠間耳 公子往數請之 朱亥故不復謝 公子
怪之

① 徧贊편찬

色隱 徧의 발음은 '편遍'이다. 찬贊은 '고告'(알리다)이다. 후생을 두루
빈객에게 고하는 것을 이른다.

徧音遍 贊者 告也 謂以侯生徧告賓客

② 爲위

集解 서광이 말했다. "위爲는 다른 판본에는 '수羞'로 되어 있다."

徐廣曰 爲 一作羞

위나라 안리왕 20년, 진소왕秦昭王은 조나라 장평長平의 군대를
쳐부수고 나서 또 군사를 진격시켜 한단을 포위했다. 공자의 누이
는 조나라 혜문왕惠文王의 동생인 평원군平原君의 부인이었는데,
자주 위왕과 공자에게 서신을 보내 위나라에 구원을 요청했다.
위왕魏王은 장군 진비晉鄙①를 시켜 10만 명의 군사를 거느리게
하고 조나라를 구원하려 했다. 진왕秦王이 사신을 보내 위왕에게
알려 말했다.

"우리는 조나라를 공격하여 조만朝晚 간에 곧 함락시킬 것인데 제후로써 감히 구원하는 자는 조나라를 함락시키고 나면 반드시 군사를 이동시켜 먼저 공격할 것이오."

위왕은 두려워서 사람을 시켜 진비에게 공격을 멈추게 하고 군사를 업鄴 땅에 머물러 주둔하도록 했는데[2] 명분은 조나라를 구원한다고 했으나 실제는 양쪽의 정세만을 관망하고 있었다.

魏安釐王二十年 秦昭王已破趙長平軍 又進兵圍邯鄲 公子姊爲趙惠文王弟平原君夫人 數遺魏王及公子書 請救於魏 魏王使將軍晉鄙[1]將十萬衆救趙 秦王使使者告魏王曰 吾攻趙旦暮且下 而諸侯敢救者 已拔趙 必移兵先擊之 魏王恐 使人止晉鄙 留軍壁鄴[2] 名爲救趙 實持兩端以觀望

① 晉鄙진비

색은 위나라 장군의 성명이다.

魏將姓名也

신주 진秦나라가 조趙나라 수도 한단邯鄲을 포위하자 조趙나라가 위나라에 구원을 요청했다. 위나라에서 진비를 보내 조나라를 구하게 했지만 그는 병사를 주둔시킨 채 관망만 하자 신릉군信陵君이 그의 군권軍權을 빼앗으려 했다.

② 留軍壁鄴유군벽업

신주 〈노중련열전〉에 따르면 위나라 군사가 진을 친 곳은 탕음蕩陰이다. 탕음은 업에서 남쪽으로 40km 가량 떨어진 곳이다. 두 장소 사이에 옛 은나라 수도인 은허殷墟가 있다. 〈위공자열전〉과 〈노중련열전〉의 기록을 함께 검토하면 아마 은허 부근을 중심으로 주둔했다고 보이며, 은허에서 한단까지 거리는 60km 가량이다.

평원군의 사신이 위나라에 줄지어 이르렀는데[①] 위공자를 꾸짖어 말했다.

"내가 스스로 부탁해서 혼인을 한 것은 공자께서 의義가 높으시니 급한 사람의 곤궁함을 구제할 수 있다고 여겼기 때문이었소. 지금 한단은 조만 간에 진나라에 항복할 것인데, 위나라에서 구원병이 이르지 않는다면 어찌 공자에게 급한 사람의 곤궁함을 구제할 능력이 있다고 하겠소! 또 공자가 마음대로 나를 가볍게 여기고 버려서 진나라에 무너진다면 공자의 누이는 홀로 가련하지 않겠소?"

공자는 근심해서 자주 위왕에게 청했으며 빈객이나 말 잘하는 사인이 이르러 왕을 여러 가지 이유로 설득했다. 위왕은 진나라를 두려워해서 마침내 공자의 청을 들어주지 않았다. 공자가 스스로 헤아려보니 끝내 왕의 뜻을 얻지 못할 것이고 생각해보니 혼자만 살고 조나라가 망하게 할 수도 없었다. 곧 빈객에게 청해 수레와 기병들이 타는 수레 100여 대를 약속을 받고 객의 신분으로 진나라 군대로 달려가 조나라와 함께 죽고자 했다.

平原君使者冠蓋相屬[①]於魏 讓魏公子曰 勝所以自附爲婚姻者 以公子之高義 爲能急人之困 今邯鄲旦暮降秦而魏救不至 安在公子能急人之困也 且公子縱輕勝 棄之降秦 獨不憐公子姊邪 公子患之 數請魏王 及

> 賓客辯士說王萬端 魏王畏秦 終不聽公子 公子自度終不能得之於王 計
> 不獨生而令趙亡 乃請賓客 約車騎百餘乘 欲以客往赴秦軍 與趙俱死

① 冠蓋相屬관개상속

신주 수레 덮개가 서로 이어진다는 것으로 많은 사신이 줄지어 오가
는 것을 말한다.

공자는 길을 떠나 이문夷門을 지나가다 후생(후영)을 만나서 자신
은 진秦나라 군대와 싸우다가 죽으려고 한다는 상황을 자세히 말
했다. 이에 말이 끝나고 가려는데 후생이 말했다.

"공자께서는 힘쓰십시오. 이 늙은 신은 따를 수 없겠습니다."

공자가 몇 리쯤 가다가 마음이 크게 불쾌해서 말했다.

"나는 후생을 완벽하게 대우했고 이를 천하에서도 듣지 못한 자
가 없었다. 지금 내가 또 죽으러 가는데 후생이 일찍이 일언반구
도 없이 나를 보내다니 내 어찌 실수한 것이라도 있었는가?"

다시 수레를 이끌고 돌아와 후생에게 물었다. 후생이 웃으면서 말
했다.

"신은 진실로 공자께서 돌아올 것을 알았습니다."

또 말을 이었다.

"공자께서는 사인을 좋아하시고 그 명성도 천하에 알려졌습니다.
지금 어려움이 있다고 아무런 단서도 없이 진나라 군사에게 달려

들려고 하는 것은 비유컨대 고기를 배고픈 호랑이에게 던져주는 것과 같은 것으로 무슨 공로가 있겠습니까? 편안한 것을 높여서 객을 섬기셨겠습니까? 그러나 공자께서 신을 후하게 대우하셨는데 공자께서 떠나는데 신이 송별을 하지 않으니 이 때문에 공자께서는 한스러워서 다시 돌아오실 것으로 알고 있습니다."

공자는 재배를 올리고 그 이유를 물었다. 후생이 곧 사람들을 물리치게 하고 조용한 어조[①]로 말했다.

"제가 듣자니 진비晉鄙가 가지고 있는 병부兵符는 항상 왕의 침실 안에 있다고 합니다. 왕은 여희如姬를 가장 총애하여 여희는 왕의 침실에 마음대로 출입할 수 있으니 (여희의) 힘이면 훔쳐낼 수가 있을 것입니다. 제가 듣자니 여희의 아버지는 남에게 죽임을 당했는데 여희가 3년이나 마음을 써서 (범인을) 찾았고[②] 왕으로부터 그 아래가 여희의 아버지를 죽인 원수를 찾아 복수하고자 했으나 찾을 수 없습니다. 여희가 공자에게 울면서 하소연하자, 공자께서 객을 시켜서 그의 원수의 머리를 베어서 여희에게 공경히 바쳤다고 들었습니다. 여희가 공자를 위하는 것이라면 죽음도 마다하려 하지 않을 것이니 생각해보면 길이 있지 않겠습니까? 공자께서 진실로 한 번 입을 열어 여희에게 청한다면 여희는 반드시 허락할 것입니다. 곧 호부虎符를 얻어서 진비晉鄙의 군사를 빼앗아 북쪽으로 조나라를 구원하고 서쪽으로 진나라를 물리친다면 이것은 오패五霸의 정벌이 될 것입니다."

공자는 후생의 계책을 따라 여희에게 청했다. 여희는 과연 진비의 병부兵符를 훔쳐서 공자에게 주었다.

行過夷門 見侯生 具告所以欲死秦軍狀 辭決而行 侯生曰 公子勉之矣
老臣不能從 公子行數里 心不快 曰吾所以待侯生者備矣 天下莫不聞
今吾且死而侯生曾無一言半辭送我 我豈有所失哉 復引車還 問侯生
侯生笑曰 臣固知公子之還也 曰公子喜士 名聞天下 今有難 無他端而
欲赴秦軍 譬若以肉投餒虎 何功之有哉 尚安事客 然公子遇臣厚 公子
往而臣不送 以是知公子恨之復返也 公子再拜 因問 侯生乃屛人閑語①
曰 嬴聞晉鄙之兵符常在王臥內 而如姬最幸 出入王臥內 力能竊之 嬴
聞如姬父爲人所殺 如姬資之三年② 自王以下欲求報其父仇 莫能得 如
姬爲公子泣 公子使客斬其仇頭 敬進如姬 如姬之欲爲公子死 無所辭
顧未有路耳 公子誠一開口請如姬 如姬必許諾 則得虎符奪晉鄙軍 北
救趙而西郤秦 此五霸之伐也 公子從其計 請如姬 如姬果盜晉鄙兵符
與公子

① 閑語한어

색은 閑의 발음은 '한閑'이다. 한어閑語는 조용한 말을 이른다.

閑音閑〔閑〕語謂靜語也

② 如姬資之三年여희자지삼년

색은 옛날 해석은 '자지삼년資之三年'은 재최齊衰(상복)를 입은 것을 이른
다고 했다. 지금 살펴보니 자資는 '축畜'(기르는 것)이다. 아버지를 위해 원
수에게 복수하기 위해 마음에 쌓아둔 것이 3년이 되었다는 말이다.

舊解資之三年謂服齊衰也 今案 資者 畜也 謂欲爲父復讎之資畜於心已得三
年矣

공자가 떠나가려는데 후생이 말했다.

"장수가 밖에 있을 때는 군주가 명령을 해도 명령을 받지 않을 수가 있는데 이는 국가를 편안하게 하기 위해서 입니다. 공자께서 가서서 병부를 합치서도 진비가 공자의 병부를 받지 않고 다시 청하면 일이 반드시 위태로워질 것입니다. 신의 객客인 푸줏간의 주해朱亥와 함께 하십시오. 이 사람은 힘이 장사이니 진비가 들어주면 아주 좋지만 들어주지 않으면 그를 쳐 죽일 수 있을 것입니다."

이에 공자가 눈물을 흘렸다. 후생이 말했다.

"공자께서는 죽음이 두렵습니까? 어찌하여 우십니까?"

공자가 말했다.

"진비는 용감하고 강한[1] 노련한 장수인데 가서 듣지 않으면 반드시 죽여야 하는 것이 두렵습니다. 이 때문에 우는 것입니다. 어찌 죽음이 두렵겠습니까?"

이에 공자가 주해에게 청했다. 주해가 웃으면서 말했다.

"신은 시장에서 칼을 휘둘러 푸줏간을 하는 자로 공자께서 친히 자주 문안해주셨는데 감사한 것을 보답하지 못했고 또 작은 예로써 보답해야 소용이 없을 것입니다. 지금 공자께서 급한 일이 있으니 이것은 신이 목숨을 바칠 때인 것입니다."

드디어 공자와 함께한다고 했다. 공자가 지나가면서 후영에게 하직을 했다. 후생이 말했다.

"신이 마땅히 따라야 하는데 늙어서 가지 못합니다. 청컨대 공자께서 행하는 날짜에 맞추어 진비의 군진에 이르는 날에 북쪽을 향해서 스스로 목을 찔러서 공자를 전송하겠습니다."

公子行 侯生曰 將在外 主令有所不受 以便國家 公子即合符 而晉鄙不
授公子兵而復請之 事必危矣 臣客屠者朱亥可與俱 此人力士 晉鄙聽
大善 不聽 可使撃之 於是公子泣 侯生曰 公子畏死邪 何泣也 公子曰 晉
鄙嚄唶^①宿將 往恐不聽 必當殺之 是以泣耳 豈畏死哉 於是公子請朱亥
朱亥笑曰 臣迺市井鼓刀屠者 而公子親數存之 所以不報謝者 以爲小
禮無所用 今公子有急 此乃臣效命之秋也 遂與公子俱 公子過謝侯生
侯生曰 臣宜從 老不能 請數公子行日 以至晉鄙軍之日 北郷自剄 以送
公子

① 嚄唶획책

[집해] 嚄의 발음은 '액[烏百反]'이고 唶의 발음은 '잭[莊白反]'이다.

上音烏百反 下音莊白反

[색은] 嚄의 발음은 '액[烏百反]'이고 唶의 발음은 '작[爭格反]'이다. 살펴보니
획책嚄唶은 말이 많은 것을 이른다.

上烏白反 下爭格反 案 嚄唶謂多詞句也

[정의] 《성류》에서 말한다. "획嚄은 크게 웃는 것이다. 책唶은 크게 외치
는 것이다."

聲類云 嚄 大笑 唶 大呼

[신주] 위에 [색은] 과 [정의] 주석은 모두 오류이다. 호탕한 웃음과 호령
을 말하는 것으로 여기서는 획책嚄唶이 전주 되어 '용맹하고 강하다'는
뜻으로 쓰였다.

공자는 드디어 떠났다. 업鄴 땅에 이르러 위왕의 명령이라고 속이고 진비를 대신하려고 했다. 진비가 부절을 합하고는 의심스러워 손을 들어 공자를 보면서 말했다.

"지금 나는 10만 명의 군사를 끼고 국경에 주둔해 국가의 중대한 임무를 맡고 있는데 지금 단 한 대의 수레로 와서 저를 대신하겠다니 어찌 된 일입니까?"

이에 공자의 말을 듣고자 하지 않았다. 주해가 소매에서 40근의 철퇴를 꺼내 진비를 쳐 죽이자 공자가 마침내 진비군을 인솔했다. 군사를 정리하고 군령을 내려서 말했다.

"아버지와 아들이 함께 군중에 있으면 아버지는 돌아가고 형제가 함께 군중에 있으면 형은 돌아가라. 독자로서 형제가 없는 자는 돌아가 부모를 봉양하라."

이에 선발한 군사 8만여 명을 얻어 군사를 진격시켜서 진나라 군사를 공격했다. 진나라 군사가 포위를 풀고 떠나자 드디어 한단을 구제하고 조나라를 보존시켰다.

조왕과 평원군은 공자를 국경에서 몸소 영접했다. 평원군은 화살이 가득한 동개를 차고① 공자를 위해 먼저 인도했다. 조왕은 두 번 절을 하고 말했다.

"예부터 어진 사람이 있었으나 공자에게는 미치지 못했습니다."

이때부터 평원군은 감히 자신을 남에게 견주지 않았다. 공자와 후생이 결정한 대로 군진에 이르자 후생은 과연 북향하고 스스로 목을 찔러 죽었다.

公子遂行 至鄴 矯魏王令代晉鄙 晉鄙合符 疑之 擧手視公子曰 今
吾擁十萬之衆 屯於境上 國之重任 今單車來代之 何如哉 欲無聽
朱亥袖四十斤鐵椎 椎殺晉鄙 公子遂將晉鄙軍 勒兵下令軍中曰 父
子俱在軍中 父歸 兄弟俱在軍中 兄歸 獨子無兄弟 歸養 得選兵八
萬人 進兵擊秦軍 秦軍解去 遂救邯鄲 存趙 趙王及平原君自迎公子
於界 平原君負韊矢^①爲公子先引 趙王再拜曰 自古賢人未有及公子
者也 當此之時 平原君不敢自比於人 公子與侯生決 至軍 侯生果北
鄉自剄

① 韊矢난시

집해 여침이 말했다. "난韊은 쇠뇌의 화살을 담은 통이다."

呂忱曰 韊盛弩矢

색은 韊의 발음은 '란蘭'이다. 난韊은 화살이 가득한 통으로 지금의 호록
胡簏(화살통)과 같지만 짧은 것을 이른다. (여침呂忱의) 여呂는 성이고 침忱은 이
름이다. 《자림》을 지었다. 난韊은 노시弩矢(쇠뇌의 화살)를 가득 담은 기구를
말한다.

韊音蘭 謂以盛矢 如今之胡簏而短也 呂姓 忱名 作字林者 言韊盛弩矢之器

위왕은 공자가 그의 병부兵符를 훔쳐 진비를 속이고 살해한 것을
노여워했는데 공자도 스스로 알고 있었다. 이미 진나라를 물리치
고 조나라를 보존시켰으므로 장수로 하여금 그의 군사를 거느

리게 하고 위나라로 돌아가게 했으며, 공자는 홀로 식객들과 함께 조나라에 머물렀다. 조나라 효성왕은 공자가 진비의 병권을 거짓으로 빼앗아 조나라를 보존시켜준 것을 덕으로 여기고 평원군과 함께 계책을 만들어 5개의 성을 공자에게 봉해주려고 했다.

공자가 이를 듣고 마음속으로 교만해지고 자긍심이 있어서 스스로 공로로 여기는 기색이 있었다. 객이 공자를 설득해서 말했다.

"사물에는 잊어서는 안 되는 것이 있고 혹은 잊지 않으면 안 되는 것이 있습니다. 무릇 사람들이 공자에게 덕을 베푼 것을 공자는 잊어서는 안 되는 것입니다. 공자께서 사람들에게 덕을 베푼 것은 되돌아보고 공자께서는 잊어야 하는 것입니다. 또 위왕의 명령을 위조해서 진비의 병권을 빼앗아 조나라를 구원했으니 조나라에는 공이 있는 것이지만 위나라에는 충신이 되지 못하는 것입니다. 공자께서 스스로 교만하고 공로로 여기시는데, 제 생각에 공자께서 취하지 않으셨으면 합니다."

이에 공자는 곧 스스로 꾸짖고 받아들일 맘이 없는 듯이 했다. 조왕은 궁 안을 깨끗이 청소하고 자신이 공자를 맞이하고 주인의 예를 행하여 공자를 인도해서 서쪽의 계단으로 나아가게 했다. 공자는 곁으로 걸으며 사양하고 동쪽의 계단을 따라서 올랐다.[①] 스스로 죄과를 말했는데 위나라를 저버렸으며[②] 조나라에 공로가 없다는 것이었다. 조왕은 해가 저물 때까지 공자와 술자리를 함께하기에 이르렀으나 입으로 5개의 성을 헌납한다는 말을 차마 하지 못했으니 공자가 겸손했기 때문이다.

공자는 마침내 조나라에 머물렀다. 조왕은 학鄗 땅[③]을 공자의 탕목읍湯沐邑④으로 삼았는데 위나라에서 또한 신릉군으로 회복시켜서 공자를 받들었다. 공자는 조나라에 머물렀다.

魏王怒公子之盜其兵符 矯殺晉鄙 公子亦自知也 已卻秦存趙 使將將其軍歸魏 而公子獨與客留趙 趙孝成王德公子之矯奪晉鄙兵而存趙 乃與平原君計 以五城封公子 公子聞之 意驕矜而有自功之色 客有說公子曰 物有不可忘 或有不可不忘 夫人有德於公子 公子不可忘也 公子有德於人 願公子忘之也 且矯魏王令 奪晉鄙兵以救趙 於趙則有功矣 於魏則未爲忠臣也 公子乃自驕而功之 竊爲公子不取也 於是公子立自責 似若無所容者 趙王埽除自迎 執主人之禮 引公子就西階 公子側行辭讓 從東階上① 自言罪過 以負於魏② 無功於趙 趙王侍酒至暮 口不忍獻五城 以公子退讓也 公子竟留趙 趙王以鄗③爲公子湯沐邑④ 魏亦復以信陵奉公子 公子留趙

① 從東階上종동계상

집해 《예기》에서 말한다. "주인은 동쪽 계단으로 나아가고 객은 서쪽 계단으로 나아간다. 객이 만약 등급이 낮으면 주인의 계단으로 나아가는 것이다."

禮記曰 主人就東階 客就西階 客若降等 則就主人之階

② 以負於魏이부어위

색은 負의 발음은 '패佩'이다.

負音佩

③ 鄗학

鄗의 발음은 '학謔'이다. 조나라 읍 이름이고 상산군에 속한다.
音膟 趙邑名 屬常山

④ 湯沐邑탕목읍

탕목읍은 원래 주周나라의 제도였다. 제후가 천자를 조알할 때 천자가 왕기王畿 내의 땅을 하사해서 숙식과 목욕을 하게 한 봉읍封邑이 었다. 후에는 국군國君, 황후皇后, 공주公主 등이 하사받아 세금을 걷는 사읍私邑을 뜻했다. 귀족이 하사받은 탕목읍 역시 세금을 거둘 권한이 있는 일종의 식읍食邑이었다.

한 때의 영광과 쓸쓸한 말년

공자는 조나라 처사處士 모공毛公이 노름꾼의 무리에 숨어서 살고 설공薛公은 술을 파는 집[①]에서 숨어 산다는 소식을 들었다. 공자는 두 사람을 만나보고자 했는데 두 사람이 스스로 숨어서 공자를 만나보는 것을 즐거워하지 않았다. 공자는 그들이 있는 곳을 수소문하고 이에 몰래 걸어가 이 두 사람이 노는 곳을 따라가서 놀았는데 매우 기뻐했다. 평원군이 이 소문을 듣고 그의 부인에게 일러 말했다.

"처음 나는 부인의 동생인 공자가 천하에 둘도 없는 인재라고 들었는데 지금 내가 들어보니 망령되게 노름꾼과 술을 파는 자를 따라서 어울려 놀고 있다고 하니 공자는 망령된 사람일 뿐이오."

부인이 공자에게 알렸다. 공자가 곧 부인에게 하직하고 떠나면서 말했다.

"처음에 저는 평원군이 현명하다고 들었습니다. 그래서 위나라 왕을 저버리고 조나라를 구원하여 평원군을 칭찬했습니다. 그러나 평원군의 교유는 호걸의 무리들만 추천할 뿐[②] 사인을 구하지 않고 있습니다. 저는 스스로 대량大梁에 있을 때 항상 이 두 사람이 현명하다고 들었으므로 조나라에 이르러서는 만나보지 못할까 두려워했습니다. 제가 그들을 따라 교유하는데 늘 그들이 저와 함께하려 하지 않을까 두려워했습니다. 지금 평원군은 이를 부끄럽게 여기는데 그는 교유하기 부족합니다."

곧 행장을 꾸려 떠나가려 했다. 부인이 평원군에게 사실을 자세히 알렸다. 평원군이 곧 관을 벗고 사죄하면서 진실로 공자를 머무르도록 했다. 평원군 문하에서는 이 소문을 듣고 문하의 절반이 평원군을 떠나 공자에게 돌아갔고 천하의 사인들도 다시 공자에게 돌아가 공자에게 평원군의 객이 쏠렸다.

公子聞趙有處士毛公藏於博徒 薛公藏於賣漿家[1] 公子欲見兩人 兩人自匿不肯見公子 公子聞所在 乃間步往從此兩人遊 甚歡 平原君聞之 謂其夫人曰 始吾聞夫人弟公子天下無雙 今吾聞之 乃妄從博徒賣漿者遊 公子妄人耳 夫人以告公子 公子乃謝夫人去 曰 始吾聞平原君賢 故負魏王而救趙 以稱平原君 平原君之遊 徒豪擧耳[2] 不求士也 無忌自在大梁時 常聞此兩人賢 至趙 恐不得見 以無忌從之遊 尙恐其不我欲也 今平原君乃以爲羞 其不足從遊 乃裝爲去 夫人具以語平原君 平原君乃免冠謝 固留公子 平原君門下聞之 半去平原君歸公子 天下士復往歸公子 公子傾平原君客

① 賣漿家매장가

집해 서광이 말했다. "장漿은 다른 판본에는 '료醪'로 되어 있다."

徐廣曰 漿 一作醪

색은 살펴보니 《별록》에서 말한다. "장漿은 어떤 판본에는 '료醪' 자로 되어 있다."

按別錄云 漿 或作醪字

신주 장漿은 식초 또는 음료를 뜻하지만 여기에서는 술이란 뜻으로 쓰였다. '료醪'는 탁주濁酒(막걸리)를 뜻하는데 순주醇酒(진한 술)를 뜻하기도 한다.

② 徒豪擧耳도호거이

색은 호걸스런 자를 추천하는 것을 이른다. 擧의 발음은 또한 '거據'이다.

謂豪者擧之 擧亦音據也

공자가 조나라에 머문 지 10년인데 돌아가지 못했다. 진나라는 공자가 조나라에 있다는 소식을 듣고 밤낮으로 군사를 출동시켜서 동쪽으로 가서 위나라를 쳤다. 위왕은 근심하고 사신을 보내서 공자에게 도움을 청했다. 공자는 왕이 노여워하는 것을 두려워하여 곧 문하를 경계시켜서 말했다.

"감히 위왕을 위해 사신과 통하는 자는 죽일 것이다."

빈객들은 모두 위나라를 배신하고 조나라로 가서 감히 공자의 귀국을 권하지도 못했다. 모공과 설공,① 이 두 사람이 가서 공자를 뵙고 말했다.

"공자께서 조나라에서 중하게 되고 명성이 여러 제후들에게 알려진 것은 모두 위나라가 있기 때문입니다. 지금 진나라에서 위나라를 공격해서 위나라가 급박해졌는데 공자께서 구원하지 않으시면 진나라는 대량大梁을 쳐부수고 선왕의 종묘를 없앨 것인데 공자께서는 마땅히 무슨 면목으로 천하에 설 수 있겠습니까?"
말을 끝마치지도 않았는데 공자는 일어나 곧바로 얼굴색이 변하여 수레를 준비하라고 알리고 위나라를 구원하기 위해 달려서 돌아갔다.

公子留趙十年不歸 秦聞公子在趙 日夜出兵東伐魏 魏王患之 使使往請公子 公子恐其怒之 乃誡門下 有敢爲魏王使通者 死 賓客皆背魏之趙 莫敢勸公子歸 毛公薛公①兩人往見公子曰 公子所以重於趙 名聞諸侯者 徒以有魏也 今秦攻魏 魏急而公子不恤 使秦破大梁而夷先王之宗廟 公子當何面目立天下乎 語未及卒 公子立變色 告車趣駕歸救魏

① 毛公薛公모공설공

색은 사관이 그의 이름을 기록하지 않았다.

史不記其名

위왕과 공자는 서로 보고 더불어 울었고, 상장군의 인수를 공자에게 주어 공자는 드디어 장군이 되었다. 위魏나라 안리왕 30년에 공자는 사신을 보내 제후들에게 두루 알렸다. 제후들은 공자가 장군이 되었다는 소식을 듣고 각각 장군들을 보내 군사를 이끌고 위나라를 구원하게 했다.

공자는 다섯 나라의 군사를 인솔하고 진나라 군사를 하수河水 바깥에서 쳐부수고 몽오蒙驁[1]를 달아나게 만들었다. 드디어 승리의 여세를 타고 진나라 군사를 뒤쫓아서 함곡관函谷關에 이르러 진나라 군사를 억압하자[2] 진나라 군사는 감히 나오지 못했다.

이때 공자의 위세는 천하를 진동시켰다. 제후들의 빈객들이 병법을 올리면 공자는 모두 그들의 이름을 붙였다.[3] 이 때문에 세속에서는《위공자병법》[4]이라고 통칭했다.

魏王見公子 相與泣 而以上將軍印授公子 公子遂將 魏安釐王三十年 公子使使遍告諸侯 諸侯聞公子將 各遣將將兵救魏 公子率五國之兵 破秦軍於河外 走蒙驁[1] 遂乘勝逐秦軍至函谷關 抑秦兵[2] 秦兵不敢出 當是時 公子威振天下 諸侯之客進兵法 公子皆名之[3] 故世俗稱魏公子 兵法[4]

① 蒙驁몽오

신주 몽오(?~서기전 240)는 전국시대 말기 진秦나라 명장이다. 원래는 제齊나라 사람이었는데 진나라에 이르러 상경上卿이 되었다. 몽오는 진소양왕秦昭襄王, 진효문왕秦孝文王, 진장양왕秦莊襄王, 진시황까지 네 군주를 섬기면서 숱한 공을 세웠다. 앞뒤로 한韓나라 10여 개성, 조趙나라 20여 개성, 위魏나라 50여 개성을 빼앗아 삼천군三川郡과 동군東郡을 확장하게 했고, 국경을 제나라와 가깝게 했다.

그 아들 몽무蒙武도 장군이었고, 그 손자 몽염蒙恬은 진시황 때 만리장성을 쌓은 장수였다. 이때의 만리장성은 서쪽의 임조臨洮에서 동쪽의 요동遼東까지 이르렀는데, 이때의 요동은 지금의 하북성 일대이다.

② 抑秦兵역진병

색은 抑의 발음은 '억憶'이다. 살펴보니 억抑은 군사를 억제시키는 것을 이른다.

抑音憶 按 抑謂以兵蹙之

신주 무기가 합종군을 이끌고 함곡관까지 진나라 군사를 밀어낸 것은 위나라 안리왕 30년이고 진나라 시황제 아버지인 장양왕 3년으로, 서기전 247년이다. 장양왕은 그 해 사망한다. 무기가 진나라 중앙군을 함곡관 안으로 쫓아 보냈다는 이야기이지, 진나라가 점령했던 함곡관 동쪽의 수많은 영토를 탈환했다는 말은 아니다.

③ 公子皆名之공자개명지

색은 공자는 사람들이 바친 병법을 얻으면 반드시 그 이름으로 일컬었다는 말이다. 그가 너그러웠다는 말이다.

言公子所得進兵法而必稱其名 以言其恕也

④ 魏公子兵法위공자병법

집해 유흠의 《칠략》에는 《위공자병법》 21편과 도圖 7권이 있다.

劉歆七略有魏公子兵法二十一篇 圖七卷

신주 《한서》〈예문지〉에는 21편이 있었다고 하는데 지금은 전하지 않는다.

진나라 왕은 걱정되어서 황금 1만 근을 위나라에 뿌려 진비晉鄙의 빈객을 구해 위왕에게 공자를 헐뜯게 말했다.

"공자는 망명하여 밖에 10년이나 있었다가 지금은 위나라 장수가 되었는데 여러 제후의 장수들이 모두 소속되어 있으니 제후들은 한갓 위공자 있는 것만 알고 위왕이 있는 것을 알지 못합니다. 공자는 또한 이때를 따라 남면해서 왕이 되고자 하는데 제후들도 공자의 위세를 두려워해서 지금 함께 세우려고 합니다."

진나라는 자주 사신을 보내 반간계를 써서 거짓으로 공자를 축하하면서 아직 위왕으로 서지 못했냐고 했다. 위왕은 날마다 그 헐뜯는 소문을 들으니 믿지 않을 수 없었고, 뒤에 과연 사람을 보내 공자를 대신하여 장군으로 삼았다.

공자는 자신이 다시 참소 때문에 폐해진 것을 알고 이에 병을 핑계로 조회에 나가지 않았다. 빈객들과 더불어 밤새도록 술자리를 벌였는데 독한 술을 마시며 많은 여인들을 가까이했다. 밤낮으로 술을 마시며 즐기기를 4년간 하였는데 마침내 술병으로 죽었다. 그 해에 위나라 안희왕도 죽었다.

진나라는 공자가 죽었다는 소식을 듣고 몽오를 시켜 위나라를 공격하여 20개의 성을 빼앗고 처음으로 동군東郡을 두었다. 그 후에 진나라는 점점 위나라를 잠식했다. 18년 만에 위왕①을 포로로 잡고 대량大梁을 무너뜨렸다.

한漢나라 고조는 처음에 미천하고 어렸을 때 자주 공자가 현명하다는 소문을 들었다. 천자의 자리에 올라서 매양 대량 땅을 지날 때면 항상 공자에게 제사를 올렸다. 고조 12년에 경포

黥布를 공격하고 돌아와서부터는 공자를 위하여 묘지를 지키는 5가五家를 두고 대대로 해마다 네 계절에 공자의 제사를 받들도록 했다.

秦王患之 乃行金萬斤於魏 求晉鄙客 令毀公子於魏王曰 公子亡在外十年矣 今爲魏將 諸侯將皆屬 諸侯徒聞魏公子 不聞魏王 公子亦欲因此時定南面而王 諸侯畏公子之威 方欲共立之 秦數使反間 僞賀公子得立爲魏王未也 魏王日聞其毀 不能不信 後果使人代公子將 公子自知再以毀廢 乃謝病不朝 與賓客爲長夜飮 飮醇酒 多近婦女 日夜爲樂飮者四歲 竟病酒而卒 其歲 魏安釐王亦薨 秦聞公子死 使蒙驁攻魏 拔二十城 初置東郡 其後秦稍蠶食魏 十八歲而虜魏王① 屠大梁 高祖始微少時 數聞公子賢 及卽天子位 每過大梁 常祠公子 高祖十二年 從擊黥布還 爲公子置守冢五家 世世歲以四時奉祠公子

① 魏王위왕

색은 위왕의 이름은 가假이다.

魏王名假

신주 위나라 안희왕의 후사는 아들인 위나라 경민왕景湣王(재위 서기전 242~서기전 228)이었다. 경민왕은 즉위 원년(서기전 242) 진秦나라에게 22개 성을 빼앗겼는데 진은 이 지역에 동군東郡을 설치했다. 그 대책으로 경민왕은 사신을 조나라에 보내 합종책을 추진했고 나아가 위魏와 조趙를 필두로 한韓, 초楚, 연燕 다섯 나라의 연합군을 구성하고 조나라 장수 방난龐難을 공동으로 추대했다. 경민왕이 서기전 228년 세상을 떠나고 그 아들 위왕 가魏王假가 뒤를 이었으나 위왕 가 3년(서기전 225) 3월 진 장수

왕분王賁이 황하의 물을 끌어들이고 홍구鴻溝의 물로 대량성을 공격하자 성내에 사상자가 속출했고 위왕 가는 투항했다. 위나라는 건국 179년 만에 멸망하고 말았다.

태사공은 말한다.

나는 대량의 옛터를 지나면서 사람들이 말하는 이문夷門을 찾아 물었다. 이문夷門이란 성城의 동쪽 문이다. 천하의 여러 공자 또한 사인을 좋아하였지만 신릉군은 바위 굴속에 숨어 사는 은자와 접촉하고 천한 사람들과 사귀는 것을 부끄러워하지 않은 것은 이유가 있었다. 제후들 사이에 명성이 으뜸이던 것은 빈말이 아닐 따름이었다. 이 때문에 고조가 대량大梁 땅을 지날 때마다 백성에게 명령해 제사를 받들게 해 끊어지지 않게 했다.

太史公曰 吾過大梁之墟 求問其所謂夷門 夷門者 城之東門也 天下諸公子亦有喜士者矣 然信陵君之接巖穴隱者 不恥下交 有以也 名冠諸侯 不虛耳 高祖每過之而令民奉祠不絕也

색은술찬 사마정이 펼쳐서 밝히다.

신릉군은 사인에게 낮추어서 이웃 국가의 사람을 쏠리게 했다. 공자였던 까닭에 감히 병권을 더하지는 못했다. 자못 주해를 알아주었고 후영에게 예를 다했다. 마침내 진비를 몰아내었지만 끝내 조나라 성읍은 사양했다. 모공과 설공은 무거운 책무를 내비쳤으니 만고에 드문 명성이로구나!

信陵下士 鄰國相傾 以公子故 不敢加兵 頗知朱亥 盡禮侯嬴 遂卻晉鄙 終辭趙城 毛薛見重 萬古希聲

사기 제78권 史記卷七十八

춘신군열전 春申君列傳

```
┌─────────────────────────────────────────────────┐
│  사기 제78권 춘신군열전 제18                        │
│  史記卷七十八 春申君列傳第十八                      │
└─────────────────────────────────────────────────┘
```

신주 춘신군(?~서기전 238)은 전국시대 초楚나라의 정치가로 성姓은 황黃이며 이름은 헐歇이다. 초나라 고열왕考烈王을 옹립하고 영윤令尹이 되었다. 제齊나라의 맹상군孟嘗君, 조趙나라의 평원군平原君, 위魏나라의 신릉군信陵君 등과 함께 이른바 '전국 4군四君'으로 불린다. 3,000여 명의 빈객賓客을 거느렸던 것으로도 유명하다.

춘신군은 초경양왕楚頃襄王 때 관직에 올라 진秦의 장수 백기白起가 초나라를 공격하자 진나라에 사신으로 가서 진소양왕秦昭襄王을 설득해 진과 초가 동맹을 맺게 했다. 이후 태자 웅완熊完과 함께 진에 볼모로 가서 여러 해를 머무른다. 초경양왕이 병이 들자 태자를 초나라로 탈출시키고, 곧 초경양왕이 죽자 태자를 즉위하게 하였는데 이이가 초고열왕楚考烈王이다. 이때 그는 영윤으로서 춘신군春申君으로 봉해지고 회수淮水 북쪽의 12현縣을 봉읍으로 받는다.

진나라가 조趙나라 수도 한단邯鄲을 포위하자 춘신군은 원군을 이끌고 출병하여 진나라가 한단의 포위를 풀고 물러나게 하고, 그 뒤 노魯나라를 멸망시켰다. 그 후 주변 나라들과 합종해 진나라를 공격했지만 실패하였다. 이 일로 초고열왕과 소원해지긴 했으나 같은 해 춘신군의 제안으로 초나라는 수춘壽春(지금의 안휘성安徽省 수현壽縣)으로 천도遷都한다.

  그러나 그는 말년에 이원李園의 간사한 꾀에 걸려 비참하게 살해된다. 춘신군의 말년이 비참해진 것은 후대 여불위呂不韋가 그랬던 것처럼, 그의 애첩이며 이원의 누이동생인 이언언李嫣嫣을 초고열왕에게 바치는 비극의 씨앗을 뿌린 결과라고 하겠다. 그래서 사마천은 "늘그막 이원에게 제거당한 것은 사리事理와 판단判斷이 어두워진 탓이다."라고 말한 것이다.

제
一
장

진왕을 설득하다

춘신군은 초나라 사람이며 이름은 헐歇이고 성은 황씨黃氏^①이다. 돌아다니면서 공부를 하고 널리 들어 많이 알았고 초나라 경양왕 頃襄王^②을 섬겼다. 경양왕은 황헐이 말을 잘한다고 여겨서 진秦 나라에 사신으로 보냈다. 진나라 소왕昭王은 백기白起를 시켜 한 나라와 위나라를 공격하게 해 화양華陽에서 무너뜨리고 위나라 장군 망묘芒卯를 포로로 잡았으며, 한나라와 위나라를 굴복시켜 서 진나라를 섬기게 했다.

진나라 소왕은 바야흐로 백기에게 명해 한나라, 위나라와 함께해 초나라를 치도록 했는데, 시행하기 전에 초나라 사신인 황헐이 마 침 진나라에 이르러 진나라 계획을 들었다. 이 당시에는 진나라 가 이미 앞서 백기를 시켜서 초나라를 공격하여 무巫와 검중군黔 中郡을 빼앗고 언鄢과 영郢을 함락시켰으며, 동쪽으로 경릉竟陵^③ 에 이르자 초나라 경양왕은 도읍을 동쪽 진현陳縣^④으로 옮겨서 다스렸다.

황헐은 초회왕楚懷王이 진나라에 유인당해 조회에 들어갔다가 마침내 속임을 당하고 진나라에 억류되어 죽는 것을 보았다. 경양왕은 그 초희왕의 아들이라서 진나라에서 (경양왕을) 업신여겼으며, 아마 한꺼번에 군사를 일으키면 초나라를 멸할 것으로 생각했다.

春申君者 楚人也 名歇 姓黃氏^① 遊學博聞 事楚頃襄王^② 頃襄王以歇爲辯 使於秦 秦昭王使白起攻韓魏 敗之於華陽 禽魏將芒卯 韓魏服而事秦 秦昭王方令白起與韓魏共伐楚 未行 而楚使黃歇適至於秦 聞秦之計 當是之時 秦已前使白起攻楚 取巫黔中之郡 拔鄢郢 東至竟陵^③ 楚頃襄王東徙治於陳縣^④ 黃歇見楚懷王之爲秦所誘而入朝 遂見欺 留死於秦 頃襄王 其子也 秦輕之 恐壹擧兵而滅楚

① 黃氏황씨

신주 황씨는 영성嬴姓에서 갈라진 14씨氏 중의 하나로서 진秦씨, 조趙씨와 뿌리가 같은 동이족이다. 백익伯益의 장자 대렴大廉이 황이黃夷의 우두머리로서 하夏나라 때 황국黃國을 세웠는데, 상商나라 때 나라 이름을 씨로 삼았다. 《죽서기년竹書紀年》에도 하夏나라가 황이黃夷를 정벌했다는 기사가 있다. 갑골문에 따르면 상商(은)나라 때 제사를 담당한 인물로 황윤黃尹, 황석黃奭 등의 이름이 나온다.

② 楚頃襄王초경양왕

색은 이름은 횡橫이고 고열왕 완完의 아버지이다.

名橫 考烈王完之父

③ 竟陵경릉

정의 경릉은 강하군에 속한다.

竟陵屬江夏郡也

④ 陳縣진현

정의 지금의 진주陳州이다.

今陳州也

황헐이 이에 글을 올려서 진나라 소왕을 설득해 말했다.

"천하에는 진나라와 초나라보다 강한 나라가 없습니다. 지금 들자니 대왕께서는 초나라를 정벌하고자 하는데 이것은 두 마리의 호랑이가 서로 싸우는 것과 같은 것입니다. 두 마리의 호랑이가 서로 싸우면 우둔한 개가 그 피곤한 틈을 차지하는 것이니① 초나라와 친함만 못할 것입니다. 신이 청컨대 그 설명을 하겠습니다.

신이 듣기에 사물이 다하면 반복하는 것인데 겨울과 여름이 이것입니다.② 지극한 것에 이르면 위태롭게 되는데③ 바둑알을 쌓는 것이 이것입니다. 지금 대국大國(진)의 땅은 천하의 동쪽 끝과 서쪽 끝까지 차지하고 있습니다.④ 이는 생민生民이 생겨난 이래로 만승萬乘의 땅으로는 일찍이 없었습니다. 선제先帝이신 문왕文王과 장왕莊王으로부터 대왕에 이르는 3대三代 동안 제나라와 땅을 이어서 제후들이 합종으로 친해진 허리를 끊으려는 생각을 잊은 적이 없습니다.⑤

지금 왕께서는 성교盛橋를 시켜 한나라를 지키고 섬기게 했는데⁶
성교는 한나라 땅을 가지고 진나라로 들였습니다. 이는 왕께서 군
사를 사용하거나 위엄을 펴지 않고도⁷ 100리의 땅을 얻은 것이
니, 왕께서는 능력이 있다고 할 만합니다.

歇乃上書說秦昭王曰 天下莫彊於秦楚 今聞大王欲伐楚 此猶兩虎相與
鬪 兩虎相與鬪而駑犬受其獘① 不如善楚 臣請言其說 臣聞物至則反 冬
夏是也② 致至則危③ 累棊是也 今大國之地 徧天下有其二垂④ 此從生
民已來 萬乘之地未嘗有也 先帝文王莊王之身 三世不妄接地於齊 以
絕從親之要⑤ 今王使盛橋守事於韓⑥ 盛橋以其地入秦 是王不用甲 不
信威⑦ 而得百里之地 王可謂能矣

① 駑犬受其獘노견수기폐

색은 살펴보니 두 호랑이가 싸우면 곧 우둔한 개가 그 피곤한 틈을 차
지하는 것을 이른다. 유씨는 수受는 승承(받다)과 같다고 했다.

按 謂兩虎鬪乃受獘於駑犬也 劉氏云受猶承也

② 物至則反 冬夏是也물지즉반 동하시야

정의 지至는 끝으로 끝에 달하면 되돌아온다. 동지는 음陰이 다한 것
이다. 하지는 양陽이 다한 것이다.

至 極也 極則反也 冬至 陰之極 夏至 陽之極

③ 致至則危치지즉위

집해 서광이 말했다. "치致는 어떤 판본에는 '안安'으로 되어 있다."

徐廣曰 致 或作安

④ 二垂이수

[정의] 동쪽과 서쪽 끝이라는 말이다.

言極東西

⑤ 絶從親之要절종친지요

[색은] 要의 발음은 '요腰'이다. 산동山東(효산崤山의 동쪽) 국가의 합종에서 한나라와 위나라가 그 허리라는 말이다.

音腰 以言山東從 韓魏是其腰

⑥ 盛橋守事於韓성교수사어한

[색은] 살펴보니 진秦나라가 성교盛橋를 시켜 한나라를 지켜 섬기게 한 것은 또한 초나라가 소활召滑을 시켜 조나라 재상이 되게 한 것과 같다. 나란히 안에서는 모범적인 의리를 행하기 어렵다는 뜻이다.

按 秦使盛橋守事於韓 亦如楚使召滑相趙然也 竝內行章義之難

⑦ 不信威불신위

[색은] 信의 발음은 '신申'이다.

信音申

왕께서는 또 군사를 일으켜 위나라를 공격하여 대량大梁의 문을 막고 하내河內를 빼앗았으며 연燕과 산조酸棗와 허虛[1]와 도桃를 함락시켰습니다. 형邢으로 쳐들어가자[2] 위나라 군사들은 구름처럼 흩어져서 감히 구원하지 못했으니 왕의 공로는 또한 많다고 할 것입니다.

왕께서는 군사들을 휴식시키시고 백성을 쉬게 하셨다가 2년 후에 다시 또 포蒲와 연衍과 수首와 원垣[3]을 합병시키고 인仁과 평구平丘[4]에 다다라 황黃, 제양濟陽, 영성嬰城을 포위하자[5] 위나라는 굴복했습니다. 왕께서 또 복마濮磨[6]의 북쪽을 할애받아 제나라와 진나라의 허리를 연결하고 초나라와 조나라의 척추를 끊어 버렸습니다.[7] 천하(제후)는 다섯 번을 합하고 여섯 번을 모였지만 감히 구원하지 못했으니 왕의 위엄도 극에 다다랐다고 할 것입니다.[8]

王又擧甲而攻魏 杜大梁之門 擧河內 拔燕酸棗虛[1]桃 入邢[2] 魏之兵雲翔而不敢捄 王之功亦多矣 王休甲息衆 二年而後復之 又幷蒲衍首垣[3] 以臨仁平丘[4] 黃濟陽嬰城[5]而魏氏服 王又割濮磨[6]之北 注齊秦之要 絕楚趙之脊[7] 天下五合六聚而不敢救 王之威亦單[8]矣

① 酸棗虛산조허

집해 서광이 말했다. "진시황 5년에 산조酸棗, 연燕, 허虛를 빼앗았다. 소대가 이르기를 '숙서宿胥의 입구를 터지면 위나라는 허虛와 돈구頓丘가 없게 된다.'고 했다."

徐廣曰 秦始皇五年 取酸棗燕虛 蘇代曰 決宿胥之口 魏無虛頓丘

② 桃 入邢도 입형

[집해] 서광이 말했다. "연현燕縣에 도성桃城이 있고 평고平皐에는 형구
邢丘가 있다."

徐廣曰 燕縣有桃城 平皐有邢丘

[정의] 형구는 회주懷州 무덕현 동남쪽 20리에 있다.

邢丘在懷州武德縣東南二十里

③ 蒲衍首垣포연수원

[집해] 서광이 말했다. "소진은 '북에는 하외河外, 권卷, 연衍이 있다.'고
했다. 장원현에 포향蒲鄉이 있다."

徐廣曰 蘇秦云 北有河外卷衍 長垣縣有蒲鄉

[색은] 이 포蒲는 위衛의 장원長垣 포향蒲鄉이다. 연衍은 하남에 있고 권
卷과 서로 가깝다. 수首는 아마 우수牛首이고 원垣은 곧 장원이며 하동군
의 원垣은 아니다. 垣의 발음은 '원圓'이다.

此蒲在衞之長垣蒲鄉也 衍在河南 與卷相近 首蓋牛首 垣卽長垣 非河東之垣也
垣音圓

④ 仁平丘인평구

[집해] 서광이 말했다. "진류군에 속한다."

徐廣曰 屬陳留

[색은] 인과 평구는 두 현의 이름이다. 군사로써 이 두 현에 이르자 황黃
과 제양濟陽 등이 스스로 성을 둘러싸고 지키는 것을 이른다. 살펴보니
〈지리지〉에는 평구는 진류군에 속했는데 지금은 소재를 알지 못한다고
했다.

仁及平丘二縣名 謂以兵臨此二縣 則黃及濟陽等自嬰城而守也 按 地理志平丘
屬陳留 今不知所在

⑤ 黃濟陽嬰城황제양영성

집해 서광이 말했다. "소대는 '백마구白馬口가 터지면 위나라는 황黃과
제양濟陽이 없게 된다.'고 했다."

徐廣曰 蘇代云 決白馬之口 魏無黃濟陽

정의 옛 황성은 조주曹州 고성현 동쪽에 있다. 제양 고성은 조주 완구
현宛句縣 서남쪽에 있다. 영성嬰城은 자세하지 않다.

故黃城在曹州考城縣東 濟陽故城在曹州宛句縣西南 嬰城 未詳

⑥ 濮磨복마

집해 서광이 말했다. "복수濮水는 거야鉅野의 북쪽을 흘러 제수濟水로
들어간다."

徐廣曰 濮水北於鉅野入濟

색은 복마는 지명이고 아마 땅이 복수에 가까웠을 것이다.

地名 蓋地近濮也

⑦ 注齊秦之要 絶楚趙之脊주제진지요 절초조지척

정의 유백장이 말한다. "진秦나라에서 위魏나라 땅을 얻으면 초나라와
조나라가 합종하는 것이 단절된다는 말이다."

劉伯莊云 言秦得魏地 楚趙之(絶)從〔絶〕

⑧ 單단

서광이 말했다. "단單은 또한 '탄殫'으로 되어 있다."

徐廣曰 單 亦作殫

색은 單의 발음은 '단丹'이다. 단單은 '진盡'(극에 달하다)이다. 왕의 위엄이 극도로 행해진다는 말이다.

單音丹 單者 盡也 言王之威盡行矣

왕께서 만약 지금까지의 공로를 유지하고 위엄을 지키며 공격하고 빼앗으려는 마음을 물리쳐서 인의仁義의 땅으로 살찌워 후환을 없게 하신다면, 삼왕三王에 왕을 더해 사왕四王으로 해도 부족하고 오패[五伯]에 왕을 더해 육패[六伯]으로 해도 부족할 것입니다. 왕께서 만약 백성이 많고 군사가 많은 것만을 믿고 병사들이 강성한 것에 의지하여 위나라를 무너뜨린 위엄을 타고 힘으로 천하의 군주들을 신하로 삼고자 한다면 신은 그 후환이 있을까 두렵습니다.

《시경》에 이르기를 '처음에는 잘하지 아니한 이 없으나 끝까지 잘한 이 적었네.'라고 했으며 《주역》의 괘에 '여우가 물을 건너다 그의 꼬리를 적신다.①'라고 했습니다. 이것은 시작은 쉽지만 끝마치는 것이 어려움을 말한 것입니다. 무엇으로 그러한 것을 알겠습니까? 옛날 진晉나라 지씨智氏는 조나라를 정벌하는 이익만을 봤지만 유차楡次의 재앙②을 알지 못했으며, 오나라는 제나라를 정벌하는 편리한 것만을 보고 간수干隧에서 무너지는 것③을 알지 못했습니다.

王若能持功守威 紲攻取之心而肥仁義之地 使無後患 三王不足四 五
伯不足六也 王若負人徒之衆 仗兵革之彊 乘毀魏之威 而欲以力臣天
下之主 臣恐其有後患也 詩曰 靡不有初 鮮克有終 易曰 狐涉水 濡其
尾① 此言始之易 終之難也 何以知其然也 昔智氏見伐趙之利而不知楡
次之禍② 吳見伐齊之便而不知干隧之敗③

① 狐涉水 濡其尾호섭수 유기미

정의 여우는 그의 꼬리를 아껴서 물을 건널 때는 언제나 꼬리를 들고
젖지 않게 올리는데, 지극히 곤란함을 당하면 곧 물에 젖는다는 말이다.
힘으로 신하를 삼는 것은 불가한 것을 비유했다.

言狐惜其尾 每涉水 擧尾不令濕 比至極困 則濡之 譬不可力臣之

② 楡次之禍유차지화

색은 지백은 유차楡次에서 패전했다. 〈지리지〉에는 태원군에 속하며
경양향梗陽鄉에 있다.

智伯敗於楡次也 地理志屬太原 有梗陽鄉

정의 유차는 병주幷州의 현이다. 《수경주》에서 말한다. "유차현의 남쪽
동와수洞渦水의 곁에 착대鑿臺가 있다."

楡次 幷州縣也 注水經云 楡次縣南洞渦水側有鑿臺

③ 干隧之敗간수지패

색은 간수는 오나라가 무너진 곳의 지명이다. 간干은 물가이다. 수隧는
도로이다.

干隧 吳之敗處 地名 干 水邊也 隧 道路也

정의 간수는 오나라 땅 이름이다. 만안산萬安山 서남쪽 1리에서 태호
太湖가 나오는데 곧 오왕 부차夫差가 스스로 목을 맨 곳이며 소주蘇州
서북쪽 40리에 있다.

干隧 吳地名也 出萬安山西南一里太湖 卽吳王夫差自剄處 在蘇州西北四十里

이 두 나라(지씨와 오나라)는 큰 공이 없지 않았으나 눈앞의 이익에
빠져서 뒤에 다가오는 재앙을 쉽게 여겼습니다.[1] 오나라는 월越
나라를 믿고 쫓아서 제나라를 정벌하여[2] 제나라를 애릉艾陵[3]에
서 이겼지만 돌아오다가 삼저三渚의 포구[4]에서 월왕에게 사로잡
히고 말았습니다. 지씨는 한나라와 위나라를 믿고 그에 따라 조
나라를 정벌했습니다. 진양성晉陽城[5]을 공격해서 승리의 날이 다
가왔지만 한나라와 위나라가 반기를 들어 지백 요瑤를 착대鑿臺
아래[6]에서 죽이고 말았습니다.
지금 왕께서는 초나라가 무너지지 않는 것만을 미워하고 초나
라가 무너지면 한나라와 위나라가 강성해진다는 것을 잊고 계
시는데, 신이 왕을 위해 이리저리 헤아려보니 취할 바가 아니
었습니다.

此二國者 非無大功也 沒利於前而易患於後也[1] 吳之信越也 從而伐
齊[2] 旣勝齊人於艾陵[3] 還爲越王禽三渚之浦[4] 智氏之信韓魏也 從而伐
趙 攻晉陽城[5] 勝有日矣 韓魏叛之 殺智伯瑤於鑿臺之下[6] 今王妬楚之
不毁也 而忘毁楚之彊韓魏也 臣爲王慮而不取也

① 沒利於前而易患於後也몰리어전이이환어후야

[색은] 지백과 오왕이 조나라를 정벌하고 제나라를 정벌하는 눈앞의 이로운 것에 빠져 뒤에 오는 근심을 쉽게 여긴 것을 이른다. 후환은 곧 유차와 간수의 어려움이다.

謂智伯及吳王沒伐趙及伐齊之利於前 而自易其患於後 後卽楡次干隧之難也

② 從而伐齊종이벌제

[색은] 從의 발음은 '종[絕用反]'이다. 유씨가 말했다. "종從은 '영領'과 같다."

從音絕用反 劉氏云 從猶領也

③ 艾陵애릉

[정의] 애산艾山은 연주 박현 남쪽 60리에 있다.

艾山在兗州博縣南六十里也

④ 三渚之浦삼저지포

[집해] 《전국책》에서는 '삼강지포三江之浦'라고 한다.

戰國策曰 三江之浦

[정의] 《오속전》에서 말한다. "월나라 군대는 오자서의 꿈을 얻고 동쪽으로부터 오나라를 쳐들어가 정벌했으며 월왕은 곧 삼강三江의 북쪽 언덕에서 단壇을 세우고 백마를 죽여서 오자서에게 제사지내고 술잔을 돌려서 술이 다하자 곧 도랑을 파서 시포示浦라고 했다. 고소姑蘇에서 오왕을 쳐들어가서 쳐부수고 간수에서 무너뜨렸다."

吳俗傳云 越軍得子胥夢 從東入伐吳 越王卽從三江北岸立壇 殺白馬祭子胥 杯

動酒盡 乃開渠曰示浦 入破吳王於姑蘇 敗干隧也

⑤ 晉陽城진양성

정의 병주의 성이다.

并州城

⑥ 鑿臺之下착대지하

집해 서광이 말했다. "착대는 유차에 있다."

徐廣曰 鑿臺在楡次

신주 착대는 현재 산서성 태원시太原市 남쪽의 유차楡次 서쪽인데, 한韓
과 위魏가 지백 요를 죽인 곳이다.

《시경》에 이르기를 '큰 군사는 먼 곳을 건너서 공격하지 않는
다.①'라고 했습니다. 이로써 본다면 초나라는 원조할 나라요, 이
웃 나라들은 적입니다.《시경》에 이르기를 '깡충깡충 뛰는 교활
한 토끼도 사냥개를 만나면 잡힌다네.② 남이 지닌 마음을 내 헤
아려보아서 알 수 있다네.'라고 했습니다. 지금 왕께서는 중도中道
에서 한나라와 위나라가 왕에게 잘한다고 믿고 있는데, 이것이 바
로 오나라가 월나라를 믿었던 것과 같은 것입니다.

신이 듣기에, '적에게 틈을 주어서는 안 되고 때를 놓쳐서는 안
된다.'라고 했습니다.③ 신은 한나라와 위나라가 자신을 낮추는 말
로 환난을 제거하려는 것은 실상은 대국大國(진)④을 속이고자 하는

것이 아닌지 걱정됩니다. 왜냐하면 왕께서는 여러 대에 걸쳐서⑤
한나라와 위나라에 덕을 베푼 것이 없고 여러 대에 걸친 원한만
있었기 때문입니다.

詩曰 大武遠宅而不涉① 從此觀之 楚國 援也 鄰國 敵也 詩云 趯趯毚兎
遇犬獲之② 他人有心 余忖度之 今王中道而信韓魏之善王也 此正吳之
信越也 臣聞之 敵不可假 時不可失③ 臣恐韓魏卑辭除患而實欲欺大
國④也 何則 王無重世⑤之德於韓魏 而有累世之怨焉

① 大武遠宅而不涉대무원택이불섭

정의 대군은 멀리 산 넘고 물 건너 공격하지 않는다는 말이다.

言大軍不遠跋涉攻伐

② 趯趯毚兎 遇犬獲之적적참토 우견획지

집해 한영의《장구》에서 말한다. "적적趯趯은 왕래하는 모양이다. 획
獲은 얻는 것이다. 왔다 갔다 하는 교활한 토끼라는 말이다. 교활한 토
끼는 자주 오가며 달아나 그 종적을 숨기지만 이따금 사냥개를 만나면
붙잡힌다."《모전》에서 "참토毚兎는 교활한 토끼이다."라고 했고 정현은
"우견遇犬은 개를 길들인 것으로 사냥개를 말한다."고 했다.

韓嬰章句曰 趯趯 往來貌 獲 得也 言趯趯之毚兔 謂狡兔數往來逃匿其跡 有時
遇犬得之 毛傳曰 毚兔 狡兔也 鄭玄曰 遇犬 犬之馴者 謂田犬

색은 적적趯趯은 '약약躍'으로 되어 있다. 躍의 발음은 '척[天歷反]'이다. 毚의
발음은 '참讒'이다.

趯 作躍 躍 天歷反 毚音讒

신주 중화서국본은 본문과 주석에 '토兔'가 '면免'으로 되어 있으나 백납본에 의거하여 '토兔'로 바꿨다. 또 중화서국본은 '還犬獲之'라 했으나, 주석 문장과 백납본에 따라 '遇犬獲之'로 바꿨다.

③ 敵不可假 時不可失적불가하 시불가실

신주 《전국책》〈진책秦策 4〉에는 "敵不可易 時不可失적불가이 시불가실"로 되어 있다. 해석하면 "적국은 가벼이 보아서는 안 되고 때는 놓쳐서는 안 된다"는 뜻이다.

④ 大國대국

색은 대국은 진秦나라를 이른다.

大國謂秦也

⑤ 重世중세

색은 중세重世는 누세累世(여러 대)와 같다.

重世猶累世也

무릇 한나라와 위나라는 부자형제가 연달아 진나라에 죽은 자들이 10여 대나 이어졌습니다. 그 나라는 쇠잔해지고 사직은 무너지고 종묘는 헐렸습니다. 배가 갈리고 창자는 끊어지고 목이 부러지고 턱은 꺾였으며[①] 머리와 몸체가 분리되어 해골들은 풀 속이나 연못 속에 드러났고 머리와 두개골이 길에 널려서 서로 국경까지 마주보고 있습니다. 또 아버지와 아들과 늙은이와 허약한 자들의 목이 옭매이고 손이 묶인 채 포로가 되어서 서로 길에서 마주쳤습니다.

귀신들은 방황하면서[2] 제사를 받을 후손도 없습니다. 백성은 맘대로 살지 못하고 가족들은 헤어져 떠돌아 도망하여 종이 되어 천하에 가득 찼습니다. 그러므로 한나라와 위나라가 망하지 않으면 진나라 사직은 근심스러운 것입니다. 지금 왕께서 그들의 도움을 받아 함께 초나라를 공격하고자 하는 것이 또한 지나치지 않습니까?

夫韓魏父子兄弟接踵而死於秦者將十世矣 本國殘 社稷壞 宗廟毀 刳腹絕腸 折頸摺頤[1] 首身分離 暴骸骨於草澤 頭顱僵仆 相望於境 父子老弱係脰束手爲群虜者相及於路 鬼神孤傷[2] 無所血食 人民不聊生 族類離散 流亡爲僕妾者 盈滿海內矣 故韓魏之不亡 秦社稷之憂也 今王資之與攻楚 不亦過乎

① 摺頤납이

집해 서광이 말했다. "다른 판본에는 '전顚'으로 되어 있다."

徐廣曰 一作顚

색은 摺의 발음은 '납拉'이고, 頤의 발음은 '이夷'이다.

上音拉 下音夷

② 鬼神孤傷귀신고상

신주 《전국책戰國策》〈진책秦策 4〉에는 '귀신호상鬼神狐祥'으로 되어 있다. 호상狐祥은 방황彷徨이란 뜻이다.

또 왕께서 초나라를 치려면 장차 어느 길로 병사를 출동시키겠습
니까?① 왕께서 장차 원수인 한나라와 위나라에서 길을 빌려야 하
지 않겠습니까? 그렇게 군사가 출동하는 날에 왕께서는 그들이
돌아오지 못할 것을 걱정할 것입니다. 이는 왕께서 원수인 한나라
와 위나라에 군대를 대주는 격입니다.
왕께서 만약 원수인 한나라와 위나라에서 길을 빌리지 않게 된다
면 반드시 수수隨水의 오른쪽 땅으로 공격해야 할 것입니다. 수수
의 오른쪽 땅, 이곳은 넓은 시내와 큰 물줄기, 산과 수풀과 계곡
만 있는 쓸모가 없는 땅인데② 왕께서 비록 소유하신다고 하더라
도 땅을 얻었다고 할 수 없습니다. 이는 왕께서 초나라 명예만 훼
손시킬 뿐 땅을 얻었다는 실속은 없게 되는 것입니다.
且王攻楚將惡出兵① 王將借路於仇讎之韓魏乎 兵出之日而王憂其不
返也 是王以兵資於仇讎之韓魏也 王若不借路於仇讎之韓魏 必攻隨水
右壤 隨水右壤 此皆廣川大水 山林谿谷 不食之地也② 王雖有之 不爲
得地 是王有毀楚之名而無得地之實也

① 惡出兵오출병

[정의] 惡의 발음은 '오烏'이다.

惡音烏

[신주] 惡 자는 '어느'라는 뜻이다.

② 隨水右壤 ~ 不食之地也수수우양~불식지지야

[색은] 초나라는 진陳 땅에 도읍을 했는데, 이는 수수隨水의 오른쪽

땅으로 대개는 수隨의 서쪽에 있으니 곧 지금의 등주鄧州의 서쪽이고 그 땅에는 산과 수풀이 많았다.

楚都陳 隨水之右壤蓋在隨之西 卽今鄧州之西 其地多山林者矣

신주 수수隨水는 회수의 지류인 하남의 거대한 물줄기 수수雎水를 말하며, 수수의 오른쪽이란 수수의 남쪽을 가리킨다. 당시에는 아직 미개척지가 많았다. 지금의 호북성湖北省 수현隨縣에 수수隨水가 있다.

또 왕께서 초나라를 치는 날에는 네 나라[1]가 반드시 모두 군사를 일으켜 왕에게 응전할 것입니다. 진나라와 초나라 병사가 싸움에 얽혀서 떠나지 않으면 위나라는 장차 군사를 출동시켜 유留, 방여方與, 질銍, 호릉湖陵, 탕碭, 소蕭, 상相 땅을 공격하여 옛날 송나라 땅을 다 차지할 것입니다.[2] 제나라 사람들은 남쪽으로 향하여 초나라를 공격하여 사상泗上[3]을 반드시 빼앗을 것입니다. 이는 모두 평야지대이며 사방으로 통하고 비옥한 땅인데, (위나라와 제나라가) 홀로 공격하게 만들 것입니다.[4]

왕께서 초나라를 쳐부숨으로써 한나라와 위나라를 중국에서 살찌게 해주는 것이고 제나라를 강력하게 만들어 주는 것입니다. 한나라와 위나라가 강력해지면 진나라에 맞서기에 충분합니다.[5] 제나라는 남쪽의 사수泗水를 국경으로 삼고 동쪽은 바다를 등지고 북쪽은 하수河水에 의지하면 후환이 없으니 천하의 국가는 제나라와 위나라보다 강력한 나라가 없게 됩니다. 제나라와 위나라가 땅을 얻어 이익을 보호하면서 거짓으로 하급 관리처럼 (대왕을)

섬긴다면 1년 후에는 (제나라가) 제왕[帝]이 되지 못한다고 하더라도 왕께서 칭제稱帝하는 것을 금하는 여력은 있을 것입니다.[6]

무릇 대왕께서 국토는 넓고 백성은 많고 군사는 강성한 것으로 한 번 군사를 일으켜 초나라에 원한을 심고 도리어[7] 한나라와 위나라로 하여금 제왕[帝]의 중한 호칭을 제나라로 돌아가게 만든다면, 이는 왕의 잘못된 계책 때문일 것입니다.[8]

且王攻楚之日 四國[1]必悉起兵以應王 秦楚之兵構而不離 魏氏將出而攻留方與銍湖陵碭蕭相 故宋必盡[2] 齊人南面攻楚 泗上[3]必擧 此皆平原四達 膏腴之地 而使獨攻[4] 王破楚以肥韓魏於中國而勁齊 韓魏之彊足以校於秦[5] 齊南以泗水爲境 東負海 北倚河 而無後患 天下之國莫彊於齊魏 齊魏得地葆利而詳事下吏 一年之後 爲帝未能 其於禁王之爲帝有餘矣[6] 夫以王壤土之博 人徒之衆 兵革之彊 壹擧事而樹怨於楚 遲令[7]韓魏歸帝重於齊 是王失計也[8]

① 四國사국

신주 조趙, 한韓, 위魏, 제齊 네 나라를 뜻한다.

② 宋必盡송필진

정의 서주徐州의 서쪽과 송주宋州의 동쪽과 연주兗州의 남쪽은 모두 옛 송나라 땅이다.

徐州西 宋州東 兗州南 並故宋地

③ 泗上사상

이때 서주와 사주는 제나라에 속했다.

此時徐泗屬齊也

④ 獨攻독공

색은 만약 진나라와 초나라가 군사를 얽어서 싸우다가 휴전하지 않으면, 위나라는 옛 송나라를 다 차지하게 되고 제나라는 사상泗上을 취할 것이다. 이는 제나라와 위나라로 하여금 홀로 공벌해서 그들이 이로움을 얻게 하는 것과 같은 것이다.

若秦楚構兵不休 則魏盡故宋 齊取泗上 是使齊魏獨攻伐而得其利也

⑤ 校於秦교어진

색은 校의 발음은 '교敎'이다. 교校는 (한나라와 위나라가) 더불어 진秦나라를 적으로 여기는 것이 족한 것을 이른다. 일설에는 교校는 '보報'라고 했는데 힘으로 능히 진나라에 복수한다는 말이다.

校音敎 謂足以與秦爲敵也 一云校者 報也 言力能報秦

⑥ 禁王之爲帝有餘矣금왕지위제유여의

색은 제나라가 1년 뒤에는 제왕이 되지는 못하지만 진나라가 제왕이 되는 것을 금지시킬 힘이 남아 있다는 말이다. 그러나 '금禁' 자가 '초楚'로 되어 있다는 것은 잘못이다.

言齊一年之後 未卽能爲帝 而能禁秦爲帝有餘力矣 然 禁字 作楚者 誤也

⑦ 遲令지령

집해 서광이 말했다. "지遲는 다른 판본에는 '환還'으로 되어 있다."

徐廣曰 遲 一作還

[색은] 遲의 발음은 '치値'이다. 치値는 '내乃'와 같다. 지금은 '렁[力呈反]'
으로 발음한다.

遲音値 値猶乃也 令音力呈反

[신주] [색은] 주석에서 '령令'이 백납본에서 '금今'으로 되어있어 고쳤다.

⑧ 失計也실계야

[색은] 한나라와 위나라가 제나라를 중요하게 여기면 제帝의 호칭이
(제나라로) 돌아간다는 말이며, 이는 진나라 계책이 잘못되었다는 것이다.

謂韓魏重齊 令歸帝號 此秦之計失

신이 왕을 위해 염려해보건대 초나라와 친하게 지내는 것만 못할
것입니다. 진나라와 초나라가 연합하여 한나라에 다다르면 한나
라는 반드시 손을 거두어 들이고 복종할 것입니다. 왕께서는 동산
東山의 험준함을 이용하고 굽어진 하수河水의 유리함에 의지하시
면 한나라는 반드시 관내關內의 제후가 될 것입니다.

이와 같이 하신 후에 왕께서 10만 군사를 정鄭 땅에 주둔시키시
면 양씨梁氏(위魏)는 가슴이 서늘해질 것이며 허許와 언릉鄢陵을
둘러싼 채 나오지 못할 것이고 상채上蔡와 소릉召陵을 왕래할 수
없게 될 것입니다. 이렇게 되면 위나라도 대왕의 관내후가 될 것
입니다. 왕께서 한번 초나라와 친선하면 2만 승의 군주가 대왕
의 관내후가 되고 제나라 땅에 주력하면① 제나라 오른쪽 땅②을

팔짱끼고도 빼앗을 수 있을 것입니다.

그리하여 왕의 토지는 하나의 날줄로 동해에서 서해③까지 뻗쳐 천하를 주름잡을 것입니다. 이렇게 하면 연나라와 조나라는 제나라와 초나라의 도움을 받을 수 없고 제나라와 초나라는 연나라와 조나라의 도움을 받을 수 없게 됩니다. 그러한 연후에 연나라와 조나라를 위태롭게 흔들고 곧바로 제나라와 초나라를 동요시키면, 이 네 나라가 고통을 기다리지 않고 복종할 것입니다."

소왕이 말했다.

"좋은 말이오."

이에 백기에게 출동을 중지시킨 다음 한나라와 위나라에 이를 알려주었다. 사신을 보내 초나라에 선물을 주고 동맹국이 될 것을 약속하게 했다.④

臣爲王慮 莫若善楚 秦楚合而爲一以臨韓 韓必斂手 王施以東山之險 帶以曲河之利 韓必爲關內之侯 若是而王以十萬戍鄭 梁氏寒心 許鄢陵嬰城 而上蔡召陵不往來也 如此而魏亦關內侯矣 王壹善楚 而關內兩萬乘之主注地於齊① 齊右壤②可拱手而取也 王之地一經兩海③ 要約天下 是燕趙無齊楚 齊楚無燕趙也 然後危動燕趙 直搖齊楚 此四國者不待痛而服矣 昭王曰 善 於是乃止白起而謝韓魏 發使賂楚 約爲與國④

① 注地於齊주지어제

색은 주注는 군사로써 제재하는 것을 이른다.

注謂以兵裁之也

② 右壤우양

[정의] 우양右壤은 제주濟州의 남북을 이르는 것이다.

右壤謂濟州之南北也

③ 兩海양해

[색은] 서해에서 동해에 이르기까지 모두 곧 진나라 땅이라는 말이다.

謂西海至東海皆是秦地

[정의] 널리 말하여, 가로로 중국의 동서라는 것이다.

廣言橫度中國東西也

④ 約爲與國약위여국

[신주] 〈춘신군열전〉과 〈초세가〉에서 초나라 경양왕 시대는 진나라와 별 다툼 없이 평온한 시기였다. 그러나 이는 제나라를 견제하고 약화시키기 위해 일시적으로 초나라를 끌어들인 진나라 계략의 결과였지 춘신군의 설득 때문만은 아니었다. 다만 춘신군이 진나라 정책의 추이를 알고 그 장점을 설명하는 것으로 자신의 목적도 달성했다는 점에서 그가 혜안을 가졌다고 평가해도 좋을 것이다.

제
二
장

춘신군에 봉해지다

황헐은 동맹의 약속을 받고 초나라로 돌아왔다. 초나라는 황헐과 태자 완完을 함께 진秦나라에 인질로 들어가게 해서 수년 동안 진나라에 억류되었다. 초나라 경양왕이 병이 들었는데도 태자는 돌아오지 못했다. 초나라 태자는 진나라 재상 응후應侯[①]와 잘 지냈다. 이에 황헐은 곧 응후를 설득해서 말했다.

"상국相國(응후)께서는 진실로 초나라 태자와 친하십니까?"

응후가 말했다.

"그렇소."

황헐이 말했다.

"지금 초왕은 병이 들어 일어나지 못할까 두려운데 진나라는 그 태자를 돌려보내는 것만 같지 않습니다. 태자가 즉위하면 그는 진나라를 섬기기를 반드시 무겁게 할 것이며 상국의 끝없는 덕으로 여길 것입니다. 이것은 동맹국과 친하게 하고 만승의 나라에 덕을 쌓는 것입니다. 만약 돌아가지 못한다면 태자는 함양咸陽의 한낱 백성에 지나지 않을 뿐입니다. 초나라에서 다시 태자를 세우면 반드시 진나라를 섬기지 않을 것입니다. 대저 동맹국을 잃고

만승의 나라와 화친이 단절되는 것은 계책이 아닐 것입니다. 원컨
대 상국께서는 깊이 헤아리십시오."

응후는 진왕秦王에게 보고하였다. 진왕이 말했다.

"초나라 태자의 스승에게 먼저 가서 초왕의 병문안을 하게 해서
돌아온 후에 도모해 봅시다."

黃歇受約歸楚 楚使歇與太子完入質於秦 秦留之數年 楚頃襄王病 太
子不得歸 而楚太子與秦相應侯^①善 於是黃歇乃說應侯曰 相國誠善楚
太子乎 應侯曰 然 歇曰 今楚王恐不起疾 秦不如歸其太子 太子得立
其事秦必重而德相國無窮 是親與國而得儲萬乘也 若不歸 則咸陽一
布衣耳 楚更立太子 必不事秦 夫失與國而絕萬乘之和 非計也 願相國
孰慮之 應侯以聞秦王 秦王曰 令楚太子之傅先往問楚王之疾 返而後
圖之

① 應侯응후

신주 응후는 범저范雎(?~서기전 255)를 말한다. 범저는 지금의 산서성山西省
예성현芮城縣인 위국의 예성芮城 출신으로 진국秦國의 재상이 되었는데,
진나라 소왕昭王을 도와 원교근공책遠交近攻策을 주창하여 육국六國 통일
의 기초를 마련해 응성應城을 봉지로 받아서 응후라고 불렀다.

황헐은 초나라 태자를 위해 계책을 말했다.

"진나라에서 태자를 억류하는 것은 이익을 구하고자 하는 것입

니다. 지금 태자께서 진나라에 이로운 것을 줄 힘이 없으니 저는 걱정이 심합니다. 양문군陽文君①의 아들 2명이 초나라 안에 있습니다. 왕께서 만약 세상을 떠나고 태자가 계시지 않으면 양문군의 아들을 반드시 세워 초왕의 뒤를 계승할 것이고 태자께서는 종묘를 받들지 못하게 될 것입니다. (태자께서) 진나라에서 도망쳐 사신과 함께 나가는 것만 같지 못할 것입니다. 신은 청컨대 머물러서 죽음으로써 맞서겠습니다."

초나라 태자는 의복을 바꿔 입어 초나라 사신의 마부로 변장하고 관문을 나갔다. 황헐은 관사를 지키며 늘 병을 핑계대면서 면회를 사절하였다. 태자가 이미 멀리 갔을 것을 헤아리고 진나라에서 추격하지 못할 것으로 여기자, 이에 황헐은 진소왕에게 스스로 말했다.

"초나라 태자는 이미 돌아갔는데 멀리 갔을 것입니다. 황헐은 죽임을 당하는 것이 마땅하니 원컨대 죽음을 내려주십시오."

소왕은 크게 노하고 그가 자살하겠다는 청을 들어주려고 했다. 응후가 말했다.

"황헐은 사람의 신하가 되어 자신을 내던져 그의 군주를 보호했습니다. 태자가 즉위하면 반드시 황헐을 등용할 것입니다. 그러므로 죄를 묻지 않고 돌려보내 초나라와 친선을 도모함만 못할 것입니다."

진나라는 이에 황헐을 돌려보냈다.

黃歇爲楚太子計曰 秦之留太子也 欲以求利也 今太子力未能有以利秦也 歇憂之甚 而陽文君①子二人在中 王若卒大命 太子不在 陽文君子必立爲後 太子不得奉宗廟矣 不如亡秦 與使者俱出 臣請止 以死當之 楚

太子因變衣服爲楚使者御以出關 而黃歇守舍 常爲謝病 度太子已遠
秦不能追 歇乃自言秦昭王曰 楚太子已歸 出遠矣 歇當死 願賜死 昭王
大怒 欲聽其自殺也 應侯曰 歇爲人臣 出身以徇其主 太子立 必用歇 故
不如無罪而歸之 以親楚 秦因遣黃歇

① 陽文君양문군

신주 양문군은 초나라 회왕懷王의 아들로서 초나라의 국성國姓인 미성
芈姓의 웅씨熊氏이다. 초나라 경양왕頃襄王이 병에 걸렸을 때 그의 두 아들
이 초나라에 있었으므로 춘신군이 그가 자신의 아들을 즉위시킬까 염려
했다.

황헐이 초나라에 이른 지 석 달 만에 초나라 경양왕이 죽고① 태자
완完이 뒤를 이어 왕이 되었으니 이이가 초고열왕楚考烈王이다.
고열왕 원년에 황헐을 재상으로 삼고 춘신군春信君으로 봉했으
며② 회북淮北 땅 12개 현을 하사했다. 15년 뒤에 황헐이 초왕에게
말했다.
"회북 땅은 제나라와 이웃하고 있어서 그 일이 급박한 곳입니다.
청컨대 군都으로 삼는 것이 편리할 것입니다."
그래서 회북의 12개 현을 아울러 헌납하고 강동江東에 봉해지기
를 청했다. 고열왕이 허락했다. 춘신군은 이에 옛날 오나라의 빈
터③에 성을 쌓고 스스로 도읍으로 삼았다.

춘신군이 이미 초나라 재상이 되었을 때 제나라에는 맹상군孟嘗君이 있었고 조나라에는 평원군平原君이 있었고 위나라에는 신릉군信陵君이 있어서 바야흐로 (전국 사공자가) 경쟁적으로 사인들에게 자신을 낮추며 빈객을 불러서 이르게 하기를 서로 다투면서 국가를 보좌하고 권세를 쥐었다.

춘신군이 초나라 재상이 된 지 4년,[④] 진나라는 조나라 장평에서 군대 40만 명을 쳐부수었다. 5년에는 한단을 포위했다. (조나라가) 한단이 위급함을 초나라에 고하자 초나라는 춘신군을 시켜 군사를 거느리고 가서 구원하게 했는데, 진나라 군사가 철수하자 춘신군도 돌아왔다.

춘신군이 초나라 재상이 된 지 8년, 초나라를 위해 북쪽으로 노나라를 정벌하여 멸하고[⑤] 순경荀卿[⑥]을 난릉령蘭陵令으로 삼았다. 이때 초나라는 다시 강성해졌다.

歇至楚三月 楚頃襄王卒[①] 太子完立 是爲考烈王 考烈王元年 以黃歇爲相 封爲春申君[②] 賜淮北地十二縣 後十五歲 黃歇言之楚王曰 淮北地邊齊 其事急 請以爲郡便 因幷獻淮北十二縣 請封於江東 考烈王許之 春申君因城故吳墟[③] 以自爲都邑 春申君旣相楚 是時齊有孟嘗君 趙有平原君 魏有信陵君 方爭下士 招致賓客 以相傾奪 輔國持權 春申君爲楚相四年[④] 秦破趙之長平軍四十餘萬 五年 圍邯鄲 邯鄲告急於楚 楚使春申君將兵往救之 秦兵亦去 春申君歸 春申君相楚八年 爲楚北伐滅魯[⑤] 以荀卿[⑥]爲蘭陵令 當是時 楚復彊

① 楚頃襄王卒 초경양왕졸

서광이 말했다. "경양왕 36년이다."

徐廣曰 三十六年

② 封爲春申君봉위춘신군

정의 그러나 4명의 군君(전국사공자)의 봉읍을 조사하고 모두 검증했지만 (봉읍을) 얻지 못했다. 오직 평원平原은 땅이 있지만 또 조나라 영역이 아니었으니 아울러 대개 시호일 것이며 맹상孟嘗은 곧 시호였다.

然四君封邑檢皆不獲 唯平原有地 又非趙境 竝蓋號諡 而孟嘗是諡

③ 吳墟오허

정의 墟의 발음은 '허虛'이다. 오허는 지금의 소주蘇州이다. 합려가 성 안에 작은 성을 서북쪽에 따로 쌓아서 살게 했는데 지금은 무너졌다. 또 안의 북쪽 도랑을 크게 팠는데 사방으로 세로를 삼고 오방으로 가로를 삼았는데 지금에 이르러서도 오히려 존재한다. 또 파초문破楚門을 고쳐서 창문昌門이라 했다.

墟音虛 (闔閭)今蘇州也 〔闔閭〕於城內小城西北別築城居之 今圮毀也 又大內北瀆 四從五橫 至今猶存 又改破楚門爲昌門

④ 爲楚相四年위초상사년

신주 장평대전은 초나라 고열왕 3년에 벌어졌으니, 춘신군이 재상이 된 지 3년이다.

⑤ 滅魯멸로

색은 살펴보니 〈육국연표〉에는 8년에 노나라를 빼앗았고 노군魯君을 거莒 땅에 봉했으며 14년에 멸했다고 했다.

按 年表云八年取魯 封魯君於莒 十四年而滅也

신주 〈노주공세가〉 기록에 따르면 노나라의 마지막 군주는 경공頃公이다. 경공 19년에 초나라가 노나라를 정벌하고 서주徐州를 빼앗았으며, 24년에 노나라를 멸했다고 한다. 노나라 경공 24년은 초나라 고열왕 13년이다. 〈육국연표〉보다 1년 빠른데 〈노주공세가〉의 기록이 더 타당한 것으로 여겨진다.

⑥ 荀卿순경

신주 순경은 순황荀況(서기전 298(313?)~서기전 238)으로 순자荀子를 뜻한다. 조趙나라 출신의 학자로 3차례나 제齊나라 직하학궁稷下學宮의 좨주祭酒를 맡았고, 초나라의 난릉령을 맡았다. 만년에는 난릉현蘭陵縣에 칩거하며 저술에 힘썼는데,《순자荀子》에 그의 사상이 집대성되어 있다. 성악설性惡說을 주창하면서 습속習俗과 교육이 인간에게 미치는 영향을 중시했다. 성선설性善說을 주창하던 유자儒者들로부터 비판을 받았다.

> 조나라 평원군이 춘신군에게 사람을 보내자 춘신군은 상사上舍에 머물게 했다. 조나라에서 온 사신은 초나라에 자랑하고자 해서 대모玳瑁로 비녀를 만들고 칼집을 구슬로 장식하고 춘신군의 객客에게 가르침을 청했다. 춘신군의 빈객들은 3,000여 명이었는데 그의 상객들은 모두 구슬이 박힌 신발을 신고 조나라 사신을 만나자 조나라 사신은 크게 부끄러워했다.

춘신군이 재상이 된 지 14년, 진나라는 장양왕莊襄王이 왕위에 올라 여불위呂不韋를 재상으로 삼고 문신후文信侯로 봉했다. (진나라에서) 동주東周를 빼앗았다.

춘신군이 재상이 된 지 22년, 제후들은 진나라가 공격하고 침략하는 일이 그치는 때가 없는 것을 걱정하고 곧 서로 합종책을 함께해 서쪽으로 진나라를 정벌하기로 했는데[①] 초나라 왕이 합종책의 장長이 되고 춘신군이 일을 맡았다. (제후들의 군사가) 함곡관에 이르렀는데 진나라 군사가 출동하여 공격하자 제후들의 군사는 모두 패하여 달아났다. 초나라 고열왕은 춘신군을 책망했고 춘신군은 이 때문에 더 소원해졌다.

趙平原君使人於春申君 春申君舍之於上舍 趙使欲夸楚 爲瑇瑁簪 刀劍室以珠玉飾之 請命春申君客 春申君客三千餘人 其上客皆躡珠履以見趙使 趙使大慙 春申君相十四年 秦莊襄王立 以呂不韋爲相 封爲文信侯 取東周 春申君相二十二年 諸侯患秦攻伐無已時 乃相與合從 西伐秦[①] 而楚王爲從長 春申君用事 至函谷關 秦出兵攻 諸侯兵皆敗走 楚考烈王以咎春申君 春申君以此益疏

① 西伐秦서벌진

[집해] 서광이 말했다. "시황 6년(서기전 241)이다."

徐廣曰 始皇六年

빈객 중에 관진觀津① 사람 주영朱英이 있었는데 춘신군에게 일러 말했다.

"사람들이 모두 초나라는 강성했지만 군君께서 재상이 되어 약해 졌다고 합니다. 그러나 저는 그렇게 여기지 않습니다. 선군先君 시대에 진나라와 20년 동안 사이가 좋아서 진나라는 초나라를 공격하지 않은 것은 무엇 때문입니까? 진나라는 맹애黽隘②의 요새를 넘어 초나라를 공격하는 것이 불편했고 길을 동주나 서주에서 빌려야 했는데 한나라와 위나라가 등 뒤에 있어서 초나라를 공격하기 불가했기 때문입니다. 지금은 그렇지 않아서 위나라는 조만간 망할 처지에 있으니 허許나 언릉鄢陵 땅을 돌볼 수가 없어서 그 허許 땅을 위나라에서 진나라에 떼어 줄 것이라고 합니다. 진秦나라 군사는 진陳 땅과 160리 떨어져 있으니③ 신이 살펴본 바로는 진나라와 초나라는 날마다 싸우게 될 것입니다."

초나라가 이에 진陳 땅을 떠나서 수춘壽春으로 옮겼다. 진秦나라는 위衛나라를 야왕野王으로 옮기고 그곳에 동군東郡④을 설치했다. 춘신군이 이로 말미암아 나아가 오吳 땅에 봉해지고 재상의 일을 행하였다.

客有觀津①人朱英 謂春申君曰 人皆以楚爲彊而君用之弱 其於英不然 先君時善秦二十年而不攻楚 何也 秦踰黽隘②之塞而攻楚 不便 假道於 兩周 背韓魏而攻楚 不可 今則不然 魏旦暮亡 不能愛許鄢陵 其許魏割 以與秦 秦兵去陳百六十里③ 臣之所觀者 見秦楚之日鬪也 楚於是去陳 徙壽春 而秦徙衞野王 作置東郡④ 春申君由此就封於吳 行相事

① 觀津관진

[정의] 觀의 발음은 '관館'이다. 지금 위주魏州 관성현이다.

觀音館 今魏州觀城縣也

② 黽隘맹애

[정의] 맹애의 요새는 신주申州에 있다. 黽의 발음은 '맹盲'이다.

黽隘之塞在申州 黽音盲也

③ 去陳百六十里거진백육십리

[집해] 서광이 말했다. "허許의 동남쪽에 있었다."

徐廣曰 在許東南

④ 東郡동군

[정의] 복濮, 활주滑州와 하북河北을 합쳐 동군을 설치했다. 복주濮州는 본래 위衞나라 도읍인데 야왕野王으로 옮겼다.

濮滑州兼河北置東郡 濮州本衞都 而徙野王也

비참한 최후

초나라 고열왕은 아들이 없었다. 춘신군이 이를 걱정하고 아들을 낳을 부인을 구해 올린 일이 매우 많았으나 끝내 아들이 없었다. 조趙나라 사람 이원李園[1]에게 아름다운 여동생이 있어서 초왕에게 바치려고 했다. 그런데 (이원의 여동생이) 아들을 가질 수 없다는 소문을 왕이 듣고 오래도록 총애를 받지 못할까 걱정했다.

이원은 춘신군을 찾아 섬기려고 춘신군의 사인舍人이 되었다. 얼마 뒤에 휴가를 얻어 고향으로 돌아갔는데 짐짓 기약한 날짜를 어겼다. 늦게 돌아와 춘신군을 배알하자 춘신군이 어쩐 일인가를 물었다. 이원이 대답했다.

"제나라 왕이 사신을 보내 신의 여동생을 찾는다기에 그 사신과 함께해 술을 마시다가 기일을 잊었습니다."

춘신군이 물었다.

"시집을 갔는가?"

이원이 대답했다.

"아직은 아닙니다."

춘신군이 물었다.

"만나볼 수가 있겠는가?"

(이원이) 말했다.

"만나볼 수 있습니다."

이에 이원이 그의 여동생을 춘신군에게 바쳤는데 곧 춘신군에게 총애받았다. (그 여동생이) 임신을 하였다는 것을 알고 이원은 그의 여동생과 계책을 꾸몄다.

楚考烈王無子 春申君患之 求婦人宜子者進之 甚衆 卒無子 趙人李園^① 持其女弟 欲進之楚王 聞其不宜子 恐久毋寵 李園求事春申君爲舍人 已而謁歸 故失期 還謁 春申君問之狀 對曰 齊王使使求臣之女弟 與其 使者飮 故失期 春申君曰 娉入乎 對曰 未也 春申君曰 可得見乎 曰 可 於是李園乃進其女弟 卽幸於春申君 知其有身 李園乃與其女弟謀

① 李園이원

신주 이원(?~서기전 228)은 전국시대 초나라 권신으로 본래 조趙나라 사람이다. 누이동생 이언언李嫣嫣을 먼저 춘신군에게 시집보내 임신하게 한 후 초고열왕에게 보냈다. 이언언이 웅한熊悍을 낳자 이원은 크게 현달했는데 초고열왕이 세상을 떠난 후 계략을 꾸며 춘신군 황헐을 죽이고 초나라 국정을 전담했다. 그러나 이원 일가의 종말은 좋지 못했다. 《사기》 〈초세가〉와 《열녀전列女傳》 〈초고이후楚考李后〉 조 등에 따르면 이언언의 아들이 뒤를 이어 즉위했는데 이이가 초유왕楚幽王 웅한熊悍이다. 초유왕이 재위 10년(서기전 228)만에 죽자 그 동생이 즉위했으니 이이가 초애왕楚哀王 웅유熊猶이다. 초애왕의 서형庶兄인 웅부추熊負芻가 초애왕이 초고열왕의 소생이 아니라는 말을 듣고 초애왕과 그 모친을 죽이고 이원의 집안을 도륙내고, 스스로 자립해서 초왕 부추가 되었다.

이원의 여동생이 한가한 틈을 타 춘신군을 설득해서 말했다.

"초나라 왕께서 상공相公(춘신군)을 귀하게 여기시고 총애하시는 것은 비록 형제라도 그렇게 하지는 못할 것입니다. 지금 군君께서는 초나라 재상으로 계신지 20여 년인데 왕에게는 아들이 없으니 곧 백세 뒤에 장차 다시 왕의 형제를 세우게 될 것입니다. 곧 초나라가 다시 군주의 후계를 세우면 또한 각각 그들이 예부터 친한 바를 귀하게 여길 것인데, 어찌 군君에게 또 길이 총애가 있겠습니까?

한갓 그런 것뿐 아니라 군君께서는 귀하게 되어 권력을 휘두른 지가 오래되어 왕의 형제들에게 예禮를 잃는 경우가 많았을 것이니 형제 중에서 진실로 왕위에 오르면 재앙이 몸에 미칠 것입니다. 어찌 재상의 인수와 강동江東의 봉지를 지킬 것입니까? 지금 첩이 스스로는 임신한 것을 알지만 다른 사람들은 알지 못합니다. 첩이 군君에게 총애를 받은 지 오래되지 않았는데 진실로 군의 중요한 지위로 첩을 초왕에게 바친다면 왕께서도 반드시 첩을 총애할 것입니다. 첩이 하늘에 의지해서 사내아이를 얻는 일이 있다면, 이는 군君의 아들이 왕이 되는 것으로 초나라를 모두 얻게 될텐데 자신이 예측하지 못하는 죄에 다다르는 것과 (비교해) 어느 편이 낫겠습니까?"

춘신군은 아주 그럴듯하게 여기고 곧 이원의 여동생을 내보내서 별관에 머물게 하고 초왕에게 말했다. 초왕이 이원의 여동생을 불러들여서 총애하고 드디어 사내아이를 낳자 태자로 세워 삼고 이원의 여동생을 왕후로 삼았다. 초왕이 이원을 귀하게 여기자 이원은 정권을 쥐었다.

이원은 이미 그의 여동생을 들여보내 왕후로 세워지고 아들이 태자가 되자, 혹시 춘신군의 입에서 비밀이 새어 나가거나 더욱 교만해질 것을 우려해서 몰래 결사대를 양성하여 춘신군을 죽여서 그의 입을 막고자 했다. 그러나 나라 사람들 가운데 아는 자들이 자못 있었다.

園女弟承間以說春申君曰 楚王之貴幸君 雖兄弟不如也 今君相楚二十餘年 而王無子 卽百歲後將更立兄弟 則楚更立君後 亦各貴其故所親 君又安得長有寵乎 非徒然也 君貴用事久 多失禮於王兄弟 兄弟誠立 禍且及身 何以保相印江東之封乎 今妾自知有身矣 而人莫知 妾幸君未久 誠以君之重而進妾於楚王 王必幸妾 妾賴天有子男 則是君之子爲王也 楚國盡可得 孰與身臨不測之罪乎 春申君大然之 乃出李園女弟 謹舍而言之楚王 楚王召入幸之 遂生子男 立爲太子 以李園女弟爲王后 楚王貴李園 園用事 李園旣入其女弟 立爲王后 子爲太子 恐春申君語泄而益驕 陰養死士 欲殺春申君以滅口 而國人頗有知之者

춘신군이 초나라 재상이 된 지 25년, 초나라 고열왕이 병들었다. 주영이 춘신군에게 일러 말했다.

"세상에는 바라지 않았던 복도 있고① 또 바라지 않았던② 재앙도 있다고 했습니다. 지금 군君께서는 바라지 않았던 세상에 살면서③ 바라지 않았던 군주를 섬기는데④ 어찌하여 바라지 않았던 사람이 없을 수 있겠습니까?⑤"

춘신군이 말했다.

"무엇을 바라지 않았던 복이라고 이르는 것이오?"

(주영이) 말했다.

"군君께서 초나라 재상으로 계신지 20여 년인데 비록 이름은 상국이지만 실상은 초나라 왕이십니다. 지금 초왕은 병들어 조만간에 장차 죽을 것인데 군君께서는 어린 군주를 도와서 대신 서서 섭정을 하다가 은殷나라의 이윤伊尹이나 주周나라의 주공周公처럼 왕이 성장하면 정사를 돌려주든가, 그렇지 않으면 곧 남면하고 '고孤'(제왕의 자칭)라고 칭하고 초나라를 가지든가 해야 할 것입니다. 이것이 이른바 바라지 않았던 복이라는 것입니다."

春申君相二十五年 楚考烈王病 朱英謂春申君曰 世有毋望之福① 又有毋望②之禍 今君處毋望之世③ 事毋望之主④ 安可以無毋望之人乎⑤ 春申君曰 何謂毋望之福 曰 君相楚二十餘年矣 雖名相國 實楚王也 今楚王病 旦暮且卒 而君相少主 因而代立當國 如伊尹周公 王長而反政 不卽遂南面稱孤而有楚國 此所謂毋望之福也

① 世有毋望之福세유무망지복

[정의] 무망無望은 바라지 않았는데 갑자기 도달하는 것을 이른다.

無望謂不望而忽至也

② 毋望무망

[색은] 《주역》에서 무망괘无妄卦가 있으며 그 뜻은 다르다.

周易有无妄卦 其義殊也

[신주] 《사기》는 무밍毋望으로 나오지만 《전국책》에는 무망無妄으로 나온다. 무망은 《주역》의 64괘 중의 하나인 진하간상震下干上으로서 진실이나 진상이란 뜻도 있고, 의외의 불측한 일이란 뜻도 있다. 여기서는 필연이란 뜻인데, 《전국책》〈초책楚策 4〉에 "세상에는 무망의 복도 있고, 무망의 화도 있습니다.[世有無妄之福 又有無妄之禍]"라고 나온다. 이 구절에 대해 포표鮑彪는 "무망이란 틀림없이 맞이해야 하는 일을 말한다.[無妄 言可必]"라고 주석했다. 바라지 않지만 틀림없이 맞이해야 하는 복이나 화가 있을 것이라는 뜻으로 본 것이다.

③ 處毋望之世처무망지세

[정의] 삶과 죽음에 불변이 없는 것을 이른다.

謂生死無常

④ 事毋望之主사무망지주

[정의] 기쁨과 노여움이 조절되지 않는 것을 이른다.

謂喜怒不節也

⑤ 無毋望之人乎무무망지인호

[정의] 길흉이 갑자기 닥치는 것을 이른다.

謂吉凶忽(爲)〔焉〕

춘신군이 말했다.

"무엇을 바라지 않았던 재앙이라고 이르는 것이오?"

(주영이) 대답했다.

"이원은 나라를 다스리지는 않지만 군君의 적수이며[1] 군사를 다스리지는 않는데도 결사대를 오래전부터 양성하고 있습니다. 초왕이 죽으면 이원은 반드시 먼저 쳐들어가 권력을 장악하고 군君을 죽여 입을 막을 것입니다. 이것이 이른바 바라지 않았던 재앙입니다."

춘신군이 물었다.

"무엇을 바라지 않았던 사람이라 하는 것이오?"

(주영이) 대답했다.

"군께서 신을 낭중郎中(왕을 호위하는 관직)으로 두신다면, 초왕이 죽었을 때 이원이 반드시 먼저 쳐들어갈 것이니 신이 군을 위해 이원을 죽이겠습니다. 이것이 이른바 바라지 않았던 사람입니다."

춘신군이 말했다.

"족하는 그만두시오. 이원은 약한 사람입니다. 내가 또한 잘 대해 주고 있는데 또 어찌 이러한 일에 이르겠소!"

주영[2]은 말이 받아들여지지 않음을 알고는 재앙이 자신에게 미칠 것이 두려워 곧 도망쳐 떠났다.

春申君曰 何謂毋望之禍 曰 李園不治國而君之仇也[1] 不爲兵而養死士之日久矣 楚王卒 李園必先入據權而殺君以滅口 此所謂毋望之禍也 春申君曰 何謂毋望之人 對曰 君置臣郎中 楚王卒 李園必先入 臣爲君殺李園 此所謂毋望之人也 春申君曰 足下置之 李園 弱人也 僕又善之 且又何至此 朱英[2]知言不用 恐禍及身 乃亡去

① 李園不治國而君之仇也이원불치국이군지구야

색은 이원은 곧 춘신군의 적수라는 말이다. 《전국책》에는 '군지구야 君之舅也'로 되어 있다. 왕의 처형妻兄을 이르며 뜻이 다르다.

言園是春申之仇也 戰國策作 君之舅也 謂爲王之舅 意異也

신주 《전국책》의 다른 판본에는 '왕지구야王之舅也'로 되어 있다. 구구舅는 어머니의 형제를 뜻하기도 하고, 처형을 뜻하기도 한다. 고대에는 장부丈夫의 부친을 뜻하기도 했다. 또한 고대에는 제왕이 성이 다른 큰 나라 제후를 '백구伯舅'라고 하고 성이 다른 작은 나라 제후를 '숙구叔舅'라고 했다. 제후 역시 성이 다른 대부를 '구舅'라고 불렀다. 여기서는 이원의 여동생이 초나라 고열왕의 왕비가 되었으니 처형으로 해석해야 할 것이다.

② 朱英주영

색은 주해朱亥라고 한 것은 곧 위의 주영朱英이다. '해亥'로 되어 있는 것은 역사에서 조나라에 주해朱亥가 있다고 기인하여 잘못한 것이다.

朱亥 卽上之朱英也 作亥者 史因趙有朱亥誤也

17일 뒤에 초나라 고열왕이 죽자 이원이 과연 먼저 쳐들어가 결사대를 극문棘門[①]의 안에 잠복시켰다. 춘신군이 극문으로 들어가자 이원의 결사대가 춘신군을 찔러 죽이고 그의 머리를 베어 극문 밖으로 내던졌다.[②] 이에 드디어 관리들을 시켜서 춘신군의 가족을 모두 죽이도록 했다.

이원의 여동생이 처음에 춘신군에게 총애를 받고 임신하여 궁으로 들어가 왕에게 가서 낳은 아들이 드디어 왕위를 이어받았는데 이이가 초유왕楚幽王[3]이다.

이 해는 진秦나라 시황제가 왕위에 오른 지 9년이었다. 노애嫪毐 또한 진秦나라에서 난을 일으켰다가 발각되어 그의 삼족이 멸족되고 여불위는 쫓겨났다.

後十七日 楚考烈王卒 李園果先入 伏死士於棘門[1]之內 春申君入棘門 園死士俠刺春申君 斬其頭 投之棘門外[2] 於是遂使吏盡滅春申君之家 而李園女弟初幸春申君有身而入之王所生子者遂立 是爲楚幽王[3] 是歲也 秦始皇帝立九年矣 嫪毐亦爲亂於秦 覺 夷其三族 而呂不韋廢

① 棘門극문

정의 수주壽州의 성문이다.

壽州城門

② 投之棘門外투지극문외

정의 초고열왕 25년이고 진시황 9년이다.

楚考烈王二十五年 秦始皇九年

③ 楚幽王초유왕

색은 살펴보니 초나라 한捍(초유왕)에게는 동복아우 유猶가 있고 유에게는 서형庶兄 부추負芻와 창평군昌平君이 있는데, 이는 초나라 군주 완完(초고열왕)에게 아들이 없었던 것이 아니다. 위 문장에서 '고열왕은 아들이 없었다.'라고 이른 것은 잘못이다.

按 楚捍有母弟猶 猶有庶兄負芻及昌平君 是楚君完非無子 而上文云考烈王無子 誤也

신주 색은 주석은 시간의 흐름을 간과한 것이다. 초유왕 한한이 태어나기 전에는 초고열왕에게 아들이 없었다고 봐야 한다. 거론된 자식들은 모두 한한이 태어난 이후에 태어났다고 봐야 한다.

태사공은 말한다.

내가 초나라에 가서 춘신군의 옛 성성城을 관람했는데 궁실이 성대했다. 처음에 춘신군이 진소왕을 설득하여 자신을 내던져서 초나라 태자를 귀국시켰으니 얼마나 그 지혜가 밝았던가! 뒤에 이원에게 제거당한 것은 늙어서 혼미했기① 때문이었다. 속담에 이르기를 '마땅히 결정해야 할 때 결정하지 않으면 도리어 어려움을 당하게 된다.'라고 했는데, 이는 춘신군이 주영의 진언을 잃은 것이 아니겠는가?

太史公曰 吾適楚 觀春申君故城 宮室盛矣哉 初 春申君之說秦昭王及出身遣楚太子歸 何其智之明也 後制於李園 旄矣① 語曰 當斷不斷反受其亂 春申君失朱英之謂邪

---

① 旄矣모의

집해 서광이 말했다. "旄의 발음은 '모毛'이다."

徐廣曰 旄音毛

모모(연로하다)는 모질의 나이(80~90살)와 같은 뜻이며 늙었다, 또는 늙어서 혼미해진 것이다.

사마정이 펼쳐서 밝히다.

황헐은 달변과 지혜로 진나라와 초나라를 저울질하며 전략을 짰다. 태자는 초나라로 돌아가게 했고 자신은 재상이 되었다. 주현珠炫(주영)은 조나라 객이었고 오나라 땅에서 봉읍을 열었다. 초고열왕은 후사가 없었고 이원은 여동생을 바쳤다. 바라지 않았던 재앙이 이루어졌으니 주영의 말이 헛되었구나!

黃歇辯智 權略秦楚 太子獲歸 身作宰輔 珠炫趙客 邑開吳土 烈王寡胤 李園獻女 無妄成災 朱英徒語

사기 제79권 범저채택열전 제19

史記卷七十九 范雎蔡澤列傳第十九

신주 범저范雎(?~서기전 255)는 희성姬姓의 범씨范氏이다. 범저范且라고도 한다. 자는 숙叔이고, 화명化名(본명 외의 이름)은 장록張祿이다. 전국시대 위魏나라 공족公族의 지가支家 사람으로 전해진다. 본래 위왕의 관직에 있는 것을 원했지만 집안이 가난하고 위왕과는 연줄이 없어서 부득이 중대부中大夫 수가須賈의 빈객이 되었다. 수가를 따라 제齊나라에 갔다가 제나라와 밀통해 위나라를 파는 것이 아니냐는 의심을 받아 귀국 후 위나라 재상 위제魏齊에게 죽기 직전까지 매질과 모욕당하다가 겨우 왕계王稽와 정안평鄭安平의 도움으로 살아났다. 이후 이름을 장록으로 고치고 진秦나라로 달아나 진소양왕秦昭陽王을 섬기며 상국相國을 지냈고, 지금의 산동성 노산魯山 동쪽인 응읍應邑에 봉해져 응후應侯라고 부른다. '원교근공遠交近攻' 정책을 제안해 큰 성공을 거뒀는데, 이것이 나중에 진나라가 육국六國을 통일하게 되는 기초가 되었다. 범저가 명장 백기白起와 함께 명성이 높아지자 진왕은 백기를 자살하게 만든 뒤 정안평을 장군에 앉혔다. 백기가 죽은 후 조나라 수도 한단邯鄲을 포위해 일거에 멸망시키려 했으나 고전하다 정안평이 전투에서 지고 조나라에 항복했다. 만년에 범저는 채택을 천거해 자신의 재상 지위를 물려받게 하고 자신의 봉지로

돌아와 얼마 후 병사했다. 일설에는 진왕에게 논죄를 당해 처형당했다고
도 한다.

채택蔡澤은 전국시대 연燕나라 강성綱成 사람으로 강성군綱成君이라 불
린다. 변설가로 지략이 풍부해 제후諸侯들에게 다니면서 유세했다. 진소
왕秦昭王 52년에 진나라 재상 범저范雎가 추천한 정안평과 왕계가 죄를 졌
다는 소식을 듣고 진나라로 들어가 범저에게 사퇴할 것을 권고했고, 범저
가 진소왕에게 채택을 추천하여 객경客卿이 되었다. 얼마 뒤 범저가 병을
이유로 재상의 직위를 내놓자 마침내 채택이 범저를 대신해 재상이 되고,
서주西周를 공격해 멸망시킬 계책을 내놓았다. 다른 사람이 참소하자 즉시
재상에서 물러났다. 진나라에서 10여 년 머무는 동안 진소양왕秦昭襄王,
진효문왕秦孝文王, 진장양왕秦莊襄王, 진시황秦始皇까지 4대를 섬겼다.

《전국책》과 《자치통감資治通鑑》, 《한비자》, 〈본기本紀〉에 범저范雎,
범저范且 또는 범수范雎로 각각 기록하였으나 청대靑代의 왕선신王先愼은
《한비자》의 집해에서 "범저范且는 범저로 且와 雎는 같은 글자이다.
[范且 范雎也 且 雎同字]"라고 하였고, 청대靑代의 전대흔錢大昕도 《통감주변
정通鑑注辨正》에서 '상고하니 무량사의 화상에 범저范且로 되어 있다.' 且
와 雎는 같은 글자이니 마땅히 '저且'로 읽어야지 '목目'으로 읽지 않는다.
주注에 '수雎'로 읽는다고 했으나 매우 잘못된 것이다.[攷 武梁祠 畫像作范且
且與雎同字 宜從且不從目 注讀為雎 失之甚矣]"라고 일렀다. 이에 따라 범저范雎
로 표기한다.

진왕을 설득해 재상이 된 범저

범저范雎는 위魏나라 사람으로 자字는 숙叔이다. 그는 제후들에게 유세하여 위나라 왕을 섬기고자 했는데 집안이 가난하여 스스로 활동할 자금이 없었다. 이에 먼저 위나라 중대부中大夫[①] 수가須賈[②]를 섬겼다.

수가는 위소왕魏昭王을 위해[③] 제나라에 사신으로 갔는데 범저도 따라갔다. 여러 달을 제나라에 머물렀지만 제나라의 대답을 얻지 못했다. 제나라 양왕襄王[④]은 범저의 언변이 뛰어나다는 말을 듣고 곧 사람을 시켜 황금 10근과 쇠고기와 술 등을 하사했는데 범저는 사양하고 감히 받지 않았다. 수가는 이런 사실을 알고 크게 노해서 범저가 위나라 비밀을 제나라에 알려주어서 이러한 선물을 얻은 것이라고 여기고 범저에게 그 쇠고기와 술은 받고 그 황금은 돌려보내라고 명했다.

(수가는) 귀국 후 마음속으로 범저에게 노여움을 품고 위나라 재상에게 알렸다. 위나라 재상은 위나라 여러 공자 중 한 사람으로 위제魏齊라고 했다. 위제는 크게 노하여 사인舍人을 시켜서 범저에게 매를 치게 했다. 갈비뼈가 부러지고 이가 부러졌다.[⑤]

범저가 거짓으로 죽은 척하자 곧 대자리⑥로 말아서 그를 측간 안에 두었다. 빈객들이 술을 마시고 취하면 번갈아 범저에게 오줌을 싸게 했다.⑦ 짐짓 모욕을 주어서 훗날에 경계시키고 함부로 말하는 자가 없게 하려는 것이었다.

范雎者 魏人也 字叔 遊說諸侯 欲事魏王 家貧無以自資 乃先事魏中大夫①須賈② 須賈爲魏昭王③使於齊 范雎從 留數月 未得報 齊襄王④聞雎辯口 乃使人賜雎金十斤及牛酒 雎辭謝不敢受 須賈知之 大怒 以爲雎持魏國陰事告齊 故得此饋 令雎受其牛酒 還其金 旣歸 心怒雎 以告魏相 魏相 魏之諸公子 曰魏齊 魏齊大怒 使舍人笞擊雎 折脅摺齒⑤ 雎詳死 卽卷以簀⑥ 置廁中 賓客飲者醉 更溺雎⑦ 故僇辱以懲後 令無妄言者

① 魏中大夫위중대부

색은 살펴보니《한서》〈백관표〉에서 중대부는 진秦나라 관직이다. 여기서 위나라에 중대부가 있다고 한 것은 아마 옛 관직일 것이다.

按 漢書百官表中大夫 秦官 此魏有中大夫 蓋古官也

② 須賈수가

색은 수須는 성이고 가賈는 이름이다. 수씨는 아마 밀수密須의 후예일 것이다.

須 姓 賈 名也 須氏蓋密須之後

③ 爲魏昭王위위소왕

색은 살펴보니《세본》에서 소왕 이름은 측遫이고 양왕의 아들이라고 했다.

按 系本昭王名遨 襄王之子也

④ 齊襄王제양왕

색은 이름은 법장法章이다.

名法章

⑤ 折脅摺齒절협랍치

색은 摺의 발음은 '랍[力答反]'이다. 때려서 그의 갈비를 부러뜨리고 또
그의 이빨까지 부러지게 한 것을 이른다.

摺音力答反 謂打折其脅而又拉折其齒也

⑥ 簀책

색은 책簀은 갈대로 만든 발을 이른다. 시체를 쌀 때 사용하는 것이다.

簀謂葦荻之薄也 用之以裹屍也

⑦ 更溺雎갱뇨저

색은 更의 발음은 '갱羹'이다. 요溺는 곧 수溲(오줌)이다. 溺의 발음은
'로[年弔反]'이고, 溲의 발음은 '슈[所留反]'이다.

更音羹 溺卽溲也 溺音年弔反 溲音所留反

정의 요溺는 옛날 '요尿' 자이다.

溺 古尿字

범저는 대자리 속에서 자신을 지키는 자에게 일러 말했다.

"그대가 나를 나갈 수 있게 해준다면 나는 반드시 그대에게 후하게 사례할 것이오."

지키는 자는 이에 대자리 속에서 죽은 자를 내다 버리겠다고 청했다. 위제는 술에 취해서 말했다.

"그렇게 하라."

범저는 탈출하게 되었다. 뒤에 위제가 후회하고 다시 불러 찾았다. 위나라 사람 정안평鄭安平이 듣고 이에 드디어 범저를 데리고 도망가 숨고 성명을 바꾸어 장록張祿이라고 했다. 이 당시 진소왕秦昭王은 알자謁者 왕계王稽를 위나라에 사신으로 보냈다. 정안평은 졸사卒士(병사)라 속이고① 왕계를 모셨다. 왕계가 물었다.

"위나라 현인賢人으로 함께 서쪽으로 유람할 만한 자가 있는가?"

정안평이 대답했다.

"신의 마을 안에 장록 선생이 있는데 군君을 만나보고 천하의 일을 말하고자 합니다. 그 사람은 원수진 사람이 있어서 감히 낮에는 볼 수가 없습니다."

왕계가 말했다.

"밤에 함께 오시오."

정안평은 밤에 장록과 함께 왕계를 만나보았다. 말이 끝나지 않았는데 왕계는 범저가 현인인 것을 알고 일러 말했다.

"선생은 삼정三亭 남쪽②에서 나를 기다려 주시오."

사사로운 약속을 하고 헤어졌다.

雎從簀中謂守者曰 公能出我 我必厚謝公 守者乃請出棄簀中死人 魏

齊醉 曰 可矣 范雎得出 後魏齊悔 復召求之 魏人鄭安平聞之 乃遂操范

雎亡 伏匿 更名姓曰張祿 當此時 秦昭王使謁者王稽於魏 鄭安平詐爲

卒① 侍王稽 王稽問 魏有賢人可與俱西遊者乎 鄭安平曰 臣里中有張祿

先生 欲見君 言天下事 其人有仇 不敢晝見 王稽曰 夜與俱來 鄭安平夜

與張祿見王稽 語未究 王稽知范雎賢 謂曰 先生待我於三亭之南② 與私

約而去

① 爲卒위졸

정의 卒의 발음은 '줄[祖律反]'이다.

卒 祖律反

② 三亭之南삼정지남

색은 살펴보니 삼정三亭은 정亭(행정단위)의 이름이고 위나라 국경 가에 있는 도정道亭이다. 지금은 그곳이 없다. 일설에는 위나라 교외의 지경에는 총 삼정三亭이 있었는데 모두 전송하는 곳이라고 했다. 삼정의 남쪽에서 기약한 것은 아마 송별연이 끝나서 사람이 없는 곳이기 때문일 것이다.

按 三亭 亭名 在魏境之邊 道亭也 今無其處 一云魏之郊境 總有三亭 皆祖餞之處 與期三亭之南 蓋送餞已畢 無人處

정의 《괄지지》에서 말한다. "삼정강三亭岡은 변주汴州 위지현尉氏縣 서남쪽 37리에 있다." 살펴보니 삼정강은 산 부중部中의 이름이며 아마 '강岡' 자가 잘못되어 '남南'으로 되었을 것이다.

括地志云 三亭岡在汴州尉氏縣西南三十七里 按 三亭岡在山部中名也 蓋岡字
誤爲南

왕계는 위나라에 하직인사를 하고 떠나 지나가면서 범저를 수레에 싣고 진나라로 들어갔다. 호湖 땅①에 이르렀는데 바라보니 수레와 기마병이 서쪽으로부터 오고 있었다. 범저가 말했다.

"저기 오는 자는 누구입니까?"

왕계가 말했다.

"진나라 재상 양후穰侯인데 동쪽으로 현縣과 읍邑으로 가는 것이오."

범저가 말했다.

"제가 듣기에 양후穰侯는 진나라 권력을 마음대로 해서 제후들의 유세객들이 국내로 들어오는 것을 싫어한다고 했는데② 이에 저를 모욕할까 두렵습니다. 저는 차라리 또 수레 안에 숨겠습니다."

잠시 후 양후가 정말로 이르러 왕계의 노고를 위로하고 수레를 세우고 말했다.

"함곡관의 동쪽에 무슨 변화가 있었습니까?"

왕계가 대답했다.

"없었습니다."

또 왕계에게 일러 말했다.

"알군謁君께서는 제후들의 객과 함께 오지는 않았겠지요? 보탬이 없고 남의 나라를 어지럽게 할 뿐입니다."

왕계가 대답했다.

"감히 그럴 리가 있겠습니까?"

양후는 곧 떠나갔다. 범저가 말했다.

"저는 양후가 지혜로운 사인이라고 들었는데 그의 볼일이 늦어졌는지 조금 전 수레 안에 사람이 있는지 의심했지만 수색하는[3] 것은 잊었습니다."

이에 범저는 수레에서 내려 달아나면서 말했다.

"이 일을 반드시 후회할 것입니다."

王稽辭魏去 過載范雎入秦 至湖[1] 望見車騎從西來 范雎曰 彼來者爲誰 王稽曰 秦相穰侯東行縣邑 范雎曰 吾聞穰侯專秦權 惡內諸侯客[2] 此恐辱我 我寧且匿車中 有頃 穰侯果至 勞王稽 因立車而語曰 關東有何變 曰 無有 又謂王稽曰 謁君得無與諸侯客子俱來乎 無益 徒亂人國耳 王稽曰 不敢 卽別去 范雎曰 吾聞穰侯智士也 其見事遲 鄉者疑車中有人 忘索之[3] 於是范雎下車走 曰 此必悔之

① 至湖지호

색은 살펴보니 〈지리지〉에는 경조京兆에 호현湖縣이 있고 본래 이름은 호胡인데 한무제가 호湖로 이름을 바꾸었다. 곧 지금의 호성현湖城縣이다.

按 地理志京兆有湖縣 本名胡 武帝更名湖 卽今湖城縣也

정의 지금은 괵주虢州 호성현이다.

今虢州湖城縣也

② 惡內諸侯客오내제후객

색은 內의 발음은 '납納'이고, 또한 가장 통상적인 발음으로 읽는다. 내內는 또한 입入과 같다.

內音納 亦如字 內者亦猶入也

③ 忘索之망색지

색은 색索은 '수搜'(찾다)와 같다. 索의 발음은 '책柵' 또는 '석[先格反]'이다.

索猶搜也 音柵 又先格反

10여 리를 갔는데 정말로 (양후는) 기마를 되돌려 수레 속을 수색했는데 객이 없자 곧 그만두었다. 왕계는 드디어 범저와 함께 함양(진秦의 수도)으로 들어갔다. 왕계는 이미 사행의 보고를 마치고 이어서 말했다.

"위나라에 장록 선생이 있는데 천하의 변사辯士입니다. 그가 이르기를 '진왕의 나라는 누란累卵①의 위기를 맞이했는데 신을 얻으면 안정될 것입니다. 그러나 글로는 전할 수 없습니다.'라고 하기에 신이 수레에 태우고 왔습니다."

진나라 왕은 믿지 않았다. (범저를) 하객下客의 숙사에 머물게 하고 질이 낮은 음식을 먹게 했다.②

명을 기다린 지 한 해 남짓 되었다. 이때는 진나라 소왕昭王이 왕위에 오른 지 36년이다. (진나라는) 남쪽으로는 초나라 언鄢과 영郢을 빼앗았고 초나라 회왕懷王은 진나라에 유폐되어 죽었다.

진나라는 동쪽으로 가서 제나라를 쳐부수었다. 제나라 민왕湣王은 일찍이 제왕[帝]이라고 일컬었으나 후에 그 이름을 쓰지 않았다. 진나라는 자주 삼진三晉(한, 위, 조)을 곤경에 빠뜨렸다. 이에 진나라 소왕은 천하의 변사들을 싫어했고 믿지 않았다.

行十餘里 果使騎還索車中 無客 乃已 王稽遂與范雎入咸陽 已報使 因言曰 魏有張祿先生 天下辯士也 曰 秦王之國危於累卵^① 得臣則安 然不可以書傳也 臣故載來 秦王弗信 使舍食草具^② 待命歲餘 當是時 昭王已立三十六年 南拔楚之鄢郢 楚懷王幽死於秦 秦東破齊 湣王嘗稱帝 後去之 數困三晉 厭天下辯士 無所信

① 累卵누란

[정의] 살펴보니《설원》에서 말했다. "진영공晉靈公은 9층의 대臺를 세우는데 비용이 천금이 들자 좌우에게 일러 말하기를 '감히 간하는 자가 있으면 참수할 것이다.'라고 했다. 순식荀息이 듣고 글을 올려서 만나보기를 구했다. 진영공이 쇠뇌에 화살을 장전하고 순식을 만나보았다. 순식이 이르기를 '신은 감히 간하지 않을 것입니다. 신은 12개의 바둑돌을 쌓고 9개의 계란을 그 위에 더할 수 있습니다.'라고 했다. 진영공이 이르기를 '그대는 과인을 위해 만들어 보라.'라고 했다. 순식이 안색을 바로 하고 뜻을 정한 후에 바둑알을 아래에 두고 9개의 계란을 그 위에 더해 세웠다. 좌우에서는 두려워하며 숨을 쉬고 영공의 숨소리도 계속되지 않았다. 영공이 이르기를 '위험하다! 위험하다!'라고 했다. 순식이 말하기를 '이 위태로움은 위험하지 않고 이보다 더 위험한 것이 있습니다.'라고 했다. 영공이 말하기를 '보기를 바란다.'라고 하자 순식이 말하기를 '9층의 대를 3년 동안 완성하지 못하면 남자는 논밭을 갈지 못하고 여자는

길쌈을 하지 못해 국가의 비용은 비어서 이웃 나라가 모의해서 장차 일어나면 사직은 없어질 것인데 군주께서는 무엇을 바라고자 하십니까?'라고 했다. 영공이 말하기를 '과인의 과실이 이에 이르렀는가?'라고 하고 곧 9층의 대를 허물게 했다."

按 說苑云 晉靈公造九層之臺 費用千金 謂左右曰 敢有諫者斬 荀息聞之 上書求見 靈公張弩持矢見之 曰 臣不敢諫也 臣能累十二博棊 加九雞子其上 公曰 子爲寡人作之 荀息正顔色 定志意 以棊子置下 加九雞子其上 左右懼慴息 靈公氣息不續 公曰 危哉 危哉 荀息曰 此殆不危也 復有危於此者 公曰 願見之 荀息曰 九層之臺三年不成 男不耕 女不織 國用空虛 鄰國謀議將興 社稷亡滅 君欲何望 靈公曰 寡人之過也乃至於此 卽壞九層臺也

② 舍食草具사식초구

색은 또한 관사에서 하객의 대우로 먹게 한 것을 이른다. 그래서 초구草具는 거친 밥에 나물 반찬을 구비한 것을 이른다.

謂亦舍之 而食以下客之具 然草具謂麤食草萊之饌具

신주 초구草具는 거친 음식을 뜻한다. 《전국책》〈제책齊策 4〉에 "좌우에서는 맹상군이 그를 천하게 여긴다고 여기고 거친 음식만 주었다.[左右以君賤之也 食以草具]"는 구절이 있다.

양후와 화양군華陽君[1]은 진소왕의 어머니 선태후宣太后의 동생이고 경양군涇陽君과 고릉군高陵君은 모두 진소왕의 동복아우이다. 양후는 재상이 되고 세 명은 번갈아 장군이 되어 봉읍을 가졌는데 태후와의 관계 때문에 사가私家들이지만 왕실보다 부유하고 권세가 막중했다. 양후가 진나라 장군이 되자 한나라와 위나라를 넘어가서 제나라 강剛과 수壽를 정벌하여 도陶의 봉읍을 넓히고자 했다. 범저는 곧 글을 올려서 말했다.

"신이 듣기에 '현명한 군주가 정치에 임하면[2] 공로가 있는 자는 상을 받지 못하는 자가 없고, 능력이 있는 자는 관직을 얻지 못하는 자가 없다. 수고로움이 큰 자는 그 녹봉이 두텁고 공로가 많은 자는 그 작위가 높고, 백성을 다스리는 것이 능한 자는 그 관직이 크다. 그러므로 능력이 없는 자는 감히 직분을 맡지 못하고, 능력이 있는 자는 또한 가리어 숨겨지지 않는다.'라고 했습니다. 가령 신의 말이 옳다고 여기신다면 실행하여 그의 길을 더욱 이롭게 하시기를 원하고, 신의 말이 옳지 않다고 여기신다면 오래도록 신을 묵혀두어 할 일이 없게 하십시오.

穰侯 華陽君[1] 昭王母宣太后之弟也 而涇陽君高陵君皆昭王同母弟也 穰侯相 三人者更將 有封邑 以太后故 私家富重於王室 及穰侯爲秦將 且欲越韓魏而伐齊綱壽 欲以廣其陶封 范雎乃上書曰 臣聞明主立政[2] 有功者不得不賞 有能者不得不官 勞大者其祿厚 功多者其爵尊 能治衆者其官大 故無能者不敢當職焉 有能者亦不得蔽隱 使以臣之言爲可 願行而益利其道 以臣之言爲不可 久留臣無爲也

① 穰侯 華陽君양후 화양군

집해 서광이 말했다. "화華는 다른 판본에는 '섭葉'으로 되어 있다."

徐廣曰 華 一作葉

양후는 위염魏冉을 가리키는데, 선태후宣太后와 아버지가 다른 아우라고 한다. 양穰은 현縣인데 남양군南陽郡에 있다. 화양군華陽君은 미융羋戎인데 선태후와 아버지가 같은 아우이고 또한 호號를 신성군新城君이라고 한 것이 이 사람이다.

穰侯謂魏冉 宣太后之異父弟 穰 縣 在南陽 華陽君 羋戎 宣太后之同父弟 亦號 爲新城君是也

② 明主立政명주입정

살펴보니 《전국책》에는 입立은 '이莅'(임하다)로 되어 있다.

按 戰國策 立作莅也

옛 말에 이르기를 '용렬한 군주는 사랑하는 사람에게 상을 주고 미워하는 사람에게 벌을 주지만 총명한 군주는 그렇지 아니하다. 상은 반드시 공로가 있는 자에게 주고 형벌은 반드시 죄가 있는 자에게 내린다.'라고 했습니다. 지금 신의 가슴은 침질椹質의 형①을 감당하기에 부족하고 신의 허리는 부월斧鉞의 형을 지탱하기에 부족한데 어찌 감히 의심스러운 일로 왕을 시험하려 들겠습니까? 비록 신을 천한 사람으로 여겨서 업신여겨 모욕하시더라도, 다만 신을 중임한 사람이 왕께 이랬다저랬다 할 리는 없지 않겠습니까? 또 신이 듣기에 '주周나라에는 지액砥砨이 있고 송宋나라에는 결록 結綠이 있고 양梁나라에는 현려縣藜②가 있고 초나라에는 화박 和朴③이 있다.'라고 했습니다. 이상의 네 가지 보물은 땅에서 나온 것이라 뛰어난 장인도 잘못보고 알아차리지 못했지만 천하의 이름난 기물이 되었습니다. 그렇다면 성왕聖王께서 버리신 자들은 오직 국가를 부유하게 하기에 부족했기 때문입니까?

語曰 庸主賞所愛而罰所惡 明主則不然 賞必加於有功 而刑必斷於有罪 今臣之胸不足以當椹質^① 而要不足以待斧鉞 豈敢以疑事嘗試於王哉 雖以臣爲賤人而輕辱 獨不重任臣者之無反復於王邪 且臣聞周有砥砣 宋有結綠 梁有縣藜^② 楚有和朴^③ 此四寶者 土之所生 良工之所失也 而爲天下名器 然則聖王之所棄者 獨不足以厚國家乎

① 椹質침질

색은 椹의 발음은 '침[陟林反]'이다. 살펴보니 침椹은 여물을 써는 작두이다. 질質은 써는 칼이다. 허리를 베는 것이 침질椹質에 해당한다.

椹音陟林反 按 椹者 莝椹也 質者 剉刃也 腰斬者當椹質也

신주 침질은 고대 형벌기구 중의 하나로서 허리를 벨 때 신체 아랫부분이 빠지게 만든 널빤지를 뜻한다. 《전국책》〈진책秦策 3〉에는 "지금 신의 가슴은 침질椹質의 형을 감당하기에 부족하고 허리는 부월斧鉞의 형을 감당하기에 부족합니다.[今臣之胸不足以當椹質 要不足以待斧鉞]"라고 되어 있다.

② 縣藜현려

집해 설종이 말했다. "현려는 아름다운 옥의 하나이다."

薛綜曰 縣藜一曰美玉

③ 和朴화박

신이 듣기에 '집안을 부유하게 하는 자는 나라에서 취하고 나라를 부유하게 하는 자는 제후국들 사이에서 찾는다.'라고 했습니다. 천하에 총명한 군주가 있으면 제후들이 멋대로 자신을 부유하게 하지 못하는데 무엇 때문이겠습니까? 그들의 제멋대로 하는 권력①을 다스렸기 때문입니다.

명의名醫는 병이 든 사람이 죽고 사는 것을 알 수 있고 성군聖君은 성공하고 실패하는 일에 밝아서 이로우면 행하고 해로우면 버리며 의심이 가면 조금 더 시험했으니 비록 순舜 임금이나 우禹 임금이 다시 태어나도 고칠 수 없을 것입니다. 말이 지극한 것은 신이 감히 글에 담을 수 없고 그 천박한 말은 또한 족히 들려드릴만한 것이 못됩니다.

생각건대 신이 어리석어 왕의 마음에 닿지② 못했습니까? 신을 말한 자가 미천하다고 경멸하여③ 등용하지 않는 것입니까? 진실로 그렇지 않다면 신은 원컨대 유람 도중에 한가한 틈을 조금 베풀어 주시어 안색이라도 뵙기를 바랍니다. 한마디라도 본받을 것이 없다면 형틀에 엎드려 죄를 청하겠습니다."

이에 진나라 소왕이 크게 만족하고 곧 왕계에게 사과하고 수레를 보내서④ 범저를 부르게 했다.

臣聞善厚家者取之於國 善厚國者取之於諸侯 天下有明主則諸侯不得
擅厚者 何也 爲其割榮也① 良醫知病人之死生 而聖主明於成敗之事 利
則行之 害則舍之 疑則少嘗之 雖舜禹復生 弗能改已 語之至者 臣不敢
載之於書 其淺者又不足聽也 意者臣愚而不概②於王心邪 亡其言③臣
者賤而不可用乎 自非然者 臣願得少賜遊觀之間 望見顏色 一語無效
請伏斧質 於是秦昭王大說 乃謝王稽 使以傳車④召范雎

① 其割榮也기할영야

색은 할영은 곧 위에서 말한 것처럼 멋대로 자신을 부유하게 하는 것
[擅厚]으로 권력을 멋대로 하는 것을 이른다.

割榮卽上之擅厚 謂擅權也

신주 《전국책》〈진책秦策 3〉에는 '기조영야其凋榮也'(영화로움을 상처내다)로
되어 있다. 이에 따라 '기할영야其割榮也'는 '영화로움을 상처내다'로 해석
하는 것도 무리한 것은 아닐 듯하다.

② 臣愚而不概신우불이개

집해 서광이 말했다. "개概(대개)는 다른 판본에는 '개漑'(물을 대다)로 되
어 있는데 발음도 같다."

徐廣曰 一作漑 音同

색은 살펴보니《전국책》에는 개概가 '관關'(관계하다)로 되어 있는데 왕의
마음에 기대어 관섭關涉하는 것을 이른다고 했다. 서광의 주석에서 "발
음도 같다"라고 한 것은 잘못된 것이다.

按 戰國策 概 作關 謂關涉於於王心也 徐注 音同 非也

③ 亡其言망기언

[색은] 망亡은 경멸輕蔑과 같다.

亡猶輕蔑也

④ 使以傳車사이전거

[집해] 서광이 말했다. "일설에는 '사지거使持車'라고 한다."

徐廣曰 一云 使持車

[색은] '사지거使持車'는 《전국책》의 문장이다.

使持車 戰國策之文也

이에 범저는 이궁離宮①에서 왕을 만나게 되었는데, 거짓으로 영항永巷(궁궐의 옥獄)②을 알지 못하는 체하고 그 안으로 들어갔다. 왕이 오자 내시가 노하고 쫓아내면서 말했다.

"왕께서 이르신다!"

범저는 삐딱하게 말했다.

"진나라에 어찌 왕이 계시는가? 진나라에는 다만 태후와 양후만 있을 뿐이다."

그래서 진소왕에게 분노를 느끼게 하고자 했다. 진소왕이 이르러 그가 환관과 함께 다투는 말을 듣고 드디어 맞아들여서 사과했다.

"과인이 마땅히 몸으로 천명을 받은 지가 오래인데 때마침 의거義渠③의 사건이 급박해서 과인이 아침저녁으로 스스로 태후에게 청했소. 지금은 의거의 일이 끝났으니 과인이 곧 명을 받겠소.

내 어두어 민첩하지④ 못하지만 공경히 빈객 주인의 예로써 대하
겠소."

범저는 사양했다. 이날 범저가 왕을 만나는 것을 본 여러 신하
들은 깨끗이 하고⑤ 안색을 바꾸며 용모를 고치지 않는 자가 없
었다.

於是范雎乃得見於離宮① 詳爲不知永巷②而入其中 王來而宦者怒 逐
之曰 王至 范雎繆爲曰 秦安得王 秦獨有太后穰侯耳 欲以感怒昭王 昭
王至 聞其與宦者爭言 遂延迎 謝曰 寡人宜以身受命久矣 會義渠③之事
急 寡人旦暮自請太后 今義渠之事已 寡人乃得受命 竊閔然④不敏 敬執
賓主之禮 范雎辭讓 是日觀范雎之見者 群臣莫不洒然⑤變色易容者

① 離宮이궁

정의 장안 고성은 본래 진秦나라 이궁이었는데 옹주 장안 북쪽 13리
에 있다.

長安故城本秦離宮 在雍州長安北十三里也

② 永巷영항

정의 영항은 궁 안의 옥獄이다.

永巷 宮中獄也

③ 義渠의거

신주 의거義渠는 고대 국명이자 민족명이다. 의거국義渠國은 지금의 감
숙성 경양시慶陽市 서남쪽 영현寧縣 지역이 중심이었다. 중국 서북부에

존재했던 강융羌戎의 한 종족으로서 상조商朝 때 이미 존재했다. 또한 상조 및 주조周朝 때 천여 년간 존속했을 뿐만 아니라 춘추전국시대 강국으로서 진秦나라 및 위魏나라와 항쟁했다. 진소왕秦昭王 35년(서기전 272)에 진나라에게 멸망당해 사라졌다.

④ 閔然민연

색은 추탄생본에는 '혼연惛然'으로 되어 있고 惛의 발음은 '혼昏'이다. 또 이르기를 다른 판본에는 '민閔'으로 되어 있고 閔의 발음은 '민敏'이다. 민閔은 혼암昏闇과 같다.

鄒誕本作惛然 音昏 又云一作閔 音敏 閔猶昏闇也

⑤ 洒然선연

집해 서광이 말했다. "洒의 발음은 '선[先典反]'이다."

徐廣曰 洒 先典反

색은 정현이 말했다. "깨끗이 해서 삼가 존경하는 모양이다."

鄭玄曰 灑然 肅敬之貌也

진왕은 좌우를 물리쳐서 궁 안에 사람이 없게 했다. 진왕은 무릎을 꿇고① 청해서 물었다.

"선생께서는 무엇으로 과인이 바라는 것을 가르쳐 주시겠습니까?"

범저가 말했다.

"예. 예."

잠깐 있다가 진왕이 다시 무릎을 꿇고 청해 물었다.

"선생께서는 무엇으로 과인이 바라는 것을 가르쳐 주시겠습니까?"

범저가 말했다.

"예. 예."

이와 같이 세 번을 했다. 진왕은 무릎을 꿇고 말했다.

"선생께서는 끝내 과인이 바라는 것을 가르쳐 주지 않습니까?"

범저가 대답했다.

"감히 그런 것이 아닙니다. 신이 듣기에 '옛날에 여상呂尙이 주나라의 문왕文王을 만날 때, 자신은 어부가 되어서 위수渭水에서 낚시질을 할 뿐이다.'라고 했습니다. 이는 교제가 소원했기 때문입니다. (문왕이 여상을 만나서) 너무 기뻐서 태사太師로 삼고 수레에 태워 함께 돌아온 것은 그의 말이 심오했기 때문입니다. 그러므로 문왕은 여상때문에 거두어 이룬 공으로 마침내 천하의 왕이 되었습니다. 가령 문왕이 여상을 소원하게 하고 심오한 말을 함께하지 않았다면 이것은 주나라에 천자의 덕이 없는 것이니 문왕이나 무왕이 그의 왕업을 이루지 못했을 것입니다.

지금 신은 떠돌이 신하이고 왕과의 교제도 소원하지만, 원하는 바를 진언하는 것은 모두 군주의 일을 바로잡으려는 것이고 골육 사이에 처한 일들이기 때문입니다. 어리석은 충성을 바치기를 원하지만 왕의 마음을 알지 못하겠습니다. 이것이 왕께서 세 번을 질문했는데도 감히 대답하지 못한 까닭입니다.

秦王屏左右 宮中虛無人 秦王跽①而請曰 先生何以幸敎寡人 范雎曰 唯唯 有間 秦王復跽而請曰 先生何以幸敎寡人 范雎曰 唯唯 若是者三 秦

王跽曰 先生卒不幸教寡人邪 范雎曰 非敢然也 臣聞昔者呂尙之遇文
王也 身爲漁父而釣於渭濱耳 若是者 交疏也 已說而立爲太師 載與俱
歸者 其言深也 故文王遂收功於呂尙而卒王天下 鄕使文王疏呂尙而不
與深言 是周無天子之德 而文武無與成其王業也 今臣羈旅之臣也 交
疏於王 而所願陳者皆匡君之事 處人骨肉之間 願效愚忠而未知王之心
也 此所以王三問而不敢對者也

① 跽기

색은 跽의 발음은 '기[其紀反]'이다. 기跽는 장궤長跪이며 양쪽 무릎을
땅에 의지하는 것이다.

音其紀反 跽者 長跪 兩䣛枝地

신주 장궤는 양쪽 무릎을 땅에 대고 엉덩이는 발에 닿지 않는 것을 뜻
한다.

신이 두려워 감히 말씀드리지 않는 것은 아닙니다. 신이 오늘 앞
에서 말씀을 드리면 내일 돌아서서 형벌을 받아 죽을 것을 알지
만 신은 감히 피하지 않겠습니다. 대왕께서 진실로 신의 말을 실
행하신다면 죽음도 신의 근심으로 여기기엔 부족하고, 쫓겨나는
것도 신의 걱정으로 여기기엔 부족합니다. 몸에 옻칠을 하고 문
둥병 환자①가 되거나 머리를 풀어 헤쳐 미치광이가 되어도 신의
치욕으로 여기기엔 부족합니다.

또 오제五帝 같은 성군들도 죽었고 삼왕三王(하, 은, 주의 개국 시조) 같은 어진 임금들도 죽었고 오패五伯(춘추시대 패자) 같은 현명한 제후들도 죽었습니다. 오획烏獲이나 임비任鄙 같은 힘이 있는 자들도 죽었고 성형成荊[2]과 맹분孟賁[3]과 왕경기王慶忌[4]와 하육夏育[5] 같은 용맹한 자들도 모두 죽었습니다. 죽음이란 사람이 반드시 면하지 못하는 것입니다. 그러한 형세에 처하여 조금이나마 진나라에 보탬이 있을 수 있다면 이것은 신이 크게 원하는 바입니다. 신이 또 어찌 근심하겠습니까?

오자서는 자루에 담겨 소관昭關을 빠져나갔는데 밤에는 다니고 낮에는 숨어서 능수陵水[6]에 이르렀을 때는 그의 입을 풀칠할 음식도 없었습니다. 그리하여 무릎으로 기어서 다니고 땅에 엎드려 머리를 조아리며 어깨를 드러내고 배를 두드리기도 하고 퉁소[7]를 불며 오나라 시장에서 빌어먹었습니다.

臣非有畏而不敢言也 臣知今日言之於前而明日伏誅於後 然臣不敢避也 大王信行臣之言 死不足以爲臣患 亡不足以爲臣憂 漆身爲厲[1] 被髮爲狂不足以爲臣恥 且以五帝之聖焉而死 三王之仁焉而死 五伯之賢焉而死 烏獲任鄙之力焉而死 成荊[2]孟賁[3]王慶忌[4]夏育[5]之勇焉而死 死者 人之所必不免也 處必然之勢 可以少有補於秦 此臣之所大願也 臣又何患哉 伍子胥槖載而出昭關 夜行晝伏 至於陵水[6] 無以餬其口 都行蒲伏 稽首肉袒 鼓腹吹篪[7] 乞食於吳市

① 漆身爲厲칠신위라

색은 厲의 발음은 '뢰賴'이다. 라厲는 문둥병이다. 옻을 몸에 바르면 종기가 나서 문둥병과 같게 된다는 말이다.

音賴 癩病也 言漆塗身 生瘡如病癩

② 成荊성형

집해 서광이 말했다. "다른 판본에는 '강강羌'으로 되어 있다."

徐廣曰 一作羌

③ 成荊孟賁성형맹분

집해 허신이 말했다. "성형은 옛날 용사이다. 맹분은 위衞나라 사람이다."

許愼曰 成荊 古勇士 孟賁 衞人

④ 王慶忌왕경기

집해 《오월춘추》에서 말한다. "오吳왕 요僚의 아들 경기이다."

吳越春秋曰 吳王僚子慶忌

⑤ 夏育하육

집해 《한서음의》에서 말한다. "어떤 이는 이르기를 하육은 위衞나라
사람이고 천균千鈞을 드는 힘이 있다고 한다."

漢書音義曰 或云夏育 衞人 力擧千鈞

⑥ 陵水능수

색은 유씨가 말했다. "능수陵水는 곧 율수栗水이다." 살펴보니 능陵과
율栗은 발음이 서로 비슷하므로 그런 것 같다.

劉氏云 陵水卽栗水也 按 陵栗聲相近 故惑也

⑦ 簁지

집해 서광이 말했다. "다른 판본에는 '소簫'로 되어 있다."

徐廣曰 一作簫

마침내 (오자서는) 오나라를 일으키고 합려闔閭를 패자로 만들었습니다. 신으로 하여금 오자서처럼 계책을 다하게 해주신다면, 깊숙한 감옥에 갇혀서 종신토록 다시 뵙지 못한다고 하더라도, 곧 신의 말이 실행되는 것이니 신이 또 무엇을 근심하겠습니까? (은나라 사람) 기자箕子와 (초나라 사람) 접여接輿는 몸에 옻칠을 하고 문둥병 환자가 되고 머리를 풀어 헤치고 미치광이가 되었지만 군주에게는 도움이 없었습니다.

가령 신으로 하여금 기자와 같은 행동을 하게 해서 어진 군주가 되는데 보탬이 된다면 이것은 신의 크나큰 영광이니 신이 무엇을 부끄러워하겠습니까? 신이 두려워하는 바는 다만 신이 죽은 뒤에 천하에서 신이 충성을 다하고도 죽임 당하는 것을 보고 이로 인해 입을 다물고 발걸음을 멈춰서 진나라로 향하는 것을 즐기지 않는 것일 뿐입니다.

족하께서는 위로는 태후의 엄격함을 두려워하시고 아래로는 간신들의 아첨하는 태도①에 현혹되고 깊은 궁 안에 살면서 아보阿保(보모 또는 가까운 신하)의 손아귀에서 벗어나지 못하시고 종신토록 미혹되어 함께 그 간사한 것을 밝혀내지 못하신다면,② 이것이 크게는 종묘를 전복시켜 없애고 작게는 자신을 고립시켜 위태해질 것이니, 이것을 신이 두려워할 따름입니다. 무릇 곤궁해지거나 치욕을 당하거나 죽거나 도망쳐야 할 근심 따위는 신이 감히 두려워하지 않습니다. 신이 죽어서라도 진나라가 잘 다스려진다면 이는 신의 죽음은 살아있는 것보다 낫습니다.

卒興吳國 闔閭爲伯 使臣得盡謀如伍子胥 加之以幽囚 終身不復見 是臣之說行也 臣又何憂 箕子接輿漆身爲厲 被髮爲狂 無益於主 假使臣得同行於箕子 可以有補於所賢之主 是臣之大榮也 臣有何恥 臣之所恐者 獨恐臣死之後 天下見臣之盡忠而身死 因以是杜口裹足 莫肯鄉秦耳 足下上畏太后之嚴 下惑於姦臣之態① 居深宮之中 不離阿保之手 終身迷惑 無與昭姦② 大者宗廟滅覆 小者身以孤危 此臣之所恐耳 若夫窮辱之事 死亡之患 臣不敢畏也 臣死而秦治 是臣死賢於生

① 姦臣之態간신지태

[색은] 살펴보니 태態는 간신이 아첨하고 속이는 뜻을 이른다.

按 態謂姦臣諂詐之志也

② 無與昭姦무여소간

[정의] 소昭는 명明이다. 그 간악스러운 것을 함께 밝힘이 없는 것이다.

昭 明也 無與明其姦惡

진왕이 무릎을 꿇고 말했다.

"선생께서 이 무슨 말씀을 하십니까? 대저 진나라는 외지고 멀리 떨어져 있는 곳이고 과인은 어리석고 불초不肖한데도 선생이 다행히 수고스럽게 이곳에 이르렀습니다. 이것은 하늘이 과인에게 선생을 수고스럽게[1] 해서 선왕의 종묘를 보존케 하신 것입니다. 과인이 선생에게 명을 받게 한 것은 하늘이 선왕先王들을 아끼신 것이고, 과인을 버리지 않는 것입니다. 선생께서는 무슨 말씀을 이와 같이 하십니까? 일이 크고 작고를 따지지 말고 위로는 태후께 이르고 아래로는 대신들에게 이르기까지 선생께서 모두 과인을 가르치기를 바라니, 과인을 의심하지 마십시오."

범저가 절을 올리자 진왕도 또한 절을 했다.

秦王跽曰 先生是何言也 夫秦國辟遠 寡人愚不肖 先生乃幸辱至於此 是天以寡人恩先生[1]而存先王之宗廟也 寡人得受命於先生 是天所以幸先王 而不棄其孤也 先生奈何而言若是 事無小大 上及太后 下至大臣 願先生悉以敎寡人 無疑寡人也 范雎拜 秦王亦拜

① 寡人恩先生과인혼선생

[집해] 서광이 말했다. "선생을 어지럽히는 것이다. 恩의 발음은 '혼溷'이다."

徐廣曰 亂先生也 音溷

[색은] 恩과 위 주석의 溷의 발음은 모두 '혼[胡困反]'이다. 혼恩은 어지러움에 빠진다는 뜻과 같다.

恩及注溷字竝胡困反 恩猶汨亂之意

범저가 말했다.

"대왕의 나라는 사방이 요새로 견고합니다. 북쪽으로는 감천甘泉과 곡구谷口[1]가 있습니다. 남쪽으로는 경수涇水와 위수渭水가 둘러 있습니다. 오른쪽에는 농隴과 촉蜀이 있고 왼쪽에는 함곡관과 효판崤阪이 있습니다. 분발하여 나가 싸우는 군사가 백만이고 전차가 1,000승입니다. 이로우면 나가서 공격하고 불리하면 들어와 지키는 곳이니 이는 왕자王者의 땅입니다. 백성은 사사로운 다툼에는 겁이 많지만 공적인 전투에는 용감합니다. 이것이 왕자들의 백성입니다. 왕께서는 이 두 가지를 아울러 두셨습니다.

대저 진나라 군사들의 용맹이나 전차와 기마병의 많은 것으로 제후들을 다스리는 것은 비유컨대 명견 한로韓盧를 풀어서 절름거리는 토끼를 잡는 것과 같은 것으로[2] 패왕霸王의 업에 이를 만 합니다. 그러나 여러 신하들이 그 지위에 적당하지 못합니다. 지금까지 15년이나 관문을 닫아걸어 감히 군사들이 산동을 엿보지도 못하게 하고 있습니다. 이는 양후穰侯가 진나라를 위해 계책을 내는 것이 충성스럽지 않고 대왕의 계책에도 잘못이 있었기 때문입니다."

진왕이 무릎을 꿇고 말했다.

"과인은 원컨대 잘못된 계책을 듣고자 합니다."

范雎曰 大王之國 四塞以爲固 北有甘泉谷口[1] 南帶涇渭 右隴蜀 左關阪 奮擊百萬 戰車千乘 利則出攻 不利則入守 此王者之地也 民怯於私鬪而勇於公戰 此王者之民也 王幷此二者而有之 夫以秦卒之勇 車騎

之衆 以治諸侯 譬若施韓盧而搏蹇兔也② 霸王之業可致也 而群臣莫當
其位 至今閉關十五年 不敢窺兵於山東者 是穰侯爲秦謀不忠 而大王
之計有所失也 秦王跽曰 寡人願聞失計

① 甘泉谷口감천곡구

[정의] 《괄지지》에서 말한다. "감천산은 일명 고원鼓原이라 하는데 세속
의 명칭은 마석령磨石嶺이라고 한다. 옹주雍州 운양현雲陽縣 서북쪽 90리
에 있다. 《관중기》에서 '감천궁은 감천산 위에 있고 연대가 오래되어 다
시 감천의 명칭이 없어서 그의 실질을 잃었다. 궁의 북쪽에는 연산連山이
있는데 토착인들이 마석령이라고 이른다.'라고 했다. 《한서》〈교사지〉에
서 공손경公孫卿이 말하기를 '황제黃帝가 한문寒門에서 신선이 되는 것을
얻었는데, 한문이란 곡구谷口이다.'라고 했다. 살펴보니 구종산의 서쪽을
곡구谷口라고 이르는데 곧 옛 한문이다. 옹주 예천현醴泉縣 동북쪽 40리
에 있다."

括地志云 甘泉山一名鼓原 俗名磨石嶺 在雍州雲陽縣西北九十里 關中記云 甘
泉宮在甘泉山上 年代永久 無復甘泉之名 失其實也 宮北云有連山 土人爲磨石
嶺 郊祀志公孫卿言黃帝得仙寒門 寒門者 谷口也 按 九嵏山西謂之谷口 卽古
寒門也 在雍州醴泉縣東北四十里

② 韓盧而搏蹇兔也한로이박건토야

[색은] 《전국책》에서 말한다. "한로韓盧는 천하의 씩씩한 개이다." 이를
한韓나라에서는 개를 '노盧'라고 부른다. 한로를 풀어서 절뚝거리는 토끼
를 잡는다고 하는 것은 진나라를 강성한 것에 비유해서 제후들을 취하

는 것이 쉽다는 말을 이른다.

戰國策云 韓盧者 天下之壯犬也 是韓呼盧爲犬 謂施韓盧而搏蹇兔 以喩秦彊
言取諸侯之易

그러나 좌우에서 몰래 엿듣는 자가 많다는 것을 느끼고 범저는
두려워서 감히 국내의 일을 말하지 않고 먼저 국외의 일을 말하
면서 진왕의 행동을 살폈다. 이어 앞으로 나아가서 말했다.

"대저 양후가 한나라와 위나라 국경을 넘어서 제나라 강綱과
수壽를 공격한 것은 계책이 아닐 것입니다. 군사를 적게 내보내
면 제나라를 손상시키는데 부족하고 군사를 많게 내보내면 진
나라에 해가 됩니다. 신이 왕의 계책을 헤아려보면 군사를 적게
출동시키면서 한나라와 위나라 군사를 모두 동원하고자 하는
것인데, 이는 의義가 아닙니다. 지금 동맹한 국가와 친하지 않은
것을 보고 남의 나라를 건너서 공격하려 하는 것이 옳겠습니까?
그 계책은 치밀하지 못합니다.

또 옛날 제나라 민왕湣王은 남쪽으로 가서 초나라를 공격하여 군
대를 쳐부수고 장군을 살해하여 거듭 1,000여 리의 땅을 넓혔습
니다.[1] 그러나 제나라에서 한 치의 땅도 얻지 못한 것은 어찌 땅
을 얻으려고 하지 않았기 때문이겠습니까? 형세가 가질 수 없었
기 때문입니다. 제후들은 제나라가 피폐해지고 군주와 신하가 화
목하지 못한 것을 보고 군사를 일으켜 제나라를 정벌하여 크게
쳐부수었습니다.[2]

然左右多竊聽者 范雎恐 未敢言內 先言外事 以觀秦王之俯仰 因進曰
夫穰侯越韓魏而攻齊綱壽 非計也 少出師則不足以傷齊 多出師則害於
秦 臣意王之計 欲少出師而悉韓魏之兵也 則不義矣 今見與國之不親
也 越人之國而攻 可乎 其於計疏矣 且昔齊湣王南攻楚 破軍殺將 再辟
地千里[1] 而齊尺寸之地無得焉者 豈不欲得地哉 形勢不能有也 諸侯見
齊之罷獘 君臣之不和也 興兵而伐齊 大破之[2]

① 再辟地千里재벽지천리

[정의] 辟의 발음은 '척[尺亦反]' 또는 '픽[疋亦反]'이다.

辟 (尺)〔疋〕亦反

[신주] 벽辟의 뜻은 연다는 것이다.

② 伐齊 大破之벌제 대파지

[신주] 진나라가 주도하여 연나라 장수 악의樂毅를 필두로 6국이 제나
라를 대거 공격한 진나라 소양왕 22~23년(서기전 285~서기전 284)의 사건
을 말한다. 앞서 제나라가 공격하여 차지한 땅은 초나라가 아니라 송宋
나라이며, 제나라는 송나라를 멸했다. 제나라가 무너진 뒤에, 초나라가
송나라 땅을 대부분 차지했기에 범저는 '초나라 땅'이란 표현을 한 것으
로 보인다.

장수들은 치욕스러워했고 병사는 무너져 모두 그 왕에게 허물을 돌려서 '누가 이러한 계획을 세웠습니까?'라고 묻자 왕은 '문자文子①가 그렇게 만들었다.'고 했습니다. 이에 대신들이 난을 일으키자 문자文子는 달아났습니다. 그러므로 제나라가 크게 무너진 것은 그들이 초나라를 정벌하여 한나라와 위나라를 살찌우게 했기 때문입니다. 이것이 이른바 도적에게 병기를 빌려주고② 도둑에게 식량을 대주는③ 것입니다.

왕께서는 먼 나라와 사귀고 가까운 나라를 공격하는 것만 같지 못할 것입니다. 한 치의 땅을 얻으면 곧 한 치가 왕의 땅이 되고 한 자의 땅을 얻으면 또한 한 자가 왕의 땅의 되는 것입니다. 지금 이러한 것을 제쳐두고 먼 곳을 공격하는 일이 잘못된 것이 아니겠습니까? 또 옛날 중산국中山國의 땅은 사방이 500리였는데 조나라에서 홀로 삼켜 공을 이루어 명성을 세우고 이익까지 챙겼지만 천하에서는 해치지 못했습니다. 지금 한나라와 위나라는 중원에 위치해 있어서 천하의 중추이니 왕께서 패자가 되고자 한다면 반드시 중원의 나라와 친해져 천하의 중추가 되어서 초나라와 조나라에 위세를 떨쳐야 합니다.

초나라가 강해지면 조나라가 붙을 것이고 조나라가 강해지면 초나라가 붙을 것인데, 초나라와 조나라가 모두 붙으면 제나라는 반드시 두려워할 것입니다. 제나라가 두려워하면 반드시 겸손한 말과 두터운 폐백으로 진나라를 섬길 것입니다. 제나라가 붙으면 한나라와 위나라는 이에 따라 사로잡을 수 있을 것입니다."

士辱兵頓 皆咎其王 曰 誰爲此計者乎 王曰 文子爲之^① 大臣作亂 文子
出走 攻齊所以大破者 以其伐楚而肥韓魏也 此所謂借賊兵^②而齎盜糧
者也^③ 王不如遠交而近攻 得寸則王之寸也 得尺亦王之尺也 今釋此而
遠攻 不亦繆乎 且昔者中山之國地方五百里 趙獨吞之 功成名立而利
附焉 天下莫之能害也 今夫韓魏 中國之處而天下之樞也 王其欲霸 必
親中國以爲天下樞 以威楚趙 楚彊則附趙 趙彊則附楚 楚趙皆附 齊必
懼矣 齊懼 必卑辭重幣以事秦 齊附而韓魏因可虜也

① 文子爲之문자위지

색은 (문자는) 전문田文을 이르는데 곧 맹상군이다. 《전국책》에서 전분田肦,
전영田嬰을 일러 분자肦子, 영자嬰子로 하는 그러한 것과 같은 것이다.

謂田文 卽孟嘗君也 猶戰國策謂田肦田嬰爲肦子嬰子然也

② 借賊兵차적병

색은 借의 발음은 '자[子夜反]'이다. 적賊은 다른 판본에는 '적籍'으로 되
어 있으며 발음 또한 같다.

借音子夜反 一作籍 音亦同

③ 齎盜糧者也제도양자야

색은 齎의 발음은 '채[側奚反]'이다. 도적에게 식량을 대준다는 말이다.

齎音側奚反 言爲盜齎糧也

진소왕이 말했다.

"나는 위나라와 친하게 지내고자 한 지가 오래였는데 위나라는 변화가 많은 나라라 과인은 친하게 지낼 수 없습니다. 청컨대 위나라와 친하게 지내려고 하면 어찌해야 합니까?"

범저가 대답했다.

"왕께서는 겸손한 말과 두터운 폐백으로 섬기시고, 그래도 안 되면 땅을 나누어 뇌물로 주고, 그래도 불가하다면 군사를 일으켜 정벌해야 합니다."

진왕이 말했다.

"과인이 공경히 명을 받들겠습니다."

이에 범저를 제수해서 객경客卿으로 삼고 군사의 일을 모의했다. 마침내 범저의 계책을 듣고 오대부五大夫 관綰을 시켜서 위나라를 정벌하여 회懷 땅을 빼앗았다.^① 2년 뒤에 형구邢丘^②를 빼앗았다.

昭王曰 吾欲親魏久矣 而魏多變之國也 寡人不能親 請問親魏奈何 對曰 王卑詞重幣以事之 不可 則割地而賂之 不可 因擧兵而伐之 王曰 寡人敬聞命矣 乃拜范雎爲客卿 謀兵事 卒聽范雎謀 使五大夫綰伐魏 拔懷^① 後二歲 拔邢丘^②

① 拔懷발회

집해 서광이 말했다. "진소왕 39년이다."

徐廣曰 昭王三十九年

② 邢丘형구

신주 〈육국연표〉에는 늠구廩丘로 〈위세가〉에는 처구鄘丘로 되어 있다. 〈지리지〉에서는 처구의 위치를 여남군汝南郡 신처현新鄘縣으로 기록하고 있다. 처구는 위나라 남쪽이지만 당시는 초나라 수도 진陳의 동남쪽이며 초나라 땅이므로 가능성이 없다. 늠구는 위나라 한참 동쪽이고 오히려 조나라나 제나라 영역이므로 역시 가능성이 작다. 여기 기록대로, 형구邢丘가 맞을 것이다.

객경 범저는 다시 진소왕을 설득해 말했다.

"진나라와 한나라 지형은 서로 얽혀있는 것이 마치 수를 놓은 것과 같습니다. 진나라에 한나라가 있는 것은 비유하면 마치 나무에 좀벌레①가 있는 것이나 사람의 뱃속에 질병이 있는 것과 같습니다. 천하에 변화가 없으면 그만이지만 천하에 변화가 있으면 그것이 진나라의 근심거리가 되는 것이니 무엇이 한나라보다 크겠습니까? 왕께서는 한나라를 거두어 들이는 것만 같지 못할 것입니다."

진소왕이 말했다.

"나는 진실로 한나라를 거두어 들이고자 하는데 한나라에서 듣지 않으니 어떻게 해야 하겠습니까?"

범저가 대답했다.

"한나라에서 어찌 듣지 않겠습니까? 왕께서 군사를 내려 형양滎陽을 공격하면 공鞏과 성고成皐의 길이 통하지 않게 됩니다.② 북쪽으로 태항산太行山의 길을 차단하면 상당上黨의 군사가 내려오지 못하게 됩니다.③ 왕께서 한 번 군사를 일으켜 형양을 공격하면 그 나라는 단절되어 세 토막이 될 것입니다.[④] 무릇 한나라가 반드시 멸망할 듯이 보이는데 어찌 듣지 않겠습니까? 만약 한나라가 (왕의 말을) 듣게 된다면 패왕의 일을 이에 따라 헤아려볼 수 있을 것입니다."

진왕이 말했다.

"좋은 말씀이오."

또 사신을 한나라에 보내고자 했다.

客卿范雎復說昭王曰 秦韓之地形 相錯如繡 秦之有韓也 譬如木之有蠹也[①] 人之有心腹之病也 天下無變則已 天下有變 其爲秦患者孰大於韓乎 王不如收韓 昭王曰 吾固欲收韓 韓不聽 爲之奈何 對曰 韓安得無聽乎 王下兵而攻滎陽 則鞏成皐之道不通[②] 北斷太行之道 則上黨之師不下[③] 王一興兵而攻滎陽 則其國斷而爲三[④] 夫韓見必亡 安得不聽乎 若韓聽 而霸事因可慮矣 王曰 善 且欲發使於韓

① 木之有蠹也목지유두야

정의 蠹의 발음은 '두妬'이다. 기둥을 파먹는 벌레이다.

音妬 (石)〔蝕〕柱蟲

② 成皐之道不通성고지도불통

정의 의양宜陽, 섬陝, 괵虢의 군사가 내려가서 서로 구제하는 것을 얻지 못한다는 말이다.

言宜陽陝虢之師不得下相救

신주 서쪽의 한나라 군사가 동쪽으로 가지 못한다는 뜻이다.

③ 上黨之師不下상당지사불하

정의 택澤, 노潞의 군사가 태항산으로 내려가 서로 구제하지 못한다는
말이다.

言澤潞之師不得下太行相救

신주 북쪽의 한나라 군사가 남쪽으로 가지 못한다는 뜻이다.

④ 國斷而爲三국단이위삼

정의 신정新鄭의 이남이 하나이고 의양宜陽이 둘이고 택주와 노주(둘은
상당군 일대)가 셋이다.

新鄭巳南一 宜陽二 澤潞三

범저는 날로 왕과 친해져서 다시 그 말이 쓰인 것이 여러 해가 되
었다. 이로 인해 한가한 틈①을 청해서 설득해서 말했다.

"신이 산동山東에 살 때 제나라에는 전문田文이 있다는 말은 들
었어도 그 왕이 있다는 소리는 듣지 못했습니다. 진나라에는 태
후와 양후와 화양군과 고릉군과 경양군이 있다는 소리는 들었
지만 왕이 있다는 소리는 듣지 못했습니다. 대저 국가를 마음대
로 하는 것을 왕이라 하고, 이롭게도 할 수 있고 해롭게도 할 수
있는 사람을 왕이라 하며, 죽이거나 살리는 권위를 통제하는 사
람을 왕이라 합니다. 지금 태후는 멋대로 행하시는데, 돌아보
지 않으시고 양후는 사신으로 나갔다가 (돌아와서도) 보고하지 않
으며, 화양군이나 경양군 등은 공격하고 결단하는 데에 꺼림이

없고,② 고릉군은 나아가고 물러나는 것을 주청하지 않고 있습니다.

范雎日益親 復說用數年矣 因請閑①說曰 臣居山東時 聞齊之有田文 不聞其有王也 聞秦之有太后穰侯華陽高陵涇陽 不聞其有王也 夫擅國之謂王 能利害之謂王 制殺生之威之謂王 今太后擅行不顧 穰侯出使不報 華陽涇陽等擊斷無諱② 高陵進退不請

① 閑한

정의 閑의 발음은 '한閑'이다.

閑音閑

② 無諱무휘

집해 휘諱는 꺼리는 것이다.

諱 畏也

색은 무휘는 꺼림이 없음과 같다.

無諱猶無畏也

4명의 귀인과 한 무리가 되어서 나라가 위태롭지 않았던 적이 없었습니다. 이 4명의 귀인의 아래에 있게 되면 이른바 왕이 없다고 하는 것입니다. 그런즉 권력이 어찌 기울어지지 않을 것이며, 명령이 어찌 왕에게서 나오겠습니까? 신이 듣기에 '국가를 잘 다스리는 자는 안으로는 그 위엄을 굳게 하고 밖으로는 그 권세를 무겁게 하는 것이다.'라고 했습니다.

양후의 사자가 대왕의 권위를 가지고 제후들의 땅을 나누고 마음대로 부절을 쪼개서 군대를 징발하여 적을 치고[1] 나라를 정벌하니 감히 (그의 말을) 듣지 않는 자가 없습니다. 또 싸워서 승리하고 공격해서 빼앗으면 이익은 (양후의 영지인) 도陶 땅으로 돌렸으며 국사를 결단하여 제후들을 통제하는[2] 것입니다. 싸움에서 패하면 백성들의 원망이 모여 그 재앙은 사직으로 돌아옵니다. 《시詩》에 이르기를 '나무의 열매가 번성하면 그 가지가 쪼개지고[3] 그 가지가 쪼개지면 그 중심이 상하게 된다. 그의 도읍이 커지면 그 국가가 위태롭고 그 신하가 높아지면 그 군주는 낮아진다.'라고 했습니다.

최저崔杼와 요치淖齒는 제나라를 전담하여[4] (최저는) 제장공齊莊公의 허벅지를 쏘고 (요치는) 제민왕齊湣王의 힘줄을 뽑아[5] 사당의 대들보에 매달아 하룻밤을 지새우게 해 죽였습니다. 이태李兌는 조나라를 전담하여 주부主父(조무령왕)를 사구沙丘[6]에 가두어 100일 만에 굶주려 죽게 했습니다.

四貴備而國不危者 未之有也 爲此四貴者下 乃所謂無王也 然則權安得不傾 令安得從王出乎 臣聞善治國者 乃內固其威而外重其權 穰侯使者操王之重 決制於諸侯 剖符於天下 政適[1]伐國 莫敢不聽 戰勝攻取 則利歸於陶 國獘御於諸侯[2] 戰敗則結怨於百姓 而禍歸於社稷 詩曰 木實繁者披其枝[3] 披其枝者傷其心 大其都者危其國 尊其臣者卑其主 崔杼淖齒管齊[4] 射王股 擢王筋[5] 縣之於廟梁 宿昔而死 李兌管趙 囚主父於沙丘[6] 百日而餓死

① 政適정적

집해 서광이 말했다. "政適의 발음은 '정적征敵'이다."

徐廣曰 音征敵

② 國斃御於諸侯국폐어어제후

색은 살펴보니 폐斃는 '단斷'(결단하다)이다. 어御는 '제制'(통제하다)이다. 양후가 권력을 가지고 제후들에게 군주의 결단으로 제어한다는 말이다.

按 斃者 斷也 御 制也 言穰侯執權 以制御主斷於諸侯也

신주 제후 신분인 양후가 진나라 왕의 권력을 가지고 진나라를 통제한다는 말이다.

③ 披其枝피기지

정의 披의 발음은 '피[片被反]'이다.

披音片被反

④ 崔杼淖齒管齊최저요치관제

색은 요淖는 성姓이다. 淖의 발음은 '뇨[泥敎反]'이다. 한漢나라에는 요희淖姬가 있으니 이것이다. 고유는 "관管은 전담하는 것이다."라고 했는데, 최저와 요치 두 사람이 제나라 권력을 전담하여 시역弑逆(윗 사람을 죽이는 것)을 행했다는 말이다.

淖 姓也 音泥敎反 漢有淖姬是也 高誘曰 管 典也 言二人典齊權而行弑逆也

정의 요치는 초나라 사람인데 제나라 민왕의 신하가 되었다.

淖齒 楚人 齊湣王臣

신주 제나라를 공격한 6국 연합에서 초나라가 이탈하고 초경양왕이 초나라 장수 요치에게 군사를 거느리게 하고 제나라로 가서 위기에 빠진 제나라를 구원하였다.

⑤ 射王股 擢王筋 사왕고 탁왕근

[색은] 살펴보니 '왕의 허벅지를 쏘고'라고 한 말은 잘못이다. 최저는 제 장공齊莊公의 허벅지를 쏘았고, 요치는 제민왕齊湣王의 힘줄을 뽑았다고 하여, 이 두 군주의 변고를 설명한 것이다.

按 言射王股 誤也 崔杼射莊公之股 淖齒擢湣王之筋 是說二君事也

⑥ 沙丘 사구

[정의] 사구대는 형주邢州 평향현平鄕縣 동북쪽 30리에 있다.

沙丘臺在邢州平鄕縣東北三十里

지금 신이 듣기에 '진나라 태후와 양후가 권력을 장악하고 고릉 군과 화양군과 경양군이 보좌해서 마침내 진왕은 없다.'고 하는데 이 또한 요치와 이태의 무리입니다. 또 대저 삼대三代의 나라가 멸 망한 것은 군주가 정권을 대신에게 주어 술 마시고 말달리며 사 냥하기에 빠져 정사를 돌보지 않았기 때문입니다. 그 정권을 받은 자가 어진 이를 시기하고 능력 있는 이를 질투하며 아랫사람을 누 르고 윗사람을 가려서 그의 사사로운 것을 성취하고 군주를 위한 계책을 꾀하지 않는데도 군주는 깨닫지 못했기 때문에 그의 국가 를 잃었습니다. 지금 녹봉을 받는 자로써 위로는 여러 대신들과 아래로는 왕의 측근에 이르기까지 상국(양후)의 사람이 아닌 자가 없습니다. 왕을 보자면 홀로 조정에서 고립되어 있습니다. 신이 간절히 왕을 위해 두려워하는 것은 만세 뒤에 진나라를 가지는 자는 왕의 자손이 아닐 것이라는 점입니다."

진소왕이 듣고 크게 두려워하여 말했다.

"좋은 말씀이오."

이에 태후를 폐하고 양후와 고릉군과 회양군과 경양군을 관(關) 밖으로 내쫓았다. 진왕은 범저를 제수해서 재상으로 삼고 양후의 재상 인수를 거두어 도(陶) 땅으로 돌아가게 했다. 이어 현의 관리를 시켜서 짐을 실어갈 소와 수레를 공급하게 했는데, 1,000대가 넘었다. 관문에 도착하자 함곡관의 관리가 그의 귀중품을 검열했는데, 보물이나 진귀하고 괴이한 것들이 왕실보다 많았다. 진나라는 범저를 응(應) 땅[①]에 봉하고 호칭을 응후(應侯)라고 했다. 이때가 진소왕 41년(서기전 266)이다.

今臣聞秦太后穰侯用事 高陵華陽涇陽佐之 卒無秦王 此亦淖齒李兌之類也 且夫三代所以亡國者 君專授政 縱酒馳騁弋獵 不聽政事 其所授者 妒賢嫉能 御下蔽上 以成其私 不爲主計 而主不覺悟 故失其國 今自有秩以上至諸大吏 下及王左右 無非相國之人者 見王獨立於朝 臣竊爲王恐 萬世之後 有秦國者非王子孫也 昭王聞之大懼曰 善 於是廢太后 逐穰侯高陵華陽涇陽君於關外 秦王乃拜范雎爲相 收穰侯之印 使歸陶 因使縣官給車牛以徙 千乘有餘 到關 關閱其寶器 寶器珍怪多於王室 秦封范雎以應[①] 號爲應侯 當是時 秦昭王四十一年也

① 應응

범저를 응應 땅에 봉한 것이다. 살펴보니 유씨는 "하동군河東郡 임진현臨晉縣에 응정應亭이 있다."고 했으니, 곧 진나라 땅에 응應 땅이 있는 것이다. 또 살펴보니 〈진본기〉에서는 응應 땅으로써 태후의 양지養地로 삼았다고 했는데 해설한 자는 '영천군潁川郡에 응향應鄕이 있다.'고 일렀으니 무엇이 옳은지 모르겠다.

封范雎於應 案 劉氏云 河東臨晉縣有應亭 則秦地有應也 又案 本紀以應爲太后養地 解者云 在潁川之應鄕 未知孰是

《괄지지》에서 말한다. "옛 응성은 여주汝州 노산현魯山縣 동쪽 40리에 있다."

括地志云 故應城 在汝州魯山縣東四十里也

제2장

원수에게 복수한 범저

범저는 이미 진나라 재상이 되었으나 진나라에서는 장록張祿이라 부르고 있었으므로 위나라는 알지 못했다. 범저가 이미 죽은 지 오래된 것으로 여겼다. 위나라는 진秦나라가 또 동쪽으로 가서 한나라와 위나라를 정벌한다는 소문을 듣고, 위나라는 수가須賈를 진나라에 사신으로 보냈다. 범저는 이 소식을 듣고 미행微行하면서 떨어진 옷을 입고 한가하게 걸어서 객관의 관저①에 이르러 수가를 만났다. 수가가 보고 깜짝 놀라 말했다.

"범숙范叔은 진실로 무탈했는가?"

범저가 말했다.

"그렇습니다."

수가가 웃으며 말했다.

"범숙은 진나라에서 유세를 하고 있습니까?"

범저가 말했다.

"아닙니다. 저는 지난날 위나라 재상에게 죄를 얻었습니다. 그래서 도망쳐 이곳으로 왔는데 어찌 감히 유세를 하겠습니까?"

수가가 말했다.

"범숙은 지금 무슨 일을 합니까?"

범저가 말했다.

"신은 남의 품팔이를 하고 있습니다."

范雎既相秦 秦號曰張祿 而魏不知 以爲范雎已死久矣 魏聞秦且東伐韓魏 魏使須賈於秦 范雎聞之 爲微行 敝衣閑步之邸^① 見須賈 須賈見之而驚曰 范叔固無恙乎 范雎曰 然 須賈笑曰 范叔有說於秦邪 曰 不也雎前日得過於魏相 故亡逃至此 安敢說乎 須賈曰 今叔何事 范雎曰 臣爲人庸賃

① 邸저

[정의] 유씨가 말했다. "여러 나라의 객관이다."

劉云 諸國客館

수가는 애처롭게 여겨 머물게 해서 함께 앉아 음식을 먹으며 말했다.

"범숙이 이렇게 고생을 한단 말인가!"

이에 비단 깁옷^① 한 벌을 주었다. 수가는 이어서 물었다.

"진나라 재상인 장군張君(장록)을 공께서는 알고 있소? 내가 듣자니 왕에게 총애를 받고 천하의 일은 모두 상군相君이 결정한다고 합니다. 지금 내 일의 거취去取가 장군張君에게 달려 있소. 유자孺子^②에게 어찌 상군을 잘 아는 객이 있겠는가?"

범저가 말했다.

"주인께서 친근한 자를 잘 알고 계십니다. 오직 저만 또한 배알할 수 있으니 제가 장군張君에게 군君을 만나보도록 청해보겠습니다."

수가가 말했다.

"나의 말은 병들었고 수레의 굴대는 부러졌소. 네 마리 말이 끄는 큰 수레가 아니면 나는 정말 외출하지 못하오."

범저가 말했다.

"원한다면 군君을 위해 네 마리 말이 끄는 큰 수레를 주인에게 빌려 오겠습니다."

須賈意哀之 留與坐飮食 曰范叔一寒如此哉 乃取其一綈袍以賜之^① 須賈因問曰 秦相張君 公知之乎 吾聞幸於王 天下之事皆決於相君 今吾事之去留在張君 孺子^②豈有客習於相君者哉 范雎曰 主人翁習知之 唯雎亦得謁 雎請爲見君於張君 須賈曰 吾馬病 車軸折 非大車駟馬 吾固不出 范雎曰 願爲君借大車駟馬於主人翁

① 綈袍以賜之제포이사지

[색은] 살펴보니 제綈는 두꺼운 비단이다. 綈의 발음은 '제啼'인데 대개 지금의 명주이다.

按 綈 厚繒也 音啼 蓋今之絁也

[정의] 지금의 거친 도포이다.

今之麤袍

② 孺子유자

유씨가 말했다. "아마 범저를 하찮은 사람으로 여겨서 이른다."

劉氏云 蓋謂雎爲小子也

범저는 돌아가서 네 마리 말이 끄는 큰 수레를 가지고 와 수가를 위해 수레를 몰아서 진나라 재상부宰相府로 들어갔다. 재상부에 있던 자들이 바라보고 (범저와) 안면이 있는 자들은 모두 피해 숨어 버렸다.

수가가 괴상히 여겼다. 재상의 관사 문에 이르자 범저가 수가에게 일러 말했다.

"나를 여기서 기다리십시오. 내가 군君을 위해 먼저 들어가 상군에게 알릴 것입니다."

수가가 문 아래에서 기다리는데 수레에 의지하여 기다린 지 너무 오래되어 문지기에게 물었다.

"범숙이 나오지 않으니 어찌 된 것이오?"

문지기가 말했다.

"범숙이라는 사람은 없습니다."

수가가 말했다.

"방금 나와 함께 수레에 탔다가 들어간 사람 말이오."

문지기가 말했다.

"우리의 재상 장군張君입니다."

수가는 크게 놀라 자신이 속았음을 알고서 곧 한쪽 어깨를 드러내고 무릎으로 기어가 문지기를 통하여 사죄했다.

이에 범저는 장막을 성대하게 치고 많은 시종들과 함께 수가를 만났다. 수가가 머리를 조아리고 죽을죄를 지었다며 말했다.

"저는 군君께서 스스로 청운靑雲의 위에 이를 줄은 생각지도 못했습니다. 저는 감히 다시는 천하의 글을 읽지 않을 것이고 감히 다시는 천하의 일에 관여하지 않겠습니다. 저에게는 끓는 솥에 들어가야 할 죄가 있으니 스스로 호맥胡貉 땅으로 물러가기를 청합니다. 오직 군君께서 죽이거나 살리십시오."

범저가 말했다.

"너의 죄가 몇 가지나 있는지 아는가?"

수가가 말했다.

"제 머리털을 뽑아서 제 죄를 헤아려도 오히려 부족할 것입니다."

범저가 말했다.

"그대의 죄는 세 가지가 있을 뿐이다. 옛날 초나라 소왕 때 신포서申包胥가 초나라를 위해 오나라의 군대를 물리치자 초나라 왕은 형荊 땅 5,000호로 봉하려고 했지만 신포서는 사양하고 받지 않았다. 그것은 조상의 묘지가 형 땅에 의지해 있었기 때문이다. 지금 내 선인들의 묘지 또한 위나라에 있다. 공은 지난날 내가 밖으로 제나라와 내통했다고 여겨서 위제에게 나를 미워하게 한 것이 공의 첫 번째 죄이다. 위제가 나를 측간 안에서 욕보였는데 공은 중지시키지 않았으니 그것이 공의 두 번째 죄이다. 번갈아 취하여 나에게 오줌을 싸게 했는데 공은 어찌 참고 있었는가? 그것이 공의 세 번째 죄이다. 그러나 공이 죽지 않게 된 까닭은 비단 겉옷을 나에게 주고 생각해 잊지 못하는 옛 친구의 마음을 가져서이다.

그러므로 그대를 석방한다.”

이에 용서하고 끝냈다. 범저는 진소왕에게 가서 자초지종을 말하여 일을 끝마치고 수가를 돌아가게 했다.

范雎歸取大車駟馬 爲須賈御之 入秦相府 府中望見 有識者皆避匿 須賈怪之 至相舍門 謂須賈曰 待我 我爲君先入通於相君 須賈待門下 持車良久 問門下曰 范叔不出 何也 門下曰 無范叔 須賈曰 鄕者與我載而入者 門下曰 乃吾相張君也 須賈大驚 自知見賣 乃肉袒厀行 因門下人謝罪 於是范雎盛帷帳 侍者甚衆 見之 須賈頓首言死罪 曰 賈不意君能自致於靑雲之上 賈不敢復讀天下之書 不敢復與天下之事 賈有湯鑊之罪 請自屛於胡貉之地 唯君死生之 范雎曰 汝罪有幾 曰 擢賈之髮以續賈之罪 尙未足 范雎曰 汝罪有三耳 昔者楚昭王時而申包胥爲楚卻吳軍 楚王封之以荊五千戶 包胥辭不受 爲丘墓之寄於荊也 今雎之先人丘墓亦在魏 公前以雎爲有外心於齊而惡雎於魏齊 公之罪一也 當魏齊辱我於廁中 公不止 罪二也 更醉而溺我 公其何忍乎 罪三矣 然公之所以得無死者 以綈袍戀戀 有故人之意 故釋公 乃謝罷 入言之昭王 罷歸須賈

수가가 범저에게 고별인사를 하자 범저는 크게 음식을 장만하고 제후들의 모든 사신에게 부탁하여 함께 당상堂上에 앉으니 음식이 매우 잘 차려졌다. 그리고 수가를 당하堂下에 앉게 하고 그의 앞에는 콩과 여물을 놓게 하고 묵형을 받은 두 사람에게 명하여 수고의 양팔을 끼고 말처럼 먹게 했다. 그리고 조목조목 말했다.

"나를 위해 위왕에게 알려라. 급히 위제의 머리를 가져오라! 그렇지 않는다면 나는 장차 대량大梁을 도륙할 것이다."

수가는 돌아가서 위제에게 알렸다. 위제가 두려워하고 도망쳐 조나라로 달아나 평원군의 처소에 숨었다. 범저가 재상이 된 뒤에 왕계가 범저에게 일러 말했다.

"일에는 알 수 없는 것이 셋이고 어찌 할 수 없는 것도 셋입니다. 왕께서 언제 세상을 뜰지, 이 일이 알 수 없는 첫째입니다. 군君(범저)께서 갑자기 세상을 버릴지, 이 일이 알 수 없는 둘째입니다. 신이 갑자기 구덩이에 묻히게 될지, 이 일이 알 수 없는 셋째입니다. 어느 날 왕께서 세상을 떠나면① 군君께서는 비록 신을 (천거하지 못한 것을) 한스러워 해도 어찌할 수 없습니다. 군君께서 갑자기 세상을 버리면 군께서 비록 신을 (천거하지 못한 것을) 한스러워 해도 어찌할 수 없습니다. 신이 갑자기 구덩이에 묻히게 된다면 군께서 비록 신을 (천거하지 못한 것을) 한스러워 해도 어찌 할 수 없습니다."

須賈辭於范雎 范雎大供具 盡請諸侯使 與坐堂上 食飮甚設 而坐須賈 於堂下 置莝豆其前 令兩黥徒夾而馬食之 數曰 爲我告魏王 急持魏齊 頭來 不然者 我且屠大梁 須賈歸 以告魏齊 魏齊恐 亡走趙 匿平原君所 范雎既相 王稽謂范雎曰 事有不可知者三 有不可奈何者亦三 宮車一 日晏駕① 是事之不可知者一也 君卒然捐館舍 是事之不可知者二也 使 臣卒然塡溝壑 是事之不可知者三也 宮車一日晏駕 君雖恨於臣 無可 奈何 君卒然捐館舍 君雖恨於臣 亦無可奈何 使臣卒然塡溝壑 君雖恨 於臣 亦無可奈何

① 宮車一日晏駕궁거일일안가

<u>집해</u> 응소가 말했다. "천자가 새벽에 일어나 일찍 움직이는 것이 마땅한데, 막 붕어한 것이므로 '안가晏駕'(늦게 움직이는 가마)라고 일컫는다." 위소가 말했다. "무릇 붕어한 처음을 '안가晏駕'라고 하는데, 신하의 마음은 궁거宮車에 있는 것이 마땅하지만 가마가 늦게 나가는 것을 일컬은 것과 같다." 應劭曰 天子當晨起早作 如方崩殞 故稱晏駕 韋昭曰 凡初崩爲 晏駕者 臣子之心猶謂宮車當駕而晩出

범저는 맘이 편치 않아 이에 들어가 왕에게 말했다.

"왕계의 충성이 아니었더라면 신은 함곡관으로 들어오지 못했을 것입니다. 대왕의 현명하고 성스러움이 아니었더라면 귀한 신하가 되지 못했을 것입니다. 지금 신의 관직은 재상에 이르렀고 작위는 제후에 반열에 있는데, 왕계의 관직은 오히려 알자謁者에 머물러 있으니 참으로 신을 안으로 들인 의미가 아닙니다."

진소왕은 왕계를 불러서 제수하고 하동군수河東郡守로 삼았지만 3년 동안 고과를 올리지 않았다.① (범저가) 또 정안평鄭安平을 임명하니 진소왕은 그를 장군으로 삼았다. 범저는 이에 집안의 재물을 풀어 곤궁할 때 신세를 진 자들에게 보답했다. 밥 한 그릇의 은덕이라도 반드시 보답했고 눈 한 번 흘긴② 원한이라도 반드시 갚았다.

범저가 진나라에서 재상이 된 지 2년은 진소왕 42년으로 동쪽으로 가서 한나라 소곡少曲③과 고평高平④을 쳐서 빼앗았다.

范雎不懌 乃入言於王曰 非王稽之忠 莫能內臣於函谷關 非大王之賢
聖 莫能貴臣 今臣官至於相 爵在列侯 王稽之官尙止於謁者 非其內臣
之意也 昭王召王稽 拜爲河東守 三歲不上計① 又任鄭安平 昭王以爲將
軍 范雎於是散家財物 盡以報所嘗困戹者 一飯之德必償 睚眦②之怨必
報 范雎相秦二年 秦昭王之四十二年 東伐韓少曲③高平④ 拔之

① 三歲不上計삼세불상계

[집해] 사마표가 말했다. "무릇 군郡에서는 백성을 다스리는 것을 관장
하여, 어진 이를 진출시키고 공로를 권장하고 송사를 결정하고 간사한
것을 검사한다. 항상 봄이면 순시하여 현에 이르러 백성의 농업과 잠업
을 권장하고 식량이 떨어진 곳은 구휼한다. 가을이나 겨울에는 이해관계
가 없는 관리를 보내서 모든 죄수들을 조사하고 심문하며 그 죄를 법으
로 공평하게 하고 관리의 성적으로 우열을 논한다. 그리고 해가 다하면
관리를 (중앙으로) 보내서 고과를 올리는 것이다."

司馬彪曰 凡郡掌治民 進賢 勸功 決訟 檢姦 常以春行所至縣 勸民農桑 振救乏
絕 秋冬遣無害吏案訊問諸囚 平其罪法 論課殿最 歲盡遣吏上計

② 睚眦애자

[색은] 睚의 발음은 '애[崖賣反]'이고 眦의 발음은 '태[土賣反]'이다. 또 睚眦
의 발음은 '애채崖債'이다. 애자睚眦는 서로 화를 내서 눈을 부라리고 이를
가는 것을 이른다.

睚音崖賣反 眦音土賣反 又音崖債二音 睚眦謂相嗔而怒目切齒

③ 少曲소곡

집해 서광이 말했다. "소대가 이르기를 '소곡少曲에서 일어나 하루 만에 태항을 단절시켰다.'라고 했다."

徐廣曰 蘇代曰 起少曲 一日而斷大行

색은 살펴보니 소대가 이르기를 '소곡少曲에서 일어나 하루 만에 태항을 단절시켰다.'라고 했다. 그러므로 유씨는 아마 (소곡은) 태항산의 서남쪽에 있을 것이라고 여겼다.

按 蘇云 起少曲 一日而斷太行 故劉氏以爲蓋在太行西南

④ 高平고평

정의 《괄지지》에서 말한다. "남쪽 한왕韓王의 고성은 회주懷州 하양현 河陽縣 북쪽 40리에 있다. 세속에서 한왕성韓王城이라고 일컫는데, 잘못이다. 춘추시대 주환왕周桓王이 정鄭나라에 주었다. 《죽서기년》에서 '정후 鄭侯가 진辰을 진양晉陽으로 돌아가게 하고 향向을 고평高平으로 이름을 고치고 그곳을 함락시켰다.'고 했다. 곧 소곡은 마땅히 고평과 서로 가깝다."

括地志云 南韓王故城在懷州河陽縣北四十里 俗謂之韓王城 非也 春秋時周桓 王以與鄭 紀年云 鄭侯使辰歸晉陽 向更名高平 拔之 則少曲當與高平相近

진秦나라 소왕은 위나라 재상이었던 위제魏齊가 평원군平原君의 처소에 있다는 말을 듣고, 범저를 위해 반드시 그의 원수를 갚아 주고자 했다. 이에 거짓으로 호의적인 글을 지어 평원군에게 보내서 말했다.

"과인이 군君의 높은 의리를 듣고 원컨대 군君과 함께 포의布衣의 벗이 되고자 하는데 군君이 다행히도 과인에게 온다면 과인은 군君과 10일간 술을 마시기를 원합니다."

평원군은 진나라를 두려워하고 또 그러겠다 하고 진나라로 들어가 진소왕을 만났다. 진소왕은 평원군과 함께 여러 날 술을 마셨다. 진소왕이 평원군에게 일러 말했다.

"옛날 주나라 문왕은 여상呂尙을 얻어 태공太公으로 삼았고 제나라 환공桓公은 관이오管夷吾를 얻어 중보仲父로 삼았는데, 지금 범군范君은 또한 과인의 숙부叔父입니다. 범군의 원수가 군君의 집에 있다는데 원컨대 다른 사람을 시켜 돌아가서 그의 머리를 취해 오게 하시오. 그렇지 않으면 나는 군君을 함곡관 밖으로 나가지 못하게 할 것이오."

평원군이 말했다.

"귀할 때 교제하는 것은 천하게 될 때를 위함이고, 부유할 때 교제하는 것은 가난하게 될 때를 위함입니다.[①] 무릇 위제는 제 벗입니다. 집에 있을지라도 진실로 내보내지 않을 것입니다. 지금은 또 신의 집에 있지 않을 것입니다."

진소왕은 곧 조왕에게 서신을 보내서 말했다.

"왕의 아우가 진나라에 있는데 범군范君의 원수인 위제가 평원군의 집에 있다고 하오. 왕께서는 사람을 시켜서 빨리 위제의 머리를 가지고 오시오. 그렇지 않으면 나는 군사를 일으켜 조나라를 정벌할 것하고 또 왕의 아우는 함곡관을 벗어나지 못할 것이오."

秦昭王聞魏齊在平原君所 欲爲范雎必報其仇 乃詳爲好書遺平原君曰
寡人聞君之高義 願與君爲布衣之友 君幸過寡人 寡人願與君爲十日之
飲 平原君畏秦 且以爲然 而入秦見昭王 昭王與平原君飲數日 昭王謂
平原君曰 昔周文王得呂尙以爲太公 齊桓公得管夷吾以爲仲父 今范君
亦寡人之叔父也 范君之仇在君之家 願使人歸取其頭來 不然 吾不出
君於關 平原君曰 貴而爲交者 爲賤也 富而爲交者 爲貧也^① 夫魏齊者
勝之友也 在 固不出也 今又不在臣所 昭王乃遺趙王書曰 王之弟在秦
范君之仇魏齊在平原君之家 王使人疾持其頭來 不然 吾擧兵而伐趙
又不出王之弟於關

① 貴而爲交者~爲貧也 귀이위교자~위빈야

[색은] 앞의 爲의 발음은 가장 통상적인 발음으로 읽고 뒤의 爲의 발음
은 '위[于僞反]'라고 읽는다. 부귀하지만 서로 교제를 맺고 정이 깊은 것은
가난하고 천한 때가 있을지라도 잊을 수 없다는 말이다.
上爲 音如字 下爲 音于僞反 以言富貴而結交情深者 爲有貧賤之時 不可忘之也

조나라 효성왕孝成王이 이에 군사를 발동하여 평원군의 집을 포위
하게 하자 다급해진 위제는 밤에 도망쳐 조나라 재상 우경虞卿을
만났다. 우경은 끝내 조왕을 설득하지 못할 것으로 생각해 곧바
로 재상의 인수를 풀어 놓고 위제와 함께 몰래 도망쳤으며, 제후
들을 헤아려 보았으나 급박하게 찾아갈 곳이 없었다. 이에 다시

대량大梁으로 가서 신릉군을 통하여 초나라로 달아나고자 했다. 신릉군은 듣고 진나라를 두려워하여 머뭇거리며 만나려 하지 않으면서 말했다.

"우경은 어떠한 사람이오?"

그때 후영侯嬴이 곁에서 말했다.

"사람은 본디 알기 쉽지 않지만 남을 아는 것 또한 쉽지 않습니다. 대저 우경은 짚신에 우산을 쓰고 한 번 조나라 왕을 뵙고 백옥 한 쌍과 황금 100일鎰을 하사하였고, 두 번 배알하고는 제수되어 상경이 되었고, 세 번 배알하고는 마침내 재상의 인수를 받고 만호후에 봉해졌습니다. 이때 천하(제후)에서는 다투어 그를 알려고 했습니다. 대저 위제가 곤궁해져서 우경을 찾으니 우경은 함부로 높은 작위와 녹봉을 중히 여기지 않았으며, 재상의 인수를 풀어 놓고 만호후를 버리고 몰래 도망쳤습니다. 다급한 사인이 궁색해져 공자에게 귀의했는데 공자께서 말하기를 '어떠한 사람이오?'라고 했습니다. 사람은 본디 알기 쉽지 않지만 남을 아는 것 또한 쉽지 않습니다."

신릉군은 크게 부끄러워하고 수레를 보내 들판에서 맞아들였다. 위제는 신릉군이 애초에 만나는 것을 어렵게 여겼다는 소문을 듣고 노하여 스스로 목숨을 끊었다. 조왕이 듣고 마침내 그의 머리를 취하여 진나라로 보냈다. 진소왕은 곧 평원군을 내보내 조나라로 돌아가게 했다.

趙孝成王乃發卒圍平原君家 急 魏齊夜亡出 見趙相虞卿 虞卿度趙王終不可說 乃解其相印 與魏齊亡 間行 念諸侯莫可以急抵者 乃復走大

梁 欲因信陵君以走楚 信陵君聞之 畏秦 猶豫未肯見 曰 虞卿何如人也
時侯嬴在旁 曰 人固未易知 知人亦未易也 夫虞卿躡屩檐簦 一見趙王
賜白璧一雙 黃金百鎰 再見 拜爲上卿 三見 卒受相印 封萬戶侯 當此之
時 天下爭知之 夫魏齊窮困過虞卿 虞卿不敢重爵祿之尊 解相印 捐萬
戶侯而間行 急士之窮而歸公子 公子曰 何如人 人固不易知 知人亦未
易也 信陵君大慙 駕如野迎之 魏齊聞信陵君之初難見之 怒而自剄 趙
王聞之 卒取其頭予秦 秦昭王乃出平原君歸趙

진나라 소왕 43년, 진나라는 한나라의 분汾과 형陘[①]을 공격해서
빼앗고 이어 하상河上[②]과 광무廣武에 성을 쌓았다.[③]

5년 뒤에 진소왕은 응후應侯의 계책을 채용해서 반간계를 풀어서
조나라를 속였다. 조나라는 그런 일로 인해서 마복자馬服子[④]를
시켜서 염파廉頗[⑤] 장군의 일을 대신하게 했다. 진나라는 조나라
를 장평에서 대파하고 드디어 한단을 포위했다. 그 후에 응후는
무안군武安君 백기白起와 사이가 좋지 않아서 그를 중상中傷하여
죽이게 했다.[⑥]

정안평鄭安平에게 맡겨서 조나라를 공격하게 했다. 정안평은 조나
라에 포위되어 상황이 급박해지자 군사 2만 명과 함께 조나라에
항복했다. 응후는 돗자리를 깔고 죄를 청했다. 진나라 법에는 사
람을 임명했는데 임명을 받은 자가 잘못할 경우에는 각각 그의 죄
로써 벌을 주게 되어 있었다. 이에 응후의 죄는 삼족을 멸하는 중
죄에 해당했다. 진나라 소왕은 응후의 마음에 상처가 있을 것을

걱정하고 곧 온 나라에 영을 내렸다.

"감히 정안평의 일을 말하는 자가 있으면 그 죄로써 벌을 줄 것이다."

그리고 상국 응후에게 음식을 더 많이 하사하고 날마다 두텁게 해 그의 마음에 맞추었다. 2년 뒤에 왕계가 하동태수河東太守로 있으면서 제후들과 함께 내통하다가 법을 어기는 죄를 지어 처형되었다.⑦ 응후는 날이 갈수록 불안해졌다.

昭王四十三年 秦攻韓汾陘① 拔之 因城河上②廣武③ 後五年 昭王用應侯謀 縱反間賣趙 趙以其故 令馬服子④代廉頗⑤將 秦大破趙於長平 遂圍邯鄲 已而與武安君白起有隙 言而殺之⑥ 任鄭安平 使擊趙 鄭安平爲趙所圍 急 以兵二萬人降趙 應侯席藁請罪 秦之法 任人而所任不善者 各以其罪罪之 於是應侯罪當收三族 秦昭王恐傷應侯之意 乃下令國中 有敢言鄭安平事者 以其罪罪之 而加賜相國應侯食物日益厚 以順適其意 後二歲 王稽爲河東守 與諸侯通 坐法誅⑦ 而應侯日益以不懌

① 汾陘분형

색은 陘의 발음은 '형刑'이다. 형陘은 아마 한나라 서쪽 영역에 있고 분수汾水와 서로 가까웠을 것이다.

陘音刑 陘蓋在韓之西界 與汾相近也

정의 살펴보니 형정陘庭의 고성은 강주絳州 곡옥현曲沃縣 서북쪽 20리 분수의 북쪽에 있다.

按 陘庭故城在絳州曲沃縣西北二十里汾水之陽

② 河上하상

색은 유씨가 말했다. "이 하상河上은 아마 하수河水의 땅에 가까운데 본래 한나라에 속했으며 지금은 진나라가 얻어서 성을 쌓은 것이다."

劉氏云 此河上蓋近河之地 本屬韓 今秦得而城

③ 因城河上廣武인성하상광무

신주 〈진본기〉에 따르면 진나라 장수 무안군 백기가 한나라 9개 성을 빼앗고 5만의 목을 벤 전투를 가리킨다.

④ 馬服子마복자

색은 조괄의 칭호이다. 그러므로 우희의 《지림》에서 말한다. "마馬는 병기의 첫째이다. 호를 '마복馬服'이라고 한 것은 마馬를 굴복시키는 것이 능하다는 말이다."

趙括之號也 故虞喜志林云 馬 兵之首也 號曰 馬服者 言能服馬也

⑤ 廉頗염파

색은 추씨가 말했다. "頗의 발음은 '파[匹波反]'이다."

鄒氏音匹波反

⑥ 言而殺之언이살지

집해 서광이 말했다. "50년에 있었다."

徐廣曰 在五十年

색은 집해 주석에서 서광이 50년이라고 이른 것은 〈진본기〉와 〈육국 연표〉에 의거해서 안 것이다.

注徐云五十年 據秦本紀及年表而知之也

⑦ 坐法誅좌법주

집해 서광이 말했다. "52년이다."

徐廣曰 五十二年

진소왕이 조회에 임해서 탄식하자 응후가 앞으로 나아가 말했다.
"신이 듣기에 '군주께서 근심을 하면 신하는 치욕을 당하고, 군주께서 치욕을 당하면 신하는 죽어야 한다.'라고 했습니다. 지금 대왕께서 조회 도중에 근심을 하시니 신은 감히 그 죄를 청하고자 합니다."
진소왕이 말했다.
"내가 들으니 초나라 쇠칼은 예리하고 광대들은 서툴다고 했소.① 대저 쇠칼이 날카로우면 군사들이 용맹스럽고 광대들이 서툴다면 생각이 깊은 것이오. 대저 깊은 생각에 용맹스런 군사들을 부리니, 나는 초나라가 진나라를 도모할 것을 두려워하는 것이오. 대저 사물은 본래부터 갖추어지지 않으면 갑작스레 대응하지 못하는 것이오. 지금 무안군이 이미 죽고 정안평 등은 배반하여 안으로는 훌륭한 장수가 없고 밖으로는 적국이 많으니 나는 이 때문에 근심하는 것이오."
이는 응후를 격려②하고자 하는 것이었다. 응후는 두려워하고 나갈 바를 알지 못했다. 채택蔡澤은 이 소식을 듣고 진나라로 들어왔다.

昭王臨朝歎息 應侯進曰 臣聞 主憂臣辱 主辱臣死 今大王中朝而憂 臣
敢請其罪 昭王曰 吾聞楚之鐵劍利而倡優拙① 夫鐵劍利則士勇 倡優拙
則思慮遠 夫以遠思慮而御勇士 吾恐楚之圖秦也 夫物不素具 不可以
應卒 今武安君旣死 而鄭安平等畔 內無良將而外多敵國 吾是以憂 欲
以激勵②應侯 應侯懼 不知所出 蔡澤聞之 往入秦也

① 楚之鐵劍利而倡優拙초지철검리이창우졸

[정의] 용사가 능히 뛰어난데도 끝내 싸우지 않음을 논한 것이다.

論士能善卒不戰

② 激勵격려

[색은] 激의 발음은 '격擊'이다

激音擊

범저를 대신한 채택

채택은 연나라 사람이다. 떠돌아다니면서 학문을 익혔고 제후들에게 쓰이기를 원해서[①] 크고 작은 일들을 많이 했으나 (알아주는 사람을) 만나지 못했다. 이에 (채택이) 당거唐擧[②]에게 관상을 보게 하며 말했다.

"내가 듣자니 선생께서 이태李兌의 관상을 살피고 말하기를 '100일 안에 나라의 권력을 잡겠다.[③]'라고 했다는데 그런 일이 있었습니까?"

당거가 말했다.

"있었소."

채택이 말했다.

"저 같은 자는 어떠합니까?"

당거가 뚫어지게 바라보더니 웃으며 말했다.

"선생은 전갈 코와 큰 어깨에[④] 튀어나온 이마에 쭈그러진 콧대에[⑤] 무릎은 휘었소.[⑥] 내가 듣자니 성인의 관상은 볼 수 없다는데 아마 선생이 아니겠소!"

채택은 당거가 농지거리를 하는 것으로 여기고 이에 말을 했다.

"부하고 귀한 것은 내 스스로 가지고 있는 것이고, 내가 알 수 없는 것이 있으니 수명이오. 수명을 듣고 싶소."

당거가 말했다.

"선생의 수명은 지금부터 43년까지 갈 것이오."

채택은 웃으면서 사례하고 떠나면서 그의 수레를 모는 자에게 말했다.

"내가 찰진 밥을 지어 기름진 반찬과 먹고,⑦ 말을 빨리 달리면서 황금의 인수를 차고, 허리에는 붉은 인끈을 매고 임금 앞에서 읍양의 예를 주고 받으며 고기를 먹고 부귀를 누리는 것이 43년이면 만족한다."

蔡澤者 燕人也 遊學干諸侯①小大甚衆 不遇 而從唐擧相② 曰 吾聞先生相李兌 曰 百日之內持國秉③ 有之乎 曰 有之 曰 若臣者何如 唐擧孰視而笑曰 先生曷鼻 巨肩④ 魋顔 蹙齃⑤ 刻攣⑥ 吾聞聖人不相 殆先生乎 蔡澤知唐擧戲之 乃曰 富貴吾所自有 吾所不知者壽也 願聞之 唐擧曰 先生之壽 從今以往者四十三歲 蔡澤笑謝而去 謂其御者曰 吾持梁刺齒肥⑦ 躍馬疾驅 懷黃金之印 結紫綬於要 揖讓人主之前 食肉富貴四十三年足矣

① 遊學干諸侯유학간제후

[정의] (부르는) 예禮를 기다리지 않는 것을 '간干'이라고 한다.

不待禮曰干

② 唐擧相당거상

[집해] 순경이 말했다. "양梁(위나라)에 당거가 있었다."

荀卿曰 梁有唐擧

[색은] 《순경서》에는 ‘당거唐莒’로 되어 있다.

荀卿書作唐莒

③ 國秉국병

[색은] 살펴보니 《좌전》에서 “국자는 실로 제나라 권력을 쥐었다.”라고
했는데, 복건은 “병병秉은 권력을 잡는 것이다.”라고 했다.

按 左傳 國子實執齊秉 服虔曰 秉 權柄也

④ 曷鼻 巨肩갈비 거견

[집해] 서광이 말했다. “갈曷은 다른 판본에는 ‘계偈’로 되어 있다. 게偈는
다른 판본에는 ‘앙仰’으로 되어 있다. 거巨는 다른 판본에는 ‘거渠’로 되어
있다.”

徐廣曰 曷 一作偈 偈 一作仰 巨 一作渠

[색은] 갈비曷鼻는 코가 전갈처럼 납작한 것을 이른다. 거견巨肩은 어깨가
목보다 큰 것을 이른다. 대개 목이 낮고 어깨가 솟은 것이다. 偈의 발음은
‘계[其例反]’이다.

曷鼻謂鼻如蝎蟲也 巨肩謂肩巨於項也 蓋項低而肩豎 偈音其例反

⑤ 魋顔 蹙齃추안 축알

[색은] 앞의 魋의 발음은 ‘되[徒回反]’이다. 추안魋顔은 얼굴 모양이 몽치
처럼 돌아 평평하게 솟은 것과 같은 것을 이른다. 齃의 발음은 ‘알[烏曷反]’
이다. 축알蹙齃은 코가 눈썹가로 쭈그러든 것을 이른다.

(上)魋音徒回反 魋顔謂顔貌魋回 若魋梧然也 齃音烏曷反 蹙齃謂鼻蹙眉

⑥ 郄攣슬련

집해 연攣은 양쪽 무릎이 굽은 것이다. 서광이 말했다. "다른 판본에는 '솔率'로 되어 있다."

攣 兩郄曲也 徐廣曰 一作率

색은 양쪽 무릎이 또 오그라들어 굽은 것을 이른다.

謂兩郄又攣曲也

⑦ 持梁刺齒肥지량자치비

집해 지량持梁은 밥을 짓는 것이다. 자치刺齒의 두 글자는 마땅히 '설齧'로 되어야 하거나 '흘齕'로 되어야 한다.

持梁 作飯也 刺齒二字當作齧 又作齕也

색은 지량持梁은 양미梁米(조)로 밥을 지어 그릇을 가지고 먹는다는 것을 이른다. 살펴보니 자치刺齒의 두 글자는 글자가 잘못된 것이고 마땅히 '설齧' 자가 되어야 한다. 설비齧肥는 살찐 고기를 먹는 것을 이른다.

持梁謂作梁米飯而持其器以食也 按 刺齒二字字誤 當爲齧字也 齧肥謂食肥肉也

(채택이 당거와 함께) 떠나서 조나라로 갔는데 축출당했다. 한나라와 위나라로 갔는데① 길에서 가지고 다니는 솥②마저 빼앗겼다. 그런데 응후가 추천한 정안평과 왕계가 모두 진나라에서 무거운 죄를 져서 응후가 속으로 부끄러워 한다는 소식을 듣고 채택은 곧 서쪽으로 가서 진나라로 들어갔다. 장차 진소왕을 만날 목적으로

사람을 시켜 말을 퍼뜨려 응후를 노하게 하려고 말했다.

"연나라 객客 채택은 천하의 영웅호걸이며 변론이 뛰어나고 지혜가 있는 사인이다. 그가 진왕을 한 번 만나게 되면 진왕은 반드시 군을 곤궁하게 하고 군의 자리를 빼앗으리라."

응후가 듣고 말했다.

"오제五帝나 삼대三代의 일들, 백가百家의 설들은 나는 이미 알고 있고, 많은 사람의 변론도 나는 모두 꺾었다. 이런 자가 어찌 나를 곤궁하게 하고 나의 지위를 빼앗는다는 말인가?"

사람을 시켜서 채택을 불렀다. 채택은 들어와서 응후에게 읍을 했다. 응후는 매우 불쾌했고, 만나니 거만하기까지 하여 응후가 꾸짖어 말했다.

"그대는 일찍이 선언하기를 나를 대신하여 진나라 재상이 되겠다고 했는데 정녕 그런 일이 있었는가?"

채택이 대답해서 말했다.

"그렇습니다."

응후가 말했다.

"그 설명이나 들어봅시다."

去之趙 見逐 之^①韓魏 遇奪釜鬲^②於塗 聞應侯任鄭安平王稽皆負重罪於秦 應侯內慙 蔡澤乃西入秦 將見昭王 使人宣言以感怒應侯曰 燕客蔡澤 天下雄俊弘辯智士也 彼一見秦王 秦王必困君而奪君之位 應侯聞曰 五帝三代之事 百家之說 吾旣知之 衆口之辯 吾皆摧之 是惡能困我而奪我位乎 使人召蔡澤 蔡澤入 則揖應 應侯固不快 及見之 又倨 應侯因讓之曰 子嘗宣言欲代我相秦 寧有之乎 對曰 然 應侯曰 請聞其說

① 之지

집해 지之는 다른 판본에는 '입入'으로 되어 있다.

之 一作入

② 釜鬲부력

집해 《이아》에서 "발이 굽은 솥을 력鬲이라 한다."라고 하는데, 곽박은 "솥의 발이 굽은 것이다."라고 했다.

爾雅曰 款足者謂鬲 郭璞曰 鼎曲脚

색은 釜鬲의 발음은 '부력父歷'이다. 관款은 빈 것이다. 빈 발은 곧 곡족曲足이다. 《이아》에서 보인다고 운운하는데 곽박은 "솥의 발이 굽은 것이다."라고 했다. 살펴보니 관款을 곡曲으로 풀이하였으므로 '발이 굽은 것'이라 했다.

父歷二音 款者 空也 空足是曲足 云見爾雅 郭氏云 鼎曲脚也 按 以款訓曲 故云曲脚也

채택이 말했다.

"아! 군君께서는 어찌하여 보는 것이 늦으십니까? 대저 네 계절의 순서는 공을 이루면 흘러가는 법입니다. 대저 인생은 몸이 건강하면 손과 발이 편하고, 귀와 눈이 총명하면 마음이 성스럽고 지혜로운 법인데, 이 어찌 사인이 원하는 바가 아니겠습니까?"

응후가 말했다.

"그리하오."

채택이 말했다.

"인仁에 바탕을 두고 의를 가지고 도를 행하며 덕을 베풀어 천하에 뜻을 얻으면, 천하에는 즐거운 것을 품고 경애하고 존경하고 사모하여 모두 군왕으로 삼기를 원하니, 어찌 달변과 지혜를 가진 사람이 기약하는 바가 아니겠습니까?"

응후가 말했다.

"그러하오."

채택이 다시 말했다.

"부귀하고 영달하는 것은 만물에 이치를 이루어 각각 그 자리를 얻게 하는 것입니다. 성명은 오래도록 누려서 하늘이 준 수명을 끝마치고 요절하지 않는 것입니다. 천하는 그의 계통을 잇고 그 업을 지켜서 다함이 없는 데까지 전하는 것입니다. 명분과 실질은 순수해져서 1,000리까지 덕택이 흘러① 대대로 칭찬하여 단절됨이 없고 천지天地와 더불어 끝마치고 시작하는 것을 함께 하는 것입니다. 이것이 어찌 도덕의 상징이고 성인께서 일렀던 길한 상서와 좋은 일이 아니겠습니까?"

응후가 말했다.

"그러하오."

채택이 말했다.

"무릇 진나라 상군商君(상앙)②이나 초나라 오기吳起③나 월나라 대부 종種(문종)④은 끝내 바라던 바를 이루었습니까?⑤"

蔡澤曰 吁 君何見之晚也 夫四時之序 成功者去 夫人生百體堅彊 手足便利 耳目聰明而心聖智 豈非士之願與 應侯曰 然 蔡澤曰 質仁秉義 行

道施德 得志於天下 天下懷樂敬愛而尊慕之 皆願以爲君王 豈不辯智之
期與 應侯曰 然 蔡澤復曰 富貴顯榮 成理萬物 使各得其所 性命壽長 終
其天年而不夭傷 天下繼其統 守其業 傳之無窮 名實純粹 澤流千里^① 世
世稱之而無絶 與天地終始 豈道德之符而聖人所謂吉祥善事者與 應侯曰
然 蔡澤曰 若夫秦之商君^② 楚之吳起^③ 越之大夫種^④ 其卒然亦可願與^⑤

① 澤流千里택류천리

집해 서광이 말했다. "다른 판본에는 이 글자가 없다."

徐廣曰 一本無此字

② 秦之商君진지상군

신주 상군은 상앙商鞅, 공손앙公孫鞅이라고도 불린다. 본래 위衛나라
사람이므로 위앙衛鞅이라고도 불리는데 진효공秦孝公 때 진秦나라에 들
어와 강력한 개혁정책으로 진나라를 부강하게 만들었다. 《사기》 〈상군
열전商君列傳〉에 자세하다.

③ 楚之吳起초지오기

신주 위衛나라 출신인데 초도왕楚悼王을 섬겨 재상이 되었다. 뒤에 초
도왕이 죽자 초나라 귀족들에게 미움을 받아 죽임을 당했는데, 그 시신
까지 분해하였다고 한다. 《사기》 〈손자오기열전孫子吳起列傳〉에 자세하다.

④ 越之大夫種월지대부종

신주 월나라 대부 문종은 초나라 강릉江陵에서 태어나 5세에 가족과

함께 월나라로 이주해 서기전 501년 월나라 윤상왕 때에 등용되었다. 오왕 합려가 월나라를 공격하자 월왕 구천은 합려를 상처 입히고 오나라 군대를 무찌른다. 이 상처로 인해 합려가 죽자 오나라 왕위를 계승한 부차는 부왕 합려의 원수를 갚기 위해 국력을 충실히 쌓고, 후환이 두려운 월왕 구천은 오나라를 공격하지만 오히려 부차에게 무릎 꿇고 신하가 된다. 이때 문종은 오나라 신하 백비에게 많은 뇌물을 주고 구천을 구명한다. 이후 문종은 범려와 함께 구천왕의 총애를 받으며 재상에 올랐으나 서기전 472년에 월왕 구천에게 역모 혐의를 의심받자 자결한다.

⑤ 其卒然亦可願與그졸연역가원여

신주 《전국책》〈진책〉에는 '그졸역가원의其卒亦可願矣'로 되어 있다. "끝내 그 바라던 바를 이루었다"라는 뜻이다.

응후는 채택이 자신을 곤궁하게 몰아붙여서 설득^①하고자 하는 것을 알아차리고 다시 속여 말했다.

"어찌 옳지 않다고 하시오? 대저 공손앙은 효공을 섬김에 자신을 다하여 두 마음을 갖지 않았소. 공공의 일을 다하고 사사로움을 돌아보지 않았으며, 형벌을 설치하여 간사함을 금지하고 상과 벌을 믿게 해 다스림을 이루었소. 속마음을 드러내어 꾸밈없는 감정을 보이면서 원망과 허물을 무릅쓰고 친구마저 속이고, 위魏나라 공자 앙卬을 사로잡았으며 진나라 사직을 편안히 하여, 백성을 이롭게 했소. 기어이 진나라를 위해 적장을 사로잡고 적을 쳐부수어

1,000리의 땅을 빼앗았소.

오기吳起는 초나라 도왕悼王을 섬김에 사사로운 것으로 공적인 것을 해치지 못하게 했고 참언으로 충성을 덮어 가릴 수 없도록 했으며, 말은 구차하게 꾸미는 것을 취하지 않았고 행동은 구차한 모습을 취하지 않았으며 위태해도 행동을 바꾸지 않았고 의를 행함에 어려움을 피하지 않았소.[2] 그리하여 임금이 패자霸者가 되고 국가가 강국이 되는 데에 재앙이나 흉한 것을 사양하지 않았소.

대부 종種은 월왕을 섬기면서 주인이 비록 (오나라에 쫓겨) 곤욕을 당하더라도 충성을 다하는데 게을리하지 않았고, 군주가 비록 절망할 만큼 망해가도 능력을 다하고 떠나지 않았으며, 공로를 성취하고도 자랑하지 않았고 부귀를 이루고도 교만하거나 게으르지 않았소.

이와 같이 세 사람은 진실로 의義가 극치이고, 충성의 본보기인 것이오. 이런 까닭에 군자는 난리를 만나면 의로써 죽는데 죽음을 보기를 (하늘로) 돌아가는 것처럼 여겼으니 살아서의 치욕을 죽어서의 영화롭게 되는 것만 같지 못하게 여기오. 사인은 진실로 자신을 죽여서 명예를 성취하는 것이니, 오직 의가 있는 곳이라면 비록 죽어도 후회하는 바가 없소. 어찌 옳지 않다고 하시오?"

應侯知蔡澤之欲困己以說[1] 復謬曰 何爲不可 夫公孫鞅之事孝公也 極身無貳慮 盡公而不顧私 設刀鋸以禁姦邪 信賞罰以致治 披腹心 示情素 蒙怨咎 欺舊友 奪魏公子卬 安秦社稷 利百姓 卒爲秦禽將破敵 攘地千里 吳起之事悼王也 使私不得害公 讒不得蔽忠 言不取苟合 行不取苟容 不爲危易行 行義不辟難[2] 然爲霸主强國 不辭禍凶 大夫種之事越王也 主雖困辱 悉忠而不解 主雖絕亡 盡能而弗離 成功而弗矜 貴富而不驕怠

> 若此三子者 固義之至也 忠之節也 是故君子以義死難 視死如歸 生而辱
> 不如死而榮 士固有殺身以成名 雖義之所在 雖死無所恨 何爲不可哉

① 說설

[집해] 說의 발음은 '술[式絀反]'이다.

式絀反

② 不辟難불피난

[집해] 서광이 말했다. "일설에는 '불곤훼자不困毀訾'(비방을 받음을 곤란해 하지 않는다)로 되어 있다."

徐廣曰 一云 不困毀訾

채택이 말했다.

"군주가 성스럽고 신하가 현명한 것은 천하의 성대한 복입니다. 군주가 현명하고 신하가 곧은 것은 국가의 복입니다. 아버지가 자상하고 아들은 효도하며 지아비가 믿음이 있고 아내가 정숙한 것은 가정의 복입니다. 그래서 왕자 비간은 충성했음에도 은나라를 보존하지 못했고, 오자서伍子胥는 지혜로웠음에도 오나라를 완전하게 하지 못했고, 신생申生은 효도했음에도 진晉나라는 어지러워졌습니다. 이들 나라에는 모두 충신이나 효자가 있었음에도 국가가 없어지고 혼란했던 것은 무엇 때문이겠습니까? 이는 밝은 군주와 현명한 아버지가 들어주지 않았기 때문입니다. 그러므로 천하에서는 그 군주와 아버지를 치욕으로 여기고 그 신하와 자식을 애처롭게 여겼습니다.[1] 지금 상군商君과 오기吳起 그리고 대부 종種이 신하된 것은 옳았으나 그 군주는 잘못한 것이었습니다. 그러므로 세상에서는 세 사람을 일컬어 공로는 성취했지만 덕은 보지 못했다고 여길 뿐이니, 어찌 세상을 만나지 못하여 죽은 것을 사모하겠습니까?

무릇 죽음을 기다린 뒤에야 충성이 세워지고 명예를 이룰 수 있다면, 이는 미자微子를 어질다 하기에 부족할 것이고 공자孔子를 성인聖人이라 하기에 부족할 것이며, 관중管仲도 위대하다고 하기에 부족할 것입니다. 무릇 사람이 공로를 세우는데 어찌 완전하게 이루기를 바라지 않겠습니까? 몸과 명성을 함께 온전하게 갖춘 자가 최상입니다. 명성은 본받을 만하지만 몸이 죽은 자가 그 다음입니다. 명성은 치욕스럽지만 몸이 보존된 자가 최하입니다."
이에 응후는 좋은 말이라고 칭찬했다.

蔡澤曰 主聖臣賢 天下之盛福也 君明臣直 國之福也 父慈子孝 夫信妻貞 家之福也 故比干忠而不能存殷 子胥智而不能完吳 申生孝而晉國亂 是皆有忠臣孝子 而國家滅亂者 何也 無明君賢父以聽之 故天下以其君父爲僇辱而憐其臣子[1] 今商君吳起大夫種之爲人臣 是也 其君 非也 故世稱三子致功而不見德 豈慕不遇世死乎 夫待死而後可以立忠成名 是微子不足仁 孔子不足聖 管仲不足大也 夫人之立功 豈不期於成全邪 身與名俱全者 上也 名可法而身死者 其次也 名在僇辱而身全者 下也 於是應侯稱善

① 故天下以其君父爲僇辱而憐其臣子고천하이기군부위륙욕이련기신자

비간, 오자서, 신생은 모두 지극히 충성하고 효도했으나 죽임을 당하는데 이르렀다. 그러므로 천하에서는 그 군주나 아버지의 잘못으로 여기고 그 신하나 자식을 애처롭게 여긴다는 말이다.

言以比干子胥申生皆以至忠孝而見誅放 故天下言爲其君父之所僇而憐其臣子也

신생은 진晉나라 헌공의 태자이다.

채택은 잠깐 뜸을 들이다가 이어 말했다.

"대저 상군商君이나 오기吳起나 대부 종種은 신하가 되어 충성을 다하고 공로를 이룬 것들은 바랄 만하지만, 주나라 굉요閎夭①가 문왕을 섬기고 주공周公이 성왕成王을 보좌한 것이 어찌 또한 충성스럽고 성스러운 것이 아니겠습니까? 군주와 신하로써 논한다면 상군이나 오기나 대부 종과 굉요나 주공 중에서 비교한다면 누구의 인간상을 바라겠습니까?"

응후가 말했다.

"상군이나 오기나 대부 종은 (굉요나 주공만) 같지 못하오."

채택이 말했다.

"그렇다면 군君의 주군께서 자애롭고 인자하시어 충성을 믿어주고, 옛 친구들②에게 두텁게 하고, 그 현명하고 지혜로우며 도道가 있는 사인과 교제를 할 때, 아교와 칠漆③처럼 사귀고 의를 지켜 공신을 배반하지 않는 것이 진나라 효공이나 초나라 도왕이나

월왕과 비교하면 누가 더 낫습니까?"

응후가 말했다.

"어떠한지 알지 못하오."

채택이 말했다.

"지금의 군주는 충신을 친하게 대하는 것이 진나라 효공이나 초나라 도왕이나 월왕을 넘지 못할 것입니다. 또 군君이 지혜를 베풀어 군주를 위해 위태로운 것을 편안하게 하고, 정사를 닦고 어지러운 것을 다스리고 군사를 강하게 하며, 근심거리를 물리치고 어려운 것을 꺾어④ 땅을 넓히고, 곡식을 늘려서 국가를 부유하게 하고 가정을 풍족하게 했습니다. 군주를 강성하게 하고 사직을 높이고 종묘를 빛나게 해서 천하에서 감히 그 군주를 속이고 범하지 못하게 하며, 군주의 위엄이 온 천하를 진동시켜 덮음으로써 공로가 만 리 밖에서 빛나게 하고 명성이 천세에 전할 정도로 빛나게 했습니다. 이에 군君께서는 상앙이나 오기나 대부 종과 비교하여 누가 더 낫다고 여기십니까?"

응후가 말했다.

"나는 그들만 못하오."

蔡澤少得間 因曰 夫商君吳起大夫種 其爲人臣盡忠致功則可願矣 閎天①事文王 周公輔成王也 豈不亦忠聖乎 以君臣論之 商君吳起大夫種 其可願孰與閎天周公哉 應侯曰 商君吳起大夫種弗若也 蔡澤曰 然則君之主慈仁任忠 惇厚舊故② 其賢智與有道之士爲膠漆③ 義不倍功臣 孰與秦孝公楚悼王越王乎 應侯曰 未知何如也 蔡澤曰 今主親忠臣 不過秦孝公楚悼王越王 君之設智 能爲主安危修政 治亂彊兵 批患折難④

> 廣地殖穀 富國足家 彊主 尊社稷 顯宗廟 天下莫敢欺犯其主 主之威蓋
> 震海內 功彰萬里之外 聲名光輝傳於千世 君孰與商君吳起大夫種 應
> 侯曰 不若

① 閎夭굉요

신주 주나라 문왕의 신하이다.

② 舊故구고

신주 친구 또는 지인의 뜻이다.

③ 膠漆교칠

신주 아교와 칠은 곧 친구 간의 친밀한 관계를 뜻한다.

④ 批患折難별환절난

색은 批의 발음은 '별[白結反]'이다. 또 발음은 '폐[豐雞反]'이다. 별환批患
은 쳐서 물리치는 것을 이른다. 折의 발음은 '절[之列反]'이다.
批 白結反 又音豐雞反 批患謂擊而卻之 折音之列反

> 채택이 말했다.
> "지금의 군주께서 충신을 친하게 대하고 옛 친구를 잊지 않는 것
> 들이 진효공이나 초도왕이나 월왕 구천句踐만 같지 못하고 군君의

공적이나 진실로 사랑하고 친히 총애 받는 것이 또한 상군이나 오기나 대부 종만 못합니다. 그럼에도 군의 녹봉과 지위는 귀하고 성대하며 사가私家의 부유함은 세 사람보다 지나칩니다. 만일 당신께서 물러나지 않는다면 아마도 근심이 세 사람보다 심할 것입니다. 군君께서 위태하게 될 것이 분명합니다.

속담에 이르기를 '해가 중천에 있으면 옮겨가고 달도 차면 이지러진다.'라고 했습니다. 사물이 성대하면 쇠약해지는 것은 하늘과 땅의 일관된 수순입니다. 나아가고 물러나고 가득 차고 쪼그라드는 것처럼 시간에 따라 변화하는 것을 성인聖人들은 일관된 도리로 여겼습니다. 그러므로 '국가에 도道가 있으면 나아가 벼슬하고 국가에 도가 없으면 물러나 숨는다.'라고 했습니다. 성인이 이르기를 '나는 용이 하늘에 있으면 대인大人을 만나는 것이 이롭다.①', '불의한데 부유하고 또 귀한 것은 나에게 있어서는 뜬구름과 같다.'라고 했습니다.

지금 군君께서는 이미 원수를 갚았고 덕에 대한 보답도 이미 해서 뜻한 바를 이루었는데 계책을 변경함이 없으니 군君께서 취하지 않는다는 것을 분명히 해야합니다. 또한 대저 물총새나 고니나 물소나 코끼리는 그들이 처하는 형세가 죽음에서 멀리하고자 하지 않은 것이 아니지만 그럼에도 죽게 되는 것은 먹이에 유혹되기 때문입니다.

蔡澤曰 今主之親忠臣不忘舊故不若孝公悼王句踐 而君之功績愛信親幸又不若商君吳起大夫種 然而君之祿位貴盛 私家之富過於三子 而身不退者 恐患之甚於三子 竊爲君危之 語曰 日中則移 月滿則虧 物盛則

衰 天地之常數也 進退盈縮 與時變化 聖人之常道也 故 國有道則仕 國
無道則隱 聖人曰 飛龍在天 利見大人 ① 不義而富且貴 於我如浮雲 今
君之怨已讎而德已報 意欲至矣 而無變計 竊爲君不取也 且夫翠鵠犀
象 其處勢非不遠死也 而所以死者 惑於餌也

① 飛龍在天 利見大人비룡재천 이견대인

신주 《주역》〈건괘乾卦 구오九五〉 효사爻辭로서 성군과 현신을 만나는
것을 상징한다. 같은 《주역》〈문언文言 구오〉에서 "구름은 용을 따르고
바람은 범을 따르니, 성인이 나오시면 만물이 모두 우러러본다.[雲從龍 風
從虎 聖人作而萬物觀]"는 구절도 비슷한 효사이다.

소진이나 지백智伯의 지혜가 치욕을 물리치고 죽음을 멀리하고자
하지 않은 것은 아니지만 그들이 죽은 것은 이로운 것을 탐하는
데 현혹되어 그치지 않아서 입니다. 이 때문에 성인은 예절로써
욕심을 제재하고, 백성에게 취하는 데에도 법도가 있고, 부리는
것을 제때에 하고, 사용하는 데에는 멈춤이 있었습니다. 그리하
여 뜻이 넘치지 않았고 행동이 교만하지 않았으며 항상 도道와 함
께해 실수하지 않았습니다. 그러므로 천하에서 계승하여 단절되
지 않는 것입니다.

옛날 제나라 환공桓公은 아홉 번이나 제후들을 규합하여 천하를
한 번에 바로잡았으나, 규구葵丘의 회합에 이르러서는 교만하고

자랑하는 뜻을 갖게 되자 배반한 자들이 9개국이었습니다. 오왕 부차夫差의 군사는 천하에서 대적할 자가 없었는데, 용맹하고 강한 것으로 제후를 경시하고 제나라와 진쯥나라를 능멸했습니다. 그러므로 자신은 죽임을 당하고 나라는 망했습니다.

하육夏育과 태사교太史嗷[1]가 한 번 꾸짖어 부르짖으면[2] 삼군三軍이 깜짝 놀랐습니다. 그러나 자신은 하찮은 사람에게 죽임을 당했습니다.[3] 이는 모두 지극히 성대한 것을 타고 도리로 되돌아가지 못했고, 낮은 곳에 살며 물러나 검약한 곳에 처하지 않은 우환 때문이었습니다.

蘇秦智伯之智 非不足以辟辱遠死也 而所以死者 惑於貪利不止也 是以聖人制禮節欲 取於民有度 使之以時 用之有止 故志不溢 行不驕 常與道俱而不失 故天下承而不絶 昔者齊桓公九合諸侯 一匡天下 至於葵丘之會 有驕矜之志 畔者九國 吳王夫差兵無敵於天下 勇彊以輕諸侯 陵齊晉 故遂以殺身亡國 夏育太史嗷[1]叱呼[2]駭三軍 然而身死於庸夫[3] 此皆乘至盛而不返道理 不居卑退處儉約之患也

① 夏育太史嗷하육태사교

색은 두 사람은 용맹한 자들로서 하육과 분육賁育이다. 嗷의 발음은 '교皎'이다.

二人勇者 夏育賁育也 嗷音皎

② 叱呼질호

집해 서광이 말했다. "호呼는 다른 판본에는 '음噖'으로 되어 있다."

徐廣曰 呼 一作喑

정의 呼의 발음은 '호[火故反]'이다.

呼 火故反

신주 꾸짖어 외치는 소리이다. 곧 성내어 소리치는 것이다.

③ 身死於庸夫신사어용부

색은 살펴보니 고유가 말했다. "하육은 전박田博에게 살해당했다." 그러나 태사교는 누구에게 살해되었는지 알지 못하겠다. 아마 제양왕齊襄王 때 태사는 아닐 것이다.

按 高誘云 夏育爲田搏所殺 然太史噭未知爲誰所殺 恐非齊襄王時太史也

대저 상군은 진나라 효공을 위해 법령을 명료하게 하여 간사함의 근원을 금지시켰으며 작위를 높이는 데는 반드시 상으로써 하였고 죄가 있으면 반드시 벌을 주었으며, 저울질을 공평하게 하고 도량을 바르게 하였으며, 가볍고 무거운 것들을 조절했습니다. 언덕을 파헤치고 개간해서 백성의 사업을 안정시키고 그 풍속을 한결같게 하고 백성에게 농사를 짓게하여 토지의 이로운 것을 권장하고 한 집에 두 가지의 일이 없게 하고 힘써 밭을 갈아 곡식을 비축하고 전쟁의 진법을 익히게 했습니다.

이로 인해 군사를 동원하면 토지를 넓혔으며 군대가 휴식하면 국가가 부유해졌습니다. 그러므로 진나라에는 천하에서 대적할 자가 없었습니다. 제후들에게 위엄을 세우고 진나라 사업을 성취시켰습니다. 그러나 공로가 성취되고 나자 마침내 거열형車裂刑에 처해졌습니다.

초나라 땅은 사방 수천 리이며 창을 든 군사가 백만 명인데 백기白起는 수만 명의 군사를 거느리고 초나라와 싸웠습니다. 첫번째 전투에서 언鄢과 영郢을 빼앗고 이릉夷陵을 불태웠으며 두번째 전투에서 남쪽으로 촉蜀과 한漢 땅을 합병했습니다.

또 한나라와 위나라를 넘어서 강력한 조나라를 공격하여 북쪽으로 가서 마복자馬服子(조괄)를 구덩이에 묻고 40여만 명의 군사를 도륙했으며 장평 아래에서 섬멸시켜 흐르는 피가 개울을 이루었고 요란한 소리는 우레와 같았으며 마침내 쳐들어가 한단을 포위하여 진나라로 하여금 제왕의 사업을 이루게 했습니다.

초나라와 조나라는 천하의 강성한 나라로 진나라의 원수였는데 그 이후로는 초나라와 조나라가 모두 두려워하고 복종하여 감히 진나라를 공격하지 못한 것은 백기의 위세 때문이었습니다. 백기가 복속시킨 성은 70여 성이었지만 공로가 이미 이루어졌는데도 결국은 칼을 받아 두우杜郵에서 죽었습니다.

오기는 초나라 도왕을 위해 법을 세우고 대신들의 엄중한 위세를 낮추었으며, 무능한 자를 파면하고 쓸모없는 것을 폐지하였고 급하지 않은 관직을 덜어내고 사사로운 집안의 청을 막았습니다. 초나라 풍속을 통일시켰으며, 떠돌아다니는 백성을 금지시켰고 농사지으면서 싸우는 군사들을 정예롭게 해서 남쪽으로는 양월楊越을 거두었고 북쪽으로는 진陳과 채蔡를 합병했으며 연횡책連橫策을 쳐부수고 합종책을 흩뜨려서 돌아다니며 유세하는 사인들이 그 입을 열지 못하게 했고 붕당을 금지시키고 백성을 격려하였으며, 초나라 정치를 안정시키고 군사로 천하를 진동시켰으며 위엄으로 제후들을 복종시켰습니다. 그러나 공로가 이루어지자 마침내 사지가 찢기는 형벌을 받았습니다.

대부 종은 월왕을 위해 심오한 계책과 원대한 계획으로 회계산에서 위급을 벗어나게 해서 망하는 것을 보존시켰으며 치욕을 영예로 만들고 초지를 개간하여 (백성들을) 읍으로 들였으며[①] 땅을 개척하여 곡식을 늘리고 사방의 사인들을 인솔하여 위아래의 힘을 하나로 만들었으며, 구천의 현명함을 보좌하여 부차夫差에게 원수를 갚았으며 마침내 강력한 오나라 왕을 사로잡고 월나라를 패자霸者로 만들었습니다. 공로가 이미 빛나고 확실해지자 구천은 마침내 그를 저버리고 죽였습니다.

夫商君爲秦孝公明法令 禁姦本 尊爵必賞 有罪必罰 平權衡 正度量 調輕重 決裂阡陌 以靜生民之業而一其俗 勸民耕農利土 一室無二事 力田稸積 習戰陳之事 是以兵動而地廣 兵休而國富 故秦無敵於天下 立威諸侯 成秦國之業 功已成矣 而遂以車裂 楚地方數千里 持戟百萬 白起率數萬之師以與楚戰 一戰擧鄢郢以燒夷陵 再戰南幷蜀漢 又越韓魏而攻彊趙 北阬馬服 誅屠四十餘萬之衆 盡之于長平之下 流血成川 沸聲若靁 遂入圍邯鄲 使秦有帝業 楚趙天下之彊國而秦之仇敵也 自是之後 楚趙皆慴伏不敢攻秦者 白起之勢也 身所服者七十餘城 功已成矣 而遂賜劍死於杜郵 吳起爲楚悼王立法 卑減大臣之威重 罷無能 廢無用 損不急之官 塞私門之請 一楚國之俗 禁遊客之民 精耕戰之士 南收楊越 北幷陳蔡 破橫散從 使馳說之士無所開其口 禁朋黨以勵百姓

定楚國之政 兵震天下 威服諸侯 功已成矣 而卒枝解 大夫種爲越王深
謀遠計 免會稽之危 以亡爲存 因辱爲榮 墾草入邑^① 辟地殖穀 率四方
之士 專上下之力 輔句踐之賢 報夫差之讎 卒擒勁吳 令越成霸 功已彰
而信矣 句踐終負而殺之

① 入邑입읍

색은 유씨가 말했다. "입入은 채우는 것과 같다. 뿔뿔이 흩어진 사람
들을 불러 이끌어 성읍에 가득 채우는 것을 이른다."

劉氏云 入猶充也 謂招攜離散 充滿城邑也

이 네 사람이 공로를 이루었음에도 떠나지 않아 재앙이 여기에
이른 것입니다. 이것을 이른바 '펼줄은 알지만 굽힐 줄을 모르
고^① 갈 줄은 알지만 돌아올 줄 모른다.'라고 하는 것입니다. 월
나라 범려范蠡는 이것을 알고 초연하게 세상을 피하여 오래토록
도주공陶朱公이 되었습니다. 군君께서는 유독 육박하는 자를 보
지 못했습니까? 어떤 이는 크게 (주사위를) 던지려 하고 어떤 이는
공을 나누려^② 하는데 이는 모두 군君께서 잘 아시는 바일 것입
니다.

지금 군君께서는 진나라 재상이 되었는데 계산해서 자리에서
내려오지 않고 조정을 도모한다고 나오지도 않고 앉아서 제후
들을 제어하며 삼천三川의 이익을 옮겨 의양宜陽 땅에 채우고^③

양장羊腸의 험한 곳을 터뜨려 태항산의 길을 막았습니다. 또 범范과 중항中行의 길을 갈라 육국六國이 합종하지 못하도록 하였으며 천릿길 잔도棧道를 촉蜀과 한漢 땅으로 통하게 해서 천하로 하여금 모두 진나라를 두렵게 했습니다. 진나라에서 얻고자 했던 것을 얻었고 군君의 공로를 지극하게 했으니 이 또한 진나라에서 공로를 나눌 때인 것입니다. 이와 같은데도 물러나지 않았는데 상군이나 백공白公(백기)④이나 오기나 대부 종이 이런 사람들입니다.

此四子者 功成不去 禍至於此 此所謂信而不能詘① 往而不能返者也 范蠡知之 超然辟世 長爲陶朱公 君獨不觀夫博者乎 或欲大投 或欲分功② 此皆君之所明知也 今君相秦 計不下席 謀不出廊廟 坐制諸侯 利施三川 以實宜陽③ 決羊腸之險 塞太行之道 又斬范中行之塗 六國不得合從 棧道千里 通於蜀漢 使天下皆畏秦 秦之欲得矣 君之功極矣 此亦秦之分功之時也 如是而不退 則商君白公④吳起大夫種是也

① 信而不能詘신이불능굴

색은 信의 발음은 '신申'이고 詘의 발음은 '굴屈'이다. 뜻을 이미 펼쳤는데도 물러나지 않는 것을 이른다.

信音申 詘音屈 謂志已展而不退

② 或欲大投 或欲分功혹욕대투 혹욕분공

집해 반고의 《혁지》에서 말한다. "박博은 던지는데 달려있지, 반드시 가는데 달려있지 않다." 나 배인은 '투投'를 주사위를 던지는 것이라 이른다.

班固弈指曰 博縣於投 不必在行 騙謂投 投瓊也

［색은］ 대저 박혁(노름)은 어떤 이는 크게 그의 주사위를 던져서 승리하고자 하고 어떤 이는 공로를 나누고자 하는데, 그 형세의 약한 것을 보고 땅에 던져서 공로를 나누어 멀리까지 구하고자 한 것을 이르는데 일의 내용이 《이아》에 조금 구비되어 있다. 살펴보니 《방언》에는 "박을 던지기 때문에 '평枰'(판)이라고 이른다."고 하는데, 枰의 발음은 '평平'이고, '국局'(판)이다.

言夫博弈 或欲大投其瓊以致勝 或欲分功者 謂觀其勢弱 則投地而分功以遠救也 事具小爾雅也 按 方言云 所以投博謂之枰 音平 局也

③ 施三川以實宜陽시삼천이실의양

［정의］ 시施는 전展과 같다. 삼천의 땅을 빼앗으려고 정벌한다는 말이다. 이실의양以實宜陽이란, 삼천을 열어서 의양을 채운다는 말이다.

施猶展也 言伐得三川之地 以實宜陽 言展開三川 實宜陽

［신주］ 의양은 원래 한나라 땅이었지만 진나라가 점령한 곳이다. 삼천三川은 한나라 서쪽인 낙양洛陽을 중심으로 흐르는 세 하천인 하수河水와 낙수洛水와 이수伊水가 흐르는 땅을 가리킨다. 삼천을 빼앗으면 의양은 더 충실해지기 때문에 이런 표현을 썼다.

④ 白公백공

［집해］ 서광이 말했다. "백기이다."

徐廣曰 白起

제가 들으니 '물로 거울을 삼는 자는 얼굴의 생김새를 볼 수 있고 남을 거울삼는 자는 길흉을 안다.'라고 했습니다. 《상서》^①에서는 '성공한 다음에 오래 거처하지 말라.'라고 했습니다.

네 사람이 재앙을 당했는데 군君께서는 어찌 여기에 머물러 있으려 하십니까? 군께서는 이러한 때에 재상의 인수를 돌려주어서 어진 이에게 양보하고 물러나 바위굴에 거처하면서 시내의 경치를 구경하며 사십시오. 그리한다면 반드시 백이伯夷의 청렴함이 있어 길이 응후가 되어 대대로 '고孤'를 일컫게 될 것입니다. 허유許由와 연릉계자延陵季子처럼 겸양함이 있다는 칭찬과 왕자 교喬와 적송자赤松子처럼 오래 살게 될 것입니다.^② 재앙을 입고 삶을 마치는 것과 비교하여 어느 편이 낫겠습니까? 곧 군께서는 어느 편에 머물 것입니까? 차마 스스로 떠나지 못하고 의심스러워 스스로 결정하지 못한다면 반드시 네 사람과 같은 재앙이 있을 것입니다. 《주역》에 이르기를 '높이 나는 용은 반드시 뉘우침이 있을 것이다.'라고 했습니다.^③ 이것이 오를 줄 알지만 내려올 줄은 모르고 펼줄 알지만 굽힐 줄 모르며 갈 줄 알지만 스스로 돌아올 줄 모른다고 하는 말입니다. 원컨대 군君께서는 헤아리십시오."

응후가 말했다.

"좋은 말씀이오. 내가 들으니 '하고자 하는데 만족할 줄 모르면 그는 하고자 하는 바를 잃게 되고, 가졌는데도 그만둘 줄 모르면 그가 가진 것을 잃어버린다.'라고 했소. 선생께서 다행히도 가르쳐 주었으니 저는 공경히 가르침을 받겠습니다."

이에 (채택을) 맞아들여 상객上客으로 삼았다.

吾聞之 鑒於水者見面之容 鑒於人者知吉與凶 書曰^① 成功之下 不可久
處 四子之禍 君何居焉 君何不以此時歸相印 讓賢者而授之 退而巖居
川觀 必有伯夷之廉 長爲應侯 世世稱孤 而有許由延陵季子之讓 喬松
之壽^② 孰與以禍終哉 卽君何居焉 忍不能自離 疑不能自決 必有四子之
禍矣 易曰 亢龍有悔^③ 此言上而不能下 信而不能詘 往而不能自返者也
願君孰計之 應侯曰 善 吾聞 欲而不知(止)〔足〕 失其所以欲 有而不知
(足)〔止〕 失其所以有 先生幸敎 雎敬受命 於是乃延入坐 爲上客

① 書曰서왈

신주 지금의《상서》에는 없다. 전해지는 과정에서 사라진 문장인 것
같다.

② 喬松之壽교송지수

신주 교송은 옛날 장수한 사람을 뜻한다. 왕자 교와 적송자이다.

③ 亢龍有悔항룡유회

신주 《주역》의 건괘乾卦 상구上九의 효사이다. "너무 높이 올라간 용은
후회가 있다."라는 뜻으로 진퇴에 중정中正한 도를 잃고 너무 지나친 것을
추구하면 좋지 않다는 뜻이다.

며칠 뒤에 (응후는) 조회에 들어가 진소왕에게 말했다.

"객客이 새로이 산동山東에서 왔는데 채택이라고 합니다. 그 사람은 말을 잘 하는 사인이고 삼왕三王의 사업과 오패五伯의 사업과 세속의 변화에 밝아 진나라 국정을 부탁하기에 충분합니다. 신이 사람을 매우 많이 만나보았으나 이에 미치지 못했고 신도 이 사람만 못합니다. 신이 감히 아뢰옵니다."

진나라 소왕이 불러서 접견하고 함께 대화하고 크게 기뻐하며 제수해 객경客卿으로 삼았다. 응후는 이로 인하여 병을 핑계대어 사양하고 청하여 재상의 인수를 돌려보냈다. 소왕은 억지로 응후를 기용하려고 했는데, 응후는 마침내 질병이 위독하다고 핑계를 댔다. 범저가 재상을 면직하자 소왕은 채택의 계책을 듣고 기뻐하며 마침내 진나라 재상으로 삼아 동쪽으로 주나라 왕실을 거두어들였다.

채택이 진나라 재상이 된 지 수개월이 지났다. 어떤 사람이 채택을 헐뜯자 죽게 될까 두려워 이에 병을 핑계대고 재상의 인수를 돌려보냈다. 그러나 그를 불러 강성군綱成君으로 삼았다. 채택은 진나라에 10여 년을 살면서 소왕과 효문왕孝文王과 장양왕莊襄王을 섬겼다. 마침내 시황제를 섬겨 진나라를 위해 연나라에 사신으로 갔는데, 3년 뒤에 연나라는 태자 단丹을 진나라에 인질로 들어가게 했다.

後數日 入朝 言於秦昭王曰 客新有從山東來者曰蔡澤 其人辯士 明於三王之事 五伯之業 世俗之變 足以寄秦國之政 臣之見人甚衆 莫及 臣不如也 臣敢以聞 秦昭王召見 與語 大說之 拜爲客卿 應侯因謝病請歸

相印 昭王彊起應侯 應侯遂稱病篤 范雎免相 昭王新說蔡澤計畫 遂拜
爲秦相 東收周室 蔡澤相秦數月 人或惡之 懼誅 乃謝病歸相印 號爲綱
成君 居秦十餘年 事昭王孝文王莊襄王 卒事始皇帝 爲秦使於燕 三年
而燕使太子丹入質於秦

태사공은 말한다.

한비자韓非子^①가 일컫기를 "긴 소매는 춤을 잘 추게 하고 많은
돈은 장사를 잘할 수 있게 한다."라고 했는데 믿을 만하다, 이 말
이여! 범저와 채택은 세상에서 이른바 '말 잘하는 사인'이었다. 그
러나 제후들에게 유세하면서 머리가 허옇게 셀 때까지 알아주는
군주를 만나지 못한 것은 그의 계책이 졸렬해서가 아니라 유세하
는 힘이 적었기 때문이다.

두 사람이 나그네 신분으로 진秦나라에 들어가 잇달아 경상卿相
이 되어 공을 천하에 드리우게 된 것은 진실로 강하고 약한 형세
가 달랐기 때문이다. 그러나 사인도 우연히 만나게 되는 경우가
있지만 현명하기가 이 두 사람보다 더 많은 능력이 있더라도 뜻을
다할 수 있는 기회를 얻지 못한 것을 어찌 다 말할 수 있겠는가!
그러나 이 두 사람이 곤궁함에 처하지 않았더라면 어찌 떨치고
일어날 수 있었겠는가?^②

太史公曰 韓子^①稱 長袖善舞 多錢善賈 信哉是言也 范雎蔡澤世所
謂一切辯士 然遊說諸侯至白首無所遇者 非計策之拙 所爲說力少也
及二人羇旅入秦 繼踵取卿相 垂功於天下者 固彊弱之勢異也 然士

> 亦有偶合 賢者多如此二子 不得盡意 豈可勝道哉 然二子不困戹 惡
> 能激乎②

① 韓子한자

신주 한비자韓非子를 말한다.

② 二子不困戹 惡能激乎이자불곤액 오능격호

색은 두 사람은 범저와 채택이다. 범저는 위제에게 곤액을 당해 갈비
가 부러지고 이도 부러졌다. 채택은 조나라에서 곤욕을 당하고 쫓기면서
솥까지 빼앗김을 당한 것이 이것이다. 惡의 발음은 '오烏'이다. 激의 발음
은 '격擊'이다.

二子 范雎蔡澤也 雎厄於魏齊 折脅摺齒 澤困於趙 被逐棄鬲是也 惡音烏 激音
擊也

색은술찬 사마정이 펼쳐서 밝히다.

응후는 곤란을 당하기 시작해서 (왕계에) 의탁해 수레에 실려 서쪽으로 갔
다. 설득을 행하고 계획을 세우며 정안평을 귀하게 만들고 왕계를 총애
했다. 진나라에 의지하여 조나라를 매수했고 끝내 위제에게 복수했다.
강성군(채택)은 달변과 지혜가 있었고 범저가 채택을 불러 이끌었다. 권세
와 이익을 기울여 빼앗아 한 마디에 (재상이 되는) 지름길을 이루었구나!

應侯始困 託載而西 說行計立 貴平寵稽 倚秦市趙 卒報魏齊 綱成辯智 范雎招
攜 勢利傾奪 一言成蹊

사기 제80권 史記卷八十

악의열전 樂毅列傳

신주 악의樂毅는 자성子姓에 악씨樂氏이다. 위魏나라 장수 악양樂羊의
후예인데 선조 악양이 중산국을 멸망시키고 중산군 수도인 영수靈壽에
봉함을 받았기 때문에 악의도 영수에서 태어났다. 악의는 어려서부터
병법을 좋아했는데 연소왕燕昭王이 즉위해서 널리 인재를 구하는 정책
을 펴자 연나라로 가서 객경客卿이 되었고, 뒤에 상장군上將軍이 되었다.
연나라는 강국 제齊나라의 공세에 곤궁을 겪고 있었을 때, 악의가 조趙,
초楚, 한韓, 위魏, 연燕의 5국 연합군을 결성해서 제齊나라 정벌에 나서 수도
임치臨淄를 함락시키고, 그 재보財寶를 연나라로 옮겼다. 그 후 5년에 걸쳐
제나라의 70여 성城을 함락시키고, 이들을 모두 군현郡縣으로 만들어
연나라에 귀속시켰다.

연소왕이 죽고 연혜왕燕惠王이 즉위하자, 제나라 전단田單은 연혜왕에
게 반간계를 써서 악의와 이간시켜 연혜왕이 장수 기겁騎劫으로 교체하
자 악의는 조趙나라로 망명했다. 기겁이 이끄는 연나라 군사는 전단에게
패퇴敗退하고서야 혜왕이 그를 잃은 것을 후회해 사죄하고 선왕의 후의를
잊지 말고 돌아올 것을 요청했다. 이에 악의는 답장으로 '보유연혜왕서
報遺燕惠王書'를 보내는데, 여기에서 자신이 연소왕과 충의로움을 말하면서

혜왕의 실덕失德과 자신의 애절한 심정을 토로하고 있다.

　이에 연혜왕은 악의의 아들 악간樂間을 창국공昌國公으로 봉했고, 조나라와 연나라는 그를 객경으로 삼아 서로 간 우호를 맺어 화평하였다. 그 후 악의는 조국에서 세상을 떠났다.

　지금의 산동성 악릉시에는 '악의수樂毅樹'가 있다. 악의가 제나라를 정벌하고 악릉樂陵에 진군했을 때, 경내의 대추가 특별히 달고 시원했다. 악의는 이곳의 물과 흙 때문이라고 여기고 연나라에서 천 그루 이상의 대추나무를 옮겨다 심게 명령했다. 지금은 전쟁과 약탈을 거치며 많이 남지 않았으나 아직도 일부가 남아 있다. 현지에서는 악의가 심었다고 해서 '악의나무'라고 부르는데, 이는 당시 악의의 명성이 어느 정도였는지를 가늠하게 한다.

중산국을 멸망시킨 악의 집안

악의는 그 선조가 악양樂羊이다. 악양은 위문후魏文侯의 장군으로서 정벌에 나서 중산국中山國①을 빼앗자 위문후는 악양을 영수靈壽②에 봉했다. 악양이 죽자 그를 영수에 장사지냈는데 그 뒤 자손들이 그곳에 집을 짓고 일가를 이루었다. 중산국은 다시 나라를 일으켰으나 조나라 무령왕武靈王 때에 이르러 다시 중산국을 멸했다.③

악씨들의 후손에 악의가 있었다. 악의는 현명했으며 병법을 좋아해서 조나라 사람이 추천했다. 조나라 무령왕에 이르러 사구沙丘의 난④이 있자 이에 조나라를 떠나서 위魏나라로 갔다. 소문에 연나라 소왕은 자지子之의 난을 당해서 제나라가 연나라를 크게 무너뜨렸고, 연나라 소왕은 제나라를 원망하면서 일찍이 하루라도 제나라에 대한 복수를 잊지 않고 있었다고 했다.

연나라는 작은 나라이자 구석지고 멀었으므로 힘으로 제나라를 제어하지 못했다. (연소왕은) 이에 자신을 굽히고 사인에게 겸손했는데 먼저 곽외郭隗⑤를 예우함으로서 어진 이들을 불러들이려 했다. 악의는 이에 위소왕魏昭王을 위해 연나라 사신으로 갔는데 연왕은 손님의 예로써 대우했다. 악의는 사양했지만 마침내 몸을 맡기고 신하가 되었다. 연나라 소왕은 악의를 아경亞卿으로 삼았는데 그 뒤 오랜 세월이 흘렀다.

樂毅者 其先祖曰樂羊 樂羊爲魏文侯將 伐取中山^① 魏文侯封樂羊以靈壽^② 樂羊死 葬於靈壽 其後子孫因家焉 中山復國 至趙武靈王時復滅中山^③ 而樂氏後有樂毅 樂毅賢 好兵 趙人擧之 及武靈王有沙丘之亂^④ 乃去趙適魏 聞燕昭王以子之之亂而齊大敗燕 燕昭王怨齊 未嘗一日而忘報齊也 燕國小 辟遠 力不能制 於是屈身下士 先禮郭隗^⑤以招賢者 樂毅於是爲魏昭王使於燕 燕王以客禮待之 樂毅辭讓 遂委質爲臣 燕昭王以爲亞卿 久之

① 中山중산

정의 지금의 정주定州이다.

今定州

② 靈壽영수

집해 서광이 말했다. "상산군에 속한다."

徐廣曰 屬常山

색은 〈지리지〉에서 상산군에 영수현이 있는데, 중산국 환공桓公이 도읍한 곳이라 한다.

地理志常山有靈壽縣 中山桓公所都也

정의 지금의 진주鎭州 영수이다.

今鎭州靈壽

③ 滅中山멸중산

색은 중산中山은 위魏나라에서 비록 멸망시켰으나 아직 제사는 끊어지지 않았다. 그러므로 다시 뒤에 국가를 복원시켰으며 조나라 무령왕에 이르러 또 멸망당했다.

中山 魏雖滅之 尚不絕祀 故後更復國 至趙武靈王又滅之也

신주 중산국은 북적北狄의 한 지파인 백적白狄 선우씨鮮虞氏가 세운 나라이다. 중국 학계의 일부에서는 희성姬姓으로 하화족의 한 분파라고 말하고 있으나 백적 자체가 하화족일 수는 없다는 점에서 동이족이라고 할 수 있다. 그 위치는 조국趙國과 연국燕國 사이에 있었는데, 처음에는 고顧 땅에 도읍했다가 나중에 지금의 하북성 평산현平山縣 영수靈壽로 옮겼다. 성 안에 산이 있어서 국명으로 삼았다. 서기전 507년 건립되었다가 서기전 406년 위魏나라 장수 악양樂羊에 의해 멸망당했다. 서기전 380년 경 중산환공中山桓公이 다시 나라를 재건했다. 재건 후 북쪽으로 연나라를 공격하고 남쪽으로 조나라를 공격할 정도로 강성했으나 여러 번 조나라의 공격을 당해 약화되었다가 서기전 296년 조나라에 멸망당했다.

④ 沙丘之亂사구지란

집해 서광이 말했다. "조나라에 사구궁沙丘宮이 있는데 거록 땅에서 가깝다."

徐廣曰 趙有沙丘宮 近鉅鹿

⑤ 郭隗곽외

정의 《설원》에서 말한다. "연소왕이 곽외에게 묻기를 '과인의 나라는 땅이 좁고 백성은 적은데 제나라 사람에게 계薊 땅의 8개 성을 빼앗기고 흉노는 누번樓煩 아래까지 말을 달리고 있소. 고孤가 불초해서 종묘를 이어 받들었으나 사직을 위태롭게 할까 두려운데 보존할 길이 있겠습니까?'라고 했다. 곽외가 말하기를 '제왕의 신하는 그 명분은 신하이지만 그 실상은 스승입니다. 왕자王者의 신하는 그 명분은 신하이지만 그 실상은 친구입니다. 패자霸者의 신하는 그 명분은 신하이지만 그 실상은 하인입니다. 위태하고 곤궁한 국가의 신하는 그 명분은 신하이지만 그 실상은 포로입니다.

지금 왕께서 장차 스스로 동면東面하여 눈으로 지시하고 기로 부리는 신하를 구한다면 하인의 일을 할 만한 인재가 이를 것입니다. 남면南面하고 조회를 들으면서 읍양揖讓의 도리를 잃지 않고 신하를 구한다면 사람의 신하되는 인재가 이를 것입니다. 북면北面하고 예를 동등하게 해 세력을 타지 않고 신하를 구한다면 벗을 할 수 있는 인재가 이를 것입니다. 서면西面하고 머뭇거리며 신하를 구한다면 사부의 인재가 이를 것입니다. 진실로 왕과 패자와 길을 함께하고자 한다면 제가 천하의 사인에게 길을 열게 할 것을 청합니다.'라고 했다. 이에 항상 곽외를 두어서 상객으로 삼았다."

說苑云 燕昭王問於隗曰 寡人地狹民寡 齊人取薊八城 匈奴驅馳樓煩之下 以孤之不肖 得承宗廟 恐社稷危 存之有道乎 隗曰 帝者之臣 其名臣 其實師 王者之臣 其名臣 其實友 霸者之臣 其名臣 其實僕 危困國之臣 其名臣 其實虜 今王將自東面目指氣使以求臣 則廝役之才至矣 南面聽朝 不失揖讓之理以求臣 則人臣之才至矣 北面等禮 不乘之以勢以求臣 則朋友之才至矣 西面逡巡以求臣 則師傅之才至矣 誠欲與王霸同道 隗請爲天下之士開路 於是常置隗爲上客

신주 연소왕 초기에 연나라 영역은 이수易水 부근이었다. 이는 〈연소공세가〉와 〈조세가〉를 보면 명백하다. '계 땅의 8개 성을 빼앗기고 흉노가

누번 아래까지 말을 달린다.'는 표현은 그릇된 표현으로 보인다. 《설원》
은 전한前漢 사람 유향劉向이 지은 일종의 소설집인데, 교훈적인 내용을
담은 서책으로, 약간의 역사 사실에 후대의 인식을 담은 창작에 가까워
역사서로는 한계가 있다.

이때 제나라 민왕湣王이 강성하여 남쪽으로는 초나라 재상인 당
매唐眜①의 군대를 중구重丘②에서 무너뜨리고 서쪽으로 삼진三晉
을 관진觀津③에서 꺾고 드디어 삼진과 함께 진秦나라를 공격했으
며,④ 조나라를 도와 중산국을 멸망시켰다.⑤ 또 송나라를 쳐부수
고 땅 1,000리를 넓혔다.⑥

진秦나라 소왕과 함께 위세를 다투어 제帝가 되었다가 다시 원상
태인 왕王으로 복귀했다. 제후들은 모두 진秦나라를 배신하고 제
나라에 복종하고자 했다. 제민왕이 스스로 교만해지자 백성은 그
것을 감당하지 못했다. 이에 연나라 소왕이 제나라를 정벌하는
일을 물었다. 악의가 대답해서 말했다.

"제나라는 패국霸國의 여력이 남아 있고 국토가 광대하고 인구가
많아서 단독으로 공격하는 것이 쉽지 않습니다. 왕께서 반드시
정벌하고자 한다면 조나라와 초나라와 위나라가 함께하는 것만
같지 못할 것입니다."

이에 악의를 시켜서 조나라 혜문왕과 동맹을 맺게 하고 따로 사신
을 초나라와 위나라에 보내 연대케 하고, 조나라로 하여금 진나
라를 설득케 해서 제나라를 정벌하는 것이 이로움을 나아가 설명

하게 했다.⑦ 제후들은 제나라 민왕이 교만하고 포악스러운 것에 피해를 입었으므로 모두 다투어 합종책을 따라 연나라와 함께 제나라를 정벌했다.⑧

當是時 齊湣王彊 南敗楚相唐眛①於重丘② 西摧三晉於觀津③ 遂與三晉
擊秦④ 助趙滅中山⑤ 破宋 廣地千餘里⑥ 與秦昭王爭重爲帝 已而復歸
之 諸侯皆欲背秦而服於齊 湣王自矜 百姓弗堪 於是燕昭王問伐齊之
事 樂毅對曰 齊 霸國之餘業也 地大人衆 未易獨攻也 王必欲伐之 莫如
與趙及楚魏 於是使樂毅約趙惠文王 別使連楚魏 令趙嚪說秦⑦以伐齊
之利 諸侯害齊湣王之驕暴 皆爭合從與燕伐齊⑧

① 唐眛당매

색은 眛의 발음은 '말[莫葛反]'이다.

莫葛反

신주 眛의 발음은 '매'와 '말'의 두 가지가 있다. 〈초세가〉와 일관성을 가지기 위해 여기서는 '당매'로 번역한다.

② 重丘중구

색은 〈지리지〉에는 현 이름인데 평원군에 속한다.

地理志縣名 屬平原

정의 기주冀州 성무현 영역에 있다.

在冀州城武縣界

신주 중구에서 초나라 당매를 무찌른 주역은 진秦이며, 연합한 국가는 한나라와 위나라와 제나라이다. 특히 제나라는 중간에 송나라가 있으니 싸우는 시늉만 했다. 이때는 진나라 소양왕 6년으로 제나라 선왕 말년인 19년이다. 사마천의 기년으로는 민왕 때인데, 제나라가 강성해진 이야기와는 차이가 있다.

③ 觀津관진

색은 〈지리지〉에 관진은 현 이름이다. 신도군에 속하며 한漢나라 초에는 청하군에 속했다.

地理志觀津 縣名 屬信都 漢初屬淸河也

정의 기주冀州 무읍현 동남쪽 25리에 있다.

在冀州武邑縣東南二十五里

신주 제나라가 관진에서 위나라와 조나라를 무찌른 일은 제나라 선왕 3년과 위나라 양왕 2년인 서기전 317년이므로, 역시 제민왕 때 제나라가 강성해진 이야기와는 차이가 있다.

④ 與三晉擊秦어삼진격진

신주 제나라가 삼진과 연합하여 진나라를 친 사건은 기록에 없다. 위나라 양왕 21년과 제나라 민왕 3년인 서기전 298년에 위나라와 한나라가 진나라 함곡관을 치는데, 제나라가 일부 참여한 일은 있었다.

⑤ 助趙滅中山조조멸중산

신주 제나라가 조나라를 도와 중산을 멸했다는 것은 〈조세가〉에도 나온다. 그러나 또 다른 〈조세가〉 기록으로는 중산을 돌보지 못해 조나라에게 망했다는 표현도 나온다. 중산국은 제나라와 국경을 접하지 않았고, 조나라 북동쪽에서 조나라를 괴롭히는 중산은 오히려 제나라에게 필요한 존재였다. 따라서 여기 '조助' 자는 오히려 '수수방관하여 도왔다' 라는 뜻으로 이해하면 될 것이다.

⑥ 破宋 廣地千餘里파송 광지천여리

신주 실질적으로 제나라가 강성해진 것은 송나라를 병합한 서기전 286년이다. 그러나 제나라는 진秦나라의 견제와 반격을 받아 서기전 285년과 284년에 걸쳐 결국 6국 연합의 공격을 받고 동방의 강자 제나라는 무너지게 된다.

⑦ 趙䵣說秦조담설진

집해 서광이 말했다. "담䵣은 나아가 설명한다는 뜻이다."

徐廣曰 䵣 進說之意

색은 䵣의 발음은 '잠[田濫反]'이다. 글자는 '담䏧' 자와 동일하다.

䵣音田濫反 字與䏧字同也

⑧ 皆爭合從與燕伐齊개쟁합종여연벌제

신주 〈세가〉를 종합하면, 6국 연합을 주도한 것은 진나라였다. 진나라에게 시달려 많은 땅을 잃은 국가들은 동방의 제나라마저 강대해지자, 진나라 유인책에 쉽게 넘어가서 제나라 연합공격에 가담한 것으로 보인다. 하지만 이는 커다란 착오였다. 제나라가 무너지자마자, 삼진과 초나라는 다시 진나라의 압박으로 패전을 거듭하며 많은 땅을 잃고 멸망으로 치닫는다. 진나라를 견제할 유일한 세력인 제나라가 유명무실해졌기 때문이다.

악의가 돌아와서 보고하자 연나라 소왕은 모든 군사를 일으켜 악의를 상장군上將軍으로 삼았다. 조나라 혜문왕은 상국의 인수를 악의에게 주었다. 악의는 이에 조나라와 초나라와 한나라와 위나라와 연나라 군사들을 아울러 거느리고① 제나라를 공격해 제수濟水 서쪽에서 (제나라를) 쳐부수었다. 제후들의 군사는 일을 마치고 돌아갔으나 악의는 연나라 군사를 이끌고 홀로 추격해서 임치臨菑까지 이르렀다.

제나라 민왕은 제수 서쪽에서 패하자 도망쳐 거莒 땅에서 지켰다. 악의는 홀로 머물러 제나라를 순회했으나 제나라는 모두 성을 굳게 지키고 있었다. 악의는 임치로 들어가 공격하고 제나라의 보배로운 재물과 제기들을 모두 빼앗아 연나라로 실어 보냈다.

연나라 소왕은 크게 기뻐하며 친히 제수 주변에 이르러 군사들을 위로하고 상을 시행하며 군사들에게 연회를 열어 주었다. 악의를 창국昌國②에 봉하고 창국군이라 불렀다. 이에 연나라 소왕은 제나라에서 노획한 전리품을 거두어 연나라로 돌아가고 악의에게 다시 군사를 이끌고 함락되지 않은 제나라 성들을 평정하도록 했다.

樂毅還報 燕昭王悉起兵 使樂毅爲上將軍 趙惠文王以相國印授樂毅 樂毅於是幷護①趙楚韓魏燕之兵以伐齊 破之濟西 諸侯兵罷歸 而燕軍 樂毅獨追 至于臨菑 齊湣王之敗濟西 亡走 保於莒 樂毅獨留徇齊 齊皆 城守 樂毅攻入臨菑 盡取齊寶財物祭器輸之燕 燕昭王大說 親至濟上 勞軍 行賞饗士 封樂毅於昌國② 號爲昌國君 於是燕昭王收齊鹵獲以歸 而使樂毅復以兵平齊城之不下者

① 幷護병호

호護는 총사령관을 이른다.

護謂總領之也

② 昌國창국

집해 서광이 말했다. "제군에 속한다."

徐廣曰 屬齊

색은 〈지리지〉에는 현 이름이고 제군에 속한다.

地理志縣名 屬齊郡

정의 옛 창성은 치주淄州 치천현淄川縣 동북쪽 40리에 있다.

故昌城在淄州淄川縣東北四十里也

악의는 제나라에 5년 동안 머물면서 정벌해서 제나라 70여 개의 성을 함락시켜 모두 군郡과 현縣으로 만들어 연나라에 소속시켰는데 유독 거莒와 즉묵卽墨만 항복시키지 못했다.①

때마침 연나라 소왕이 죽고 아들이 뒤를 이어 연나라 혜왕惠王이 되었다. 연혜왕은 태자 시절부터 일찍이 악의를 불쾌하게 여겼다. 왕위에 오르자 제나라 전단田單이 이 소문을 듣고 이에 연나라에 반간계를 써서 말했다.

"제나라 성으로 함락되지 않은 것은 두 성뿐이다. 그러나 일찍 함락시키지 않은 연유는 악의가 연나라 새로운 왕과 틈이 생겨 싸움을 오래도록 끌면서 또한 제나라에 머물러 남면하고 제나라에서 왕이 되려는 것이다. 제나라에서 근심하는 것은 오직 다른 장군이 오는 것을 두려워한다.”

이에 연나라 혜왕은 실로 이미 악의를 의심하고 있는 터에 제나라 반간의 말을 믿어 기겁騎劫②으로 장수를 대신하게 하고 악의를 소환했다. 악의는 연나라 혜왕이 자신과 사이가 좋지 않아 교체한 것을 알아차리고 처벌받을 것을 두려워하여 드디어 서쪽으로 가서 조나라에 투항했다. 조나라는 악의를 관진觀津에 봉하고 망제군望諸君③이라고 불렀다. 악의를 떠받들어 총애하자 연나라와 제나라에서 놀라서 동요했다.

제나라 전단田單은 뒤에 기겁과 싸웠는데 과연 속임수를 써서 연나라 군대를 속이고 드디어 기겁을 즉묵 아래에서 쳐부수었다. 그리고 여기저기서 싸워 연나라 군사를 축출하고 북쪽으로 하수 주변④에 이르렀으며, 제나라 성들을 모두 회복했다. 또 제양왕齊襄王을 거莒 땅에서 맞이하여 임치로 들어갔다.

樂毅留徇齊五歲 下齊七十餘城 皆爲郡縣以屬燕 唯獨莒卽墨未服① 會燕昭王死 子立爲燕惠王 惠王自爲太子時嘗不快於樂毅 及卽位 齊之田單聞之 乃縱反間於燕 曰 齊城不下者兩城耳 然所以不早拔者 聞樂毅與燕新王有隙 欲連兵且留齊 南面而王齊 齊之所患 唯恐他將之來 於是燕惠王固已疑樂毅 得齊反間 乃使騎劫②代將 而召樂毅 樂毅知燕惠王之不善代之 畏誅 遂西降趙 趙封樂毅於觀津 號曰望諸君③ 尊寵樂毅以警動於燕齊 齊田單後與騎劫戰 果設詐誑燕軍 遂破騎劫於卽墨下 而轉戰逐燕 北至河上④ 盡復得齊城 而迎襄王於莒 入于臨菑

① 唯獨莒卽墨未服유독거즉묵미복

[정의] 즉묵은 지금의 래주萊州이다.

卽墨今萊州

② 騎劫기겁

[색은] 연나라 장수의 성명이다.

燕將姓名也

③ 望諸君망제군

[색은] 망제望諸는 연못 이름인데 제나라에 있다. 아마 조나라에서 차지했을 것이다. 그래서 호칭한 것이다. 《전국책》에는 '망望'이 '람藍'으로 되어 있다.

望諸 澤名 在齊 蓋趙有之 故號焉 戰國策 望 作藍也

④ 北至河上북지하상

[정의] 창주滄州와 덕주德州 두 주의 북쪽 황하이다.

滄德二州之北河

무너진 공로와 후손

연나라 혜왕은 기겁을 시켜 악의를 대신하게 한 일 때문에 군대가 부서지고 장군을 잃었으며 제나라 땅을 잃어버린 것을 후회했다. 또 악의가 조나라로 가서 투항한 것을 원망하고 조나라에서 악의를 등용하여 연나라가 무너진 틈을 타고 공격할까 두려워했다. 연혜왕은 이에 사람을 보내 악의를 꾸짖고 또 한편으로는 사과하며 말했다.

"선왕께서는 온 나라를 장군에게 맡겼으며 장군은 연나라를 위해 제나라를 쳐부수어 선왕의 원수를 갚아 천하를 진동시키지 않음이 없었는데 과인이 어찌 감히 하루라도 장군의 공로를 잊겠소? 때마침 선왕께서 군신群臣을 버리시어 과인이 새로 즉위했는데 좌우에서 과인을 잘못 인도했소. 과인이 기겁을 시켜 장군을 대신하게 했던 것은 장군이 오래도록 밖에서 고생하고 있었기 때문이오. 그래서 장군을 불러 장차 휴식시키다가 나랏 일을 도모하려 한 것이오. 장군께서 잘못 전해 듣고 과인과 함께하는데 틈이 있는 것으로 여기고 드디어 연나라를 버리고 조나라로 돌아갔소. 장군께서 스스로를 위하는 계책이라면 괜찮으나 그러나 또한 선왕께서 장군의 뜻에 대우한 까닭을 무엇으로 보답하겠소?"

악의는 연혜왕에게 답장을 보내서 말했다.

"신은 재능이 없어 왕명을 받들어 모시거나 좌우 신하들의 마음에 따를 수 없어, 선왕의 현명하심을 해치고 족하의 의義에 해를 끼칠 것이 두려워 도망하여 조나라로 달아났습니다. 지금 족하께서 사람을 시켜서 저의 죄를 여러번 꾸짖게 했는데 신은 (연혜왕을) 모시는 자들이 선왕께서 신의 의리를 총애하는 까닭을 살피지 못하고 또 신이 선왕의 뜻을 섬기는 까닭을 알지 못합니다. 그러므로 감히 글로써 대답합니다.

신이 듣기에 '어질고 성스러운 군주는 사사롭게 친한 자에게 녹봉을 내리지 않고 그 공로가 많은 자에게 상을 주며 그 능력에 합당한 자에게 자리를 준다.'라고 했습니다. 이 때문에 능력을 살펴서 관직을 주는 자는 성공한 군주이고 행동을 따져서 사귐을 맺는 자는 이름을 세우는 사인입니다. 신이 남모르게 선왕의 거동을 살폈는데, 세상에서 뛰어난 군주의 마음을 지니신 것을 보았습니다.[①]

그러므로 위魏나라에서 사신의 신분을 빌려 제 자신으로써 연나라를 살펴보게 되었습니다. 선왕께서는 과감하게 저를 등용하시어 빈객 가운데 섞어 두셨다가 모든 신하의 위에 세우셨는데, 부형[②]들과 상의하지도 않고 아경亞卿으로 삼은 것입니다. 신이 가만히 생각하니 (그 이유를) 스스로 알지 못했지만 스스로 명령을 받들어 가르침을 이어 나간다면 다행히 허물이 없을 것으로 여겼으므로 명령을 받고 사양하지 않았습니다.

燕惠王後悔使騎劫代樂毅 以故破軍亡將失齊 又怨樂毅之降趙 恐趙用樂毅而乘燕之弊以伐燕 燕惠王乃使人讓樂毅 且謝之曰 先王擧國而委

將軍 將軍爲燕破齊 報先王之讎 天下莫不震動 寡人豈敢一日而忘將
軍之功哉 會先王棄群臣 寡人新卽位 左右誤寡人 寡人之使騎劫代將
軍 爲將軍久暴露於外 故召將軍且休 計事 將軍過聽 以與寡人有隙 遂
捐燕歸趙 將軍自爲計則可矣 而亦何以報先王之所以遇將軍之意乎樂
毅報遺燕惠王書曰 臣不佞 不能奉承王命 以順左右之心 恐傷先王之
明 有害足下之義 故遁逃走趙 今足下使人數之以罪 臣恐侍御者不察
先王之所以畜幸臣之理 又不白臣之所以事先王之心 故敢以書對 臣聞
賢聖之君不以祿私親 其功多者賞之 其能當者處之 故察能而授官者
成功之君也 論行而結交者 立名之士也 臣竊觀先王之擧也 見有高世
主之心^① 故假節於魏 以身得察於燕 先王過擧 廁之賓客之中 立之群臣
之上 不謀父兄^② 以爲亞卿 臣竊不自知 自以爲奉令承敎 可幸無罪 故
受令而不辭

① 高世主之心고세주지심
정의 악의는 연소왕 스스로 세상에서 뛰어난 군주의 마음을 가진 것
을 보았으므로 위나라 절부節符를 빌려서 연나라에 사신으로 갔다.
樂毅見燕昭王有自高尊世上人主之心 故假魏節使燕

② 父兄부형
정의 두예가 말했다. "부형은 (연소왕과) 동성의 여러 신하이다."
杜預云 父兄 同姓群臣也

선왕께서 명하시기를 '나는 제나라에 쌓인 원한과 깊은 노여움이 있어서 연나라가 허약한 것은 생각하지도 않고 제나라를 치는 것을 일로 삼고자 하는 것이오.'라고 했습니다. 신이 대답하기를 '대저 제나라는 패업을 이루었던 나라로 승리를 이끌었던 유업이 있습니다. 그리고 군사가 무기쓰는 법에 숙달되어 공격하는 것에도 익숙합니다. 왕께서 만약 정벌하고자 한다면 반드시 천하와 함께 도모해야 합니다. 천하와 함께 도모하는 데는 조나라와 동맹을 맺는 것이 가장 좋습니다. 또 회수淮水의 북쪽과 송나라 땅은 초나라와 위나라가 탐내는 바이니 조나라가 만약에 허락하여 네 나라가 공격하는 것을 약속한다면 제나라는 크게 부서질 것입니다.'라고 했습니다. 선왕께서는 그렇게 하겠다고 여기시고 부절을 갖추어 남쪽 조나라에 신을 사신으로 보냈습니다.

돌아와 보고하고 군사를 일으켜 제나라를 공격했습니다. 하늘의 도道와 선왕의 신령함으로 하수 북쪽 땅은 선왕을 따랐으므로 제수 주변에서[1] 거병하니 제수 주변 군대가 명을 받아 제나라를 공격하여 제나라를 크게 무너뜨렸습니다. 날랜 군사와 정예병으로 멀리 몰아 쫓아서 제나라 도읍에 이르렀습니다. 제나라 왕은 달아나 거莒 땅에서 겨우 자신만이 벗어났습니다. 주옥과 재보와 수레와 병기나 진귀한 기물들은 모두 걷어 연나라로 들여보냈습니다.

先王命之曰 我有積怨深怒於齊 不量輕弱 而欲以齊爲事 臣曰 夫齊 霸國之餘業而最勝之遺事也 練於兵甲 習於戰攻 王若欲伐之 必與天下圖之 與天下圖之 莫若結於趙 且又淮北宋地 楚魏之所欲也 趙若許而

約四國攻之 齊可大破也 先王以爲然 具符節南使臣於趙 顧反命 起兵
擊齊 以天之道 先王之靈 河北之地隨先王而擧之濟上^① 濟上之軍受命
擊齊 大敗齊人 輕卒銳兵 長驅至國 齊王遁而走莒 僅以身免 珠玉財寶
車甲珍器盡收入于燕

① 濟上제상

[정의] 제상은 제수濟水의 주변에 있다.

濟上在濟水之上

제나라 기물들을 영대寧臺^①에 설치하고 대려大呂는 원영元英에
진열했습니다.^② 옛날 연나라 솥은 역실曆室로 되돌아오고^③ 계구
薊丘의 식물은 문수汶水의 대나무를 옮겨 심게 했으니^④ 오패 이
래로 공로가 선왕에 이른 자는 있지 않았습니다. 그러나 선왕께
서는 마음에 흡족하지 않게^⑤ 여기셨습니다. 그러므로 땅을 갈라
서 봉하고 소국의 제후들과 견주게 하셨습니다. 신이 가만히 생각
하니 (그 이유를) 스스로 알 수 없었지만, 스스로 명령을 받들어 가
르침을 잇는다면 다행히 허물이 없을 것으로 여겼으므로 명령을
받고 사양하지 않았습니다.

신이 듣기에 '현명하고 성스런 군주는 공로를 세우면 무너지지
않으므로 역사에 드러나며, 앞을 내다볼 줄 아는 사인은 명예
가 성취되면 훼손되지 않으므로 후세에 칭송된다.'고 했습니다.

선왕의 원수를 갚아 치욕을 씻고 만승萬乘의 강성한 국가를 짓밟고 800년의 쌓아 둔 보물을 걷어 들여서 선왕께서 모든 신하들을 버리는 날에 이르기까지 남은 교화가 쇠약해지지 않았습니다. 정사를 잡고나서 일을 맡은 신하들은 법령을 닦고 서얼을 삼가하고 시혜가 백성에게까지 미친 것들이 모두 후세의 가르침이 될 것입니다.

齊器設於寧臺[1] 大呂陳於元英[2] 故鼎反乎歷室[3] 薊丘之植植於汶篁[4] 自五伯已來 功未有及先王者也 先王以爲愜於志[5] 故裂地而封之 使得比小國諸侯 臣竊不自知 自以爲奉命承敎 可幸無罪 是以受命不辭 臣聞賢聖之君 功立而不廢 故著於春秋 蚤知之士 名成而不毀 故稱於後世 若先王之報怨雪恥 夷萬乘之彊國 收八百歲之蓄積 及至棄群臣之日 餘敎未衰 執政任事之臣 脩法令 愼庶孼 施及乎萌隸 皆可以敎後世

① 寧臺영대

색은 연나라 대臺이다.

燕臺也

정의 《괄지지》에서 말한다. "연나라 원영궁과 마실궁의 두 궁은 모두 연나라 궁이며 유주 계현薊縣 서쪽 4리 영대 아래에 있다."

括地志云 燕元英歷室二宮 皆燕宮 在幽州薊縣西四里寧臺之下

② 大呂陳於元英대려진어원영

색은 대려는 제나라 종 이름이다. 원영은 연나라 궁전 이름이다.

大呂 齊鍾名 元英 燕宮殿名也

③ 鼎反乎歷室정반호력실

집해 서광이 말했다. "역曆은 역歷이다."

徐廣曰 曆 歷也

색은 연나라에서 정鼎을 앞서 제나라에 보냈는데 지금 돌이켜 역실曆室로 들였다. 역실 또한 궁 이름이다. 《전국책》에는 '역실歷室'로 되어 있다.

燕鼎前輸於齊 今反入於曆室 曆室亦宮名 戰國策作 歷室也

정의 《괄지지》에서 말한다. "역실은 연나라 궁 이름이다." 고유가 말했다. "연쾌燕噲의 난 때 제나라가 연나라를 정벌하고 연왕 쾌를 죽이고 정鼎을 빼앗았는데, 지금 연나라 옛 정鼎을 돌려보냈다."

括地志云 歷室 燕宮名也 高誘云 燕噲亂 齊伐燕 殺噲 得鼎 今反歸燕故鼎

④ 薊丘之植植於汶篁계구지식식어문황

집해 서광이 말했다. "대나무밭을 황篁이라 한다. 연나라 강역이 제나라 문수汶水로 옮긴 것을 이른다."

徐廣曰 竹田曰篁 謂燕之疆界移於齊之汶水

색은 계구薊丘는 연나라에서 도읍한 곳의 땅이다. 연나라 계구에 심은 것은 모두 제나라 왕이 문수 부근에 심은 대나무이다. 서광의 주석은 잘 못이다.

薊丘 燕所都之地也 言燕之薊丘所植 皆植齊王汶上之竹也 徐注非也

정의 유주 계薊 땅의 서북쪽 모퉁이에 계구薊丘가 있다. 또 문수의 발원지는 연주兗州 박성현 동북쪽 원산原山에서 나와 서남쪽에서 제수泲水로 들어간다.

幽州 薊地西北隅有薊丘 又汶水源出兗州博城縣東北原山 西南入泲

⑤ 爲慊於志위겸어지

살펴보니 겸慊의 발음은 '겸[苦簟反]'이다. '겸嗛' 자로 되어 있기도 한데, 겸嗛은 항상 마음에 차지 않아 그의 뜻이 만족하지 못한 것이다.
按 慊音苦簟反 作嗛 嗛者 常慊然而不愜其志也

신이 듣기에 '일을 잘 꾸미는 자가 반드시 잘 성취하는 것은 아니고 시작을 잘하는 자가 반드시 잘 끝마치는 것은 아니다.'라고 했습니다. 옛날 오자서의 말이 합려閻閭에게 받아들여져서 오왕은 멀리 초나라 수도 영郢까지 이르렀으나 부차는 오자서의 말을 듣지 않고 (오자서를) 죽여 가죽포대에 담아 강수江水에 띄워 보냈습니다. 오왕 부차는 선왕의 의논을 따르면 공을 세울 수 있음을 깨닫지 못하고, 오자서를 (강수에) 가라앉히고도 후회하지 않았습니다. 오자서는 일찍이 군주의 그릇이 같지 않다는 사실을 보지 못했기 때문에 강수에 던져짐에 이르러서도 변하지 않았습니다.①

대저 자신이 (재앙을) 벗어나고 공로를 세워 선왕의 자취를 밝히는 것이 신하의 상책입니다. 헐뜯고 모욕하는 비방②을 만나서 선왕의 명성을 훼손하는 것③은 신이 가장 두려워하는 바입니다. 가늠하지 못할 죄에 임하여 요행히 이롭게 되었지만, 도의적으로 감히 (연나라를) 벗어날 바는 아닙니다.④

臣聞之 善作者不必善成 善始者不必善終 昔伍子胥說聽於闔閭 而吳王遠迹至郢 夫差弗是也 賜之鴟夷而浮之江 吳王不寤先論之可以立功

故沈子胥而不悔 子胥不蚤見主之不同量 是以至於入江而不化^① 夫免身立功 以明先王之迹 臣之上計也 離毀辱之誹謗^② 墮先王之名^③ 臣之所大恐也 臨不測之罪 以幸爲利 義之所不敢出也^④

① 入江而不化입강이불화

[색은] 오자서는 한을 품었다. 그러므로 비록 강수에 던져졌으나 신神으로 화化하지 못하고 오히려 파도의 신이 되었다는 말이다.

言子胥懷恨 故雖投江而神不化 猶爲波濤之神也

[신주] [색은]의 주석은 잘못되었다. 본문의 내용은 오자서가 오왕 부차의 역량이 자신을 감당하지 못할 것을 알면서도, 끝내 부차에게 미련을 버리지 못해 자신이 죽임을 당했다는 말이다.

② 誹謗비방

[색은] 誹의 발음은 '비[方味反]'이다.

誹音方味反

③ 墮先王之名휴선왕지명

[색은] 墮의 발음은 '휴[許規反]'이다.

墮音許規反

④ 臨不測之罪 ~ 義之所不敢出也임불측지죄~의지소불감출야

[색은] 이미 가늠하지 못할 죄에 임하였으나 요행히 (죄를) 면하여 이롭게 되었고 지금 내가 선왕의 은혜로 인하여 비록 몸을 외국에 의탁했으나,

마음은 또한 감히 (연나라를) 벗어나지 않았다는 것을 이른다.

謂旣臨不測之罪 以幸免爲利 今我仍義先王之恩 雖身託外國 而心亦不敢出也

신이 듣기에 '옛날 군자는 교제를 단절해도 나쁜 소리를 내지 않고[1] 충신은 나라를 떠나도 그 명성을 깨끗하게 하려 하지 않는다.'라고[2] 했습니다. 신이 비록 재주가 없으나[3] 자주 군자에게 가르침을 받았습니다.[4] 왕을 모시고 있는 자들이 측근의 말에 이끌려서 소원하고 멀리 있는 사람의 행동을 살피지 못할 것이 두려워 감히 글을 올려서 알려드리오니 오직 군왕께서는 유념하여 주십시오.[5]"

이에 연왕은 다시 악의의 아들 악간樂間[6]을 창국군昌國君으로 삼았다. 악의는 왕래하여 연나라와 다시 통하고 연나라와 조나라에서 객경客卿으로 삼았다. 악의는 조나라에서 죽었다.[7]

臣聞古之君子 交絶不出惡聲[1] 忠臣去國 不絜其名[2] 臣雖不佞[3] 數奉教於君子矣[4] 恐侍御者之親左右之說 不察疏遠之行 故敢獻書以聞 唯君王之留意焉[5] 於是燕王復以樂毅子樂間[6]爲昌國君 而樂毅往來復通燕 燕趙以爲客卿 樂毅卒於趙[7]

---

① 交絶不出惡聲교절불출악성

정의 군자 된 사람은 사귀는 것이 단절되어도 자신의 장점을 설명하거나 그 사람의 단점을 이야기하지 않는다는 말이다.

言君子之人 交絶不說己長而談彼短

② 忠臣去國 不絜其名충신거국 불결기명

[색은] 충신은 본국을 떠나가도 스스로 그의 명성을 깨끗하게 하지 않고 자신의 죄가 없다는 것을 이르지 않는다는 말이다. 그러므로 《예기》에서 "대부가 그의 나라를 떠나면 남에게 죄가 없다는 것을 설명하지 않는다."라고 한 것이 이것이다.

言忠臣去離本國 不自絜其名 云己無罪 故禮曰 大夫去其國 不說人以無罪 是也

[정의] 자신의 명성과 행동을 깨끗하게 하지 않고 군주에게 허물이 되지 않는 것을 말하는데, 기자箕子가 차마 은나라의 악을 말하지 못한 것과 같은 것이 이것이다.

言不絜己名行而咎於君 若箕子不忍言殷惡是也

③ 不佞불녕

[색은] 불녕은 재능이 없음과 같다.

不佞猶不才也

④ 數奉敎於君子矣삭봉교어군자의

[색은] 앞의 數의 발음은 '삭朔'이다. 나는 이미 자주 떳떳하게 가르침과 명령을 군자에게서 받았다는 말이다. 군자君子는 곧 예를 아는 사람이다. 자신이 밖에 있다고 이른 것은 자신의 죄를 이른 것과 같고 왕의 잘못이 있는 것을 말하지 않는 것이다. 그러므로 아래에서 '불찰소원지행不察疏遠之行'이라고 일렀다. 이것 또한 충신의 절도이다.

上數音朔 言我已數經奉敎令於君子 君子即識禮之人 謂己在外 猶云己罪 不說 王之有非 故下云 不察疏遠之行 斯亦忠臣之節也

⑤ 君王之留意焉군왕지유의언

집해 하후현이 말했다.

"악생樂生이 연혜왕에게 편지를 보낸 것을 살펴보니 그것은 거의 기미를 알고 도에 부합한 것에 가깝고 시작하고 끝마치는 것을 예로써 했다. 또 그것으로 소왕을 깨우쳐 이르기를 '이윤伊尹은 태갑太甲을 추방했으나 의심하지 않았고 태갑은 추방을 당했으나 원망하지 않았다고 했으니, 이것은 공적인 것에 이르러 대업을 보존하고 천하로써 마음을 삼은 것이다.'라고 했다. 대저 도덕의 헤아림을 다하고 천하로써 마음을 삼는 것에 힘쓰고자 하는 자는 반드시 그의 군주를 성대하고 융성한데 이르게 하고 그의 취지는 선왕에 부합하게 하니, 진실로 군주와 신하가 부符를 함께하면 대업은 결정되는 것이다.

이 시기에 악생의 뜻은 천년에 한 번 만나는 기회였다. 대저 천년에 한 번 만나는 세상에 또한 장차 천년에 한 번 융성하게 하는 도가 행해져 어찌 당시에 국한될 것이며 겸병하는 데에만 머무를 따름이겠는가! 대저 겸병이란 악생이 달갑게 여긴 바는 아닐 것이다. 연나라를 강하게 하고 도를 무너뜨리는 것은 또 악생이 구하는 바는 아닐 것이다. 달갑게 여기지 않는 것은 진실로 이로운 것이며 마음에 가까이하는 일이 없으니 작은 성공을 구하지 않는 것이며, 이 뜻은 천하를 겸하는 것이다.

즉 제나라를 들썩인 일은 그의 기미를 운영해서 온 천하를 움직인 것이다. 대저 제나라를 토벌해서 연왕의 의를 밝혔으니 이것은 이익을 위하여 군사를 일으키지 않은 것이다. 성을 포위하고도 백성에게 해를 끼치지 않았으니 이것은 어진 마음을 멀고 가까운 곳에 나타낸 것이다. 외국을 들쑤시고도 그 공로를 모색하지 않았으며 포악함을 제거하는데 위엄과 힘으로 하지 않았으니 이것은 지극한 덕을 천하에 온전하게 한 것이다. 온전한 덕을 힘써서 여러 나라를 인솔하였으니, 즉 탕왕과 무왕의 일에 가까운 것이다.

악생은 바야흐로 대강大綱을 넓혀서 2개의 성을 놓아두었는데, 백성을 수습하고 신의를 밝혀 그 무너진 것을 기다려 장차 즉묵卽墨과 기莒 땅의 사람들로 하여금 그의 윗사람을 원수처럼 돌아보게 하고 방패와 창을 버리고 나를 믿어 돌아보게 하려고, 오히려 친선하고 수비하여 지모로써 짓밟는 바가 없었다. 그런즉 인仁을 구해서 인仁을 얻었으니 즉묵대부(전단을 가리킴)의 의였다. (장군) 벼슬이 다하여 (조나라로) 옮겼으니 미자微子가 주周나라를 따라간 도道였다. 더욱 넓은 길을 열어 전단田單의 무리를 기다렸다. 길이 선을 받아들인 풍속이었으니 제나라 사인(전단)에게 뜻을 펴게 했다.

대저 충성스런 자는 절개를 다하고 용맹스런 자는 의를 나타내니, 동해東海를 밝히고 빛나는 후예를 잇게 하여 나의 덕택은 봄과 같고 백성이 응하는 것은 풀과 같다. 도道는 우주에서 빛나고 어진 이와 지혜로운 이는 마음을 의탁하며 이웃 나라들은 기울여 사모하고 온 천하에서 목을 늘이고 연나라 군주를 떠받들어 생각하여 풍모와 명성을 우러러 바라보니, 2개의 성은 반드시 따를 것인즉 왕업이 융성하게끔 했다.

비록 2개 읍에 오래도록 머물렀지만 천하로 따진다면 신속하게 이른 것이다. 불행한 변화로 세상에서 도모하지 못하고 성취를 드리우는 일이 무너졌는데, 시대의 운명이 진실로 그러했다. 만약 위엄으로써 핍박하고 군사로써 겁박하며 공격하고 빼앗는 일로 신속하게 공로를 이루고자 추구했다면, 연나라와 제나라 군사들의 피를 2개의 성 아래에 흐르게 만들고 죽이고 손상시키는 잔인한 것을 열어 온 천하의 사람에게 보였을 것이니, 이것은 멋대로 사나워지고 쉽게 어지럽게 해서 그의 사사로운 것을 성취하는 것이므로 이웃 나라에서 그를 바라보면 참으로 이리나 호랑이와 같았을 것이다.

이미 크게 군사를 일으킨 대의는 추락하고 침몰한 인仁을 구제하는 일은 상실했으며, 또 제나라 사인의 절개를 일그러뜨리고 검소하고 선한 풍속을 무너뜨렸으며, 널리 통하는 법도를 가리고 왕덕王德의 융성한 것을 버리게 되었으니, 비록 2개의 성을 거의 함락시켰더라도 패왕의 사업은 떠나가서 멀어졌을 것이다. 그런즉 연나라가 비록 제나라를 병합했다 하더라도 그것이 세상의 (일반적) 군주와 더불어 무엇이 다르겠는가? 그 이웃 나라와 더불어 무엇으로 서로 잴 것인가?

악생이 어찌 2개의 성을 신속하게 함락시키는 것을 끝내고, 돌아보아 성이 함락되었다면 사업은 어그러졌을 것을 알지 못했겠는가? 어찌 신속하게 하지 아니하면 변화가 이를 것이고, 돌아보면 변화와 함께 사업이 어그러질 것을 생각하지 않았겠는가? 이로써 말미암아 살펴본다면, 악생이 2개 성을 도륙하지 않은 것을 옳게 헤아리지 못한 것이다."

夏侯玄曰 觀樂生遺燕惠王書 其殆庶乎知機合道 以禮始終者與 又其喩昭王曰 伊尹放太甲而不疑 太甲受放而不怨 是存大業於至公而以天下爲心者也 夫欲 極道德之量 務以天下爲心者 必致其主於盛隆 合其趣於先王 苟君臣同符 則大 業定矣 于斯時也 樂生之志 千載一遇 夫千載一遇之世 亦將行千載一隆之道 豈其局迹當時 止於兼幷而已哉 夫兼幷者 非樂生之所屑 彊燕而廢道 又非樂生 之所求 不屑苟利 心無近事 不求小成 斯意兼天下者也 則擧齊之事 所以運其 機而動四海也 夫討齊以明燕王之義 此兵不興於爲利矣 圍城而害不加於百姓 此仁心著於遐邇矣 擧國不謀其功 除暴不以威力 此至德全於天下矣 邁全德以 率列國 則幾於湯武之事矣 樂生方恢大綱以縱二城 收民明信以待其獘 將使卽 墨莒人顧仇其上 願釋干戈賴我 猶親善守之 智無所施之 然則求仁得仁 卽墨大

夫之義 仕窮則徙 微子適周之道 開彌廣之路 以待田單之徒 長容善之風 以申
齊士之志 使夫忠者遂節 勇者義著 昭之東海 屬之華裔 我澤如春 民應如草 道
光宇宙 賢智託心 鄰國傾慕 四海延頸 思戴燕主 仰望風聲 二城必從 則王業隆
矣 雖淹留於兩邑 乃致速於大下也 不幸之變 山所不圖 敗於垂成 時運固然 若
乃逼之以威 劫之以兵 攻取之事 求欲速之功 使燕齊之士流血於二城之下 參殺
傷之殘以示四海之人 是縱暴易亂以成其私 鄰國望之 其猶豺虎 既大墮稱兵之
義 而喪濟溺之仁 且虧齊士之節 廢廉善之風 掩宏通之度 棄王德之隆 雖二城
幾於可拔 霸王之事逝其遠矣 然則燕雖兼齊 其與世主何以殊哉 其與鄰國可以
相傾 樂生豈不知拔二城之速乎哉 顧城拔而業乖也 豈不慮不速之致變哉 顧業
乖與變同 繇是觀之 樂生之不屠二城 未可量也

신주 하후현夏侯玄(209~254)은 자가 태초泰初로서 지금의 안휘성 박주시
毫州市인 패국沛國 초현譙縣 사람이다. 삼국시대 조위曹魏의 명가 출신
으로 남정대장군南征大將軍 하후상夏候尚의 아들이다. 위문제魏文帝 황초
黃初 6년(225) 창릉향후昌陵鄉侯를 승습承襲했고, 위명제魏明帝 때 산기황문
시랑散騎黃門侍郎, 우림감羽林監을 역임했다. 소제少帝 조방曹芳 때 중호군
中護軍을 역임하고 정서장군征西將軍 등을 역임했다. 이때 보정대신輔政
大臣 조상曹爽과 함께 촉한蜀漢에 대해 10만여 명의 군사를 동원하는 대
대적인 공세를 가했는데 이를 '낙곡지역駱谷之役' 또는 '흥세지전興勢之
戰' 등으로 부른다. 이 전투에서 촉한에게 패전함으로써 인심을 잃었다.
이후 하후현은 사마의司馬懿가 일으킨 고평릉高平陵의 정변으로 권력
을 빼앗기고 사마의의 장자 사마사司馬師에게 처형당했고, 삼족까지 죽
임을 당했다. 문집 3권이 있었는데 전해지지 않는다. 그는 박학다식하
며 《노자》, 《장자》 및 《주역》 등을 연구하던 현학玄學에 정통해서 상
서尙書 제갈연諸葛誕 등과 함께 '4총聰'으로 불렸다. [집해] 주석에는 관

넘적이고 유가적이며, 현실 상황과 군사적인 형세를 간과한 점이 보인다. 이런 그의 현학적인 형세판단이 자신과 그 가족을 멸족의 길로 이끄는데 일조했으며 끝내 위魏나라 사직마저 사마씨의 진晉나라에게 넘어가게 만드는 단초의 하나가 되었다고 해도 과언은 아닐 것이다.

⑥ 樂間악간

색은 間이 발음은 '간[紀閑反]'이다. 악의의 아들이다.

音紀閑反 樂毅之子也

⑦ 卒於趙졸어조

집해 장화가 말했다. "망제군(악의) 무덤은 한단의 서쪽 몇 리에 있다."

張華曰 望諸君冢在邯鄲西數里

악간이 연나라에 거처한 지가 30년이 되었는데, 연왕 희喜는 그의 재상 율복栗腹①의 계책을 채용해 조나라를 공격하려고 창국군 昌國君 악간에게 물었다. 악간이 대답했다.

"조나라는 사방으로 싸우는 나라입니다.② 그 백성은 군사에 익숙하니, 정벌하면 안 됩니다."

연왕은 듣지 않고 드디어 조나라를 정벌했다. 조나라는 염파廉頗 장군을 시켜서 공격하여 율복의 군사를 호鄗 땅에서 크게 무너뜨리고 율복과 악승樂乘을 사로잡았다.③ 악승은 악간의 종친이었다. 이에 악간은 조나라로 달아났고 조나라는 드디어 연나라를 포위했다. 연나라는 거듭 땅을 할애해주고 조나라와 화평을 청하여 조나라는 포위를 풀고 떠나갔다. 연왕은 악간의 계책을 채용하지 않은 것을 후회했는데, 악간은 이미 조나라에 있어서 이에 악간에게 글을 보내서 말했다.

樂間居燕三十餘年 燕王喜用其相栗腹[1]之計 欲攻趙 而問昌國君樂間 樂間曰 趙 四戰之國也[2] 其民習兵 伐之不可 燕王不聽 遂伐趙 趙使廉頗擊之 大破栗腹之軍於鄗 禽栗腹樂乘[3] 樂乘者 樂間之宗也 於是樂間奔趙 趙遂圍燕 燕重割地以與趙和 趙乃解而去 燕王恨不用樂間 樂間既在趙 乃遺樂間書曰

① 栗腹율복

[색은] 율栗은 성이고 복腹은 이름이다. 한漢나라에는 율희栗姬가 있다.

栗 姓 腹 名也 漢有栗姬

② 四戰之國也사전지국야

[색은] 조나라는 자주 사방의 적을 막는다는 말이다. 그러므로 '사전지국'이라 했다.

言趙數距四方之敵 故云四戰之國

[정의] 동쪽에는 연燕, 제齊가 이웃하고 서쪽 변방에는 진秦, 누번樓煩이 있고 남쪽의 경계에는 한韓, 위魏가 있고 북쪽에는 흉노가 가까이 있다.

東鄰燕齊 西邊秦樓煩 南界韓魏 北迫匈奴

③ 禽栗腹樂乘금율복악승

신주 〈염파인상여열전〉에 보면, 악승은 원래 조나라 장수로 나온다. 〈조세가〉에 보면, 연나라 재상 율복을 죽였으며 경진卿秦과 악간을 사로 잡았다고 했다. 〈악의열전〉의 내용이 오류로 보인다.

"은나라 주왕紂王 때 기자箕子는 의견이 받아들여지지 않았는데도 간언하기를 게을리 하지 않으면서 자신의 청을 들어주기를 바랐소. 상용商容은 의견이 받아들여지지 않았고 자신은 욕됨을 당하면서도 그가 변화하기를 바랐소. 백성이 뜻을 받아들이지 않고 감옥의 죄수들이 스스로 탈출한① 연후에야 두 사람은 물러나 숨었다고 했소. 그래서 주왕은 포악하다는 허물을 뒤집어썼지만 두 사람은 충성스럽고 성스럽다는 이름을 잃지 않았소. 무엇 때문이겠소? 그들이 (나라의) 걱정을 다했기 때문이오. 지금 과인은 비록 어리석으나 주왕처럼 포악하지 않고, 연나라 백성이 비록 어지러우나 은나라 백성보다 심하지는 않소. 집안에 할 말이 있으면 서로 (할 말을) 다해야지 이웃 마을에 고하지 않는 것이오.② 이 두 가지를 과인은 군君이 취하지 않을 것이라 여기오.③"

악간과 악승은 연나라에서 그의 계책을 들어주지 않은 것을 원망하고 두 사람은 마침내 조나라에 머물렀다. 조나라는 악승을 봉해 무양군武襄君④으로 삼았다. 그 다음해에 악승과 염파가 조나라를 위해 연나라를 포위하자 연나라는 두터운 예로써 화평을 요구해 이에 포위를 풀었다.

5년 뒤에 조나라 효성왕이 죽었다. (조나라) 도양왕悼襄王⑤은 악승을

시켜 염파를 대신하게 했다. 염파가 악승을 공격하자 악승은 달
아났고 염파는 망명하여 위나라로 들어갔다. 그 16년 뒤에 진나
라는 조나라를 멸했다.

紂之時 箕子不用 犯諫不怠 以冀其聽 商容不達 身祇辱焉 以冀其變 及
民志不入 獄囚自出^① 然後二子退隱 故紂負桀暴之累 二子不失忠聖之
名 何者 其憂患之盡矣 今寡人雖愚 不若紂之暴也 燕民雖亂 不若殷民
之甚也 室有語 不相盡 以告鄰里^② 二者 寡人不爲君取也^③ 樂間樂乘怨
燕不聽其計 二人卒留趙 趙封樂乘爲武襄君^④ 其明年 樂乘廉頗爲趙圍
燕 燕重禮以和 乃解 後五歲 趙孝成王卒 襄王^⑤使樂乘代廉頗 廉頗攻
樂乘 樂乘走 廉頗亡入魏 其後十六年而秦滅趙

① 民志不入 獄囚自出민지불입 옥수자출

[색은] '민지불입民志不入'은 나라가 어지러워지면 사람들의 마음이 떠나
밖으로 향하는 것을 이른다. 그러므로 '불입不入'이라고 일렀다. 또 '옥수
자출獄囚自出'은 곧 정치가 어지러워지면 군사들이 법을 지키지 않는다는
것이다.

民志不入謂國亂而人離心向外 故云不入 又獄囚自出 是政亂而士師不爲守
法也

② 室有語~以告鄰里실유어~이고인리

[정의] 집안에 성이 나서 다투는 것이 있어 해결되지 않으면 반드시 이웃
마을에 알리므로 지금 편지를 써서 알린다는 것이다.

言家室有忿爭不決 必告鄰里 今故以書相告也

해석이 반대로 되었다. 집안일은 집에서 해결하지 밖에 알려 해결하지 않는다는 뜻이다.

③ 二者 寡人不爲君取也이자 과인불위군취야

정의 두 가지란, 연나라 군주는 주왕紂王과 같지 않고 연나라 백성은 은나라 백성과 같지 않은 것을 이른다. 그대가 연나라를 배반하고 군주와 백성의 악행을 의심하여 서로 알리려 하는데 곧 과인은 그대가 그것을 취하지 않을 것으로 여긴다는 것이다.

二者 謂燕君未如紂 燕民未如殷民 復相告子反燕以疑君民之惡 是寡人不爲君取之

④ 武襄君무양군

색은 악승은 악의의 종친이다.

樂乘 樂毅之宗人也

⑤ 襄王양왕

신주 원문에서 '도悼' 자가 탈락되었으므로 추가하여 번역한다.

그 20여 년 뒤에 한漢나라 고제高帝(한고조 유방)가 조나라를 지나가면서 물었다.

"악의의 후손이 있습니까?"

누가 대답해 말했다.

"악숙樂叔이 있습니다."

고제는 악경樂卿 땅①에 봉하고 화성군華成君이라고 했다. 화성군
은 악의의 손자이다. 악씨의 친척으로는 악하공樂瑕公과 악신공
樂臣公②이 있는데 조나라가 또 진秦나라에 멸망당할 때 제나라
고밀高密로 망명했다. 악신공은 황제黃帝와 노자老子의 학문을
잘 닦아서 제나라에 드러나 알려졌으며 어진 스승으로 일컬어졌
다.

其後二十餘年 高帝過趙 問 樂毅有後世乎 對曰 有樂叔 高帝封之樂
卿① 號曰華成君 華成君 樂毅之孫也 而樂氏之族有樂瑕公樂臣公② 趙
且爲秦所滅 亡之齊高密 樂臣公善修黃帝老子之言 顯聞於齊 稱賢師

① 樂卿악경

집해 서광이 말했다. "북신성에 있다."

徐廣曰 在北新城

정의 〈지리지〉에는 신도군에 악경현이 있다고 한다.

地理志云信都有樂卿縣

② 樂臣公악신공

집해 다른 판본에는 '악거공樂巨公'으로 되어 있다

一作巨公

태사공은 말한다.

처음 제나라 괴통蒯通과 주보언主父偃은 악의가 연왕에게 답장한 편지를 읽고 일찍이 책을 덮고 울지 않은 적이 없었다고 했다. 악신공은 황제와 노자의 학문을 배웠고 그의 본래 스승은 하상장인河上丈人이라고 불렀는데 그가 어디서 왔는지는 모른다. 하상장인은 안기생安期生을 가르쳤고 안기생은 모흡공毛翕公을 가르쳤으며 모흡공은 악하공樂瑕公을 가르쳤고 악하공은 악신공樂臣公①을 가르쳤으며 악신공은 갑공蓋公②을 가르쳤다. 갑공은 제나라 고밀과 교서膠西 땅에서 가르쳐 조상국曹相國(조참)의 스승이 되었다.

太史公曰 始齊之蒯通及主父偃讀樂毅之報燕王書 未嘗不廢書而泣也 樂臣公學黃帝老子 其本師號曰河上丈人 不知其所出 河上丈人教安期生 安期生教毛翕公 毛翕公教樂瑕公 樂瑕公教樂臣公① 樂臣公教蓋公② 蓋公教於齊高密膠西 爲曹相國師

① 樂臣公악신공

[색은] 어떤 판본 또한 '거공巨公'으로 되어 있다.

本亦作巨公也

② 蓋公갑공

[색은] 蓋의 발음은 '갑[古闔反]'이다. 갑공은 역사에서 이름을 기록하지 않았다.

蓋音古闔反 蓋公 史不記名

사마정이 펼쳐서 밝히다.

창국군은 곧은 말로 신하의 도리로는 없어야 할 바를 설명했다. 다섯 나라 군사를 연합하여 제수 서쪽을 빈터로 만들었다. 연왕은 악간을 받아들였고 헛된 소문에 답서했다. 의사들은 울컥했고 현명한 군주는 경의를 표했다.[①] 악간과 악승은 장군을 이었으니 꽃다운 모범은 달라지지 않았구나!

昌國忠讜 人臣所無 連兵五國 濟西爲墟 燕王受間 空聞報書 義士慷慨 明君軾閭[①] 間乘繼將 芳規不渝

① 軾閭식려

식려란 수레를 타고 가다가 현인의 집을 지날 때 수레의 앞턱을 잡고 몸을 굽혀 경의를 표하는 것을 말하는데, 〈위세가〉에서 위문후魏文侯가 단간목段干木에게 식려의 예를 표했던 일에서 출전하였다. 여기서는 한고조 유방이 악의의 후손을 봉한 것을 가리킨다.

[지도 1] 악의열전

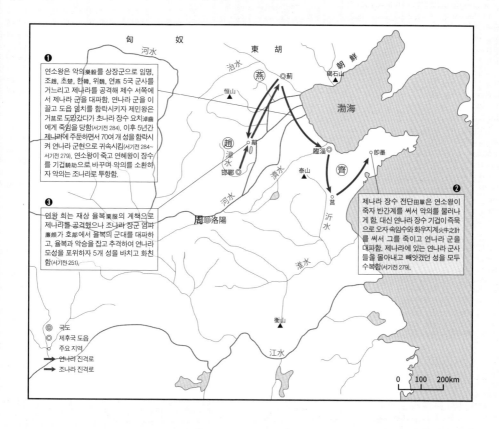

❶
연소왕은 악의樂毅를 상장군으로 임명,
조趙, 초楚, 한韓, 위魏, 연燕 5국 군사를
거느리고 제나라를 공격해 제수 서쪽에
서 제나라 군을 대파함. 연나라 군을 이
끌고 도읍 임치를 함락시키자 제민왕은
거莒로 도망갔다가 초나라 장수 요치淖齒
에게 죽임을 당함. 이후 5년간
제나라에 주둔하면서 70여 개 성을 함락시
켜 연나라 군현으로 귀속시킴(서기전 284~
서기전 279). 연소왕이 죽고 연혜왕이 장수
를 기겁騎劫으로 바꾸며 악의를 소환하
자 악의는 조나라로 투항함.

❸
연왕 희는 재상 율복栗腹의 계책으로
제나라를 공격했으나 조나라 장군 염파
廉頗가 호部에서 율복의 군대를 대파하
고, 율복과 악승을 잡고 추격하여 연나라
도성을 포위하자 5개 성을 바치고 화친
함(서기전 251).

❷
제나라 장수 전단田單은 연소왕이
죽자 반간계를 써서 악의를 물러나
게 함. 대신 연나라 장수 기겁이즉묵
으로 오자 속임수와 화우지계火牛之計
를 써서 그를 죽이고 연나라 군을
대파함. 제나라에 있는 연나라 군사
들을 몰아내고 빼앗겼던 성을 모두
수복함(서기전 279).

◎ 국도
○ 제후국 도읍
◎ 주요 지역
➡ 연나라 진격로
→ 조나라 진격로

0   100   200km

匈奴
河水
洛水
東胡
朝鮮
燕◎薊
碣石山▲
恒山▲
渤海
趙◎薊
邯鄲◎
漳水
濟水
臨淄◎
泰山▲
齊
即墨○
莒○
周◎洛陽
沂水
淮水
衡山▲
江水

사기 제81권 史記卷八十一

염파인상여열전 廉頗藺相如列傳

사기 제81권 염파인상여열전 제21

史記卷八十一 廉頗藺相如列傳第二十一

신주 이 열전은 염파廉頗, 인상여藺相如, 조사趙奢와 조괄趙括 부자, 이목李牧 등의 열전으로 주로 조나라의 대신과 장수들로 이루어져 있다.

염파는 조나라의 명장이다. 성은 조趙와 진秦의 국성國姓인 영성嬴姓이며 씨는 염廉, 이름은 파頗로 동이東夷족이다. 그는 진나라의 백기白起, 왕전王翦 및 조나라의 이목과 함께 '전국시대 4대 명장' 중의 한 명으로 꼽힌다. 제나라를 대파하고 양진陽晉을 차지하며, 위나라를 정벌하고 방릉防陵과 안양安陽을 차지해 조나라의 영토를 크게 넓힌다. 그러나 효성왕이 즉위한 후 한韓나라가 상당上黨을 조나라에 헌납하면서 이 땅을 두고 진나라와 대립하게 되고, 마침내 장평長平에서 진과 조의 대군이 맞붙는 싸움이 일어나는데, 이 싸움이 바로 장평대전長平大戰이다. 이때 염파는 수비 위주의 전술로 3년을 막았지만, 조괄이 그 자리를 이으면서 곧 전사당하고 전세가 뒤집어 짐으로써 조나라 대군 45만이 참살되거나 생매장당하는 결과를 가져왔다. 이를 기회로 연왕燕王 희喜가 약해진 조나라를 공격해 쳐들어오자, 염파는 호鄗에서 연나라 군대를 대파하고 연나라 5개 성을 할양받고 화친을 맺는다. 이 공으로 신평군信平君이 되고 가상국假相國에 임명된다. 그 후 도양왕悼襄王이 즉위해 염파의 자리를 악승

樂乘으로 대신하자 그는 위나라로 망명해서 위나라 대량大梁에서 살다가 다시 초楚나라로 망명하면서 조나라 군사를 지휘하고 싶다는 희망을 피력했으나, 뜻을 이루지 못하고 초나라 수춘壽春에서 죽었다. 염파 사후 조나라는 곧 멸망하고 만다.

인상여는 조나라 명신으로 환관 무현繆賢의 문객 출신이다. 그는 완벽完璧한 국정업무의 수행으로 정평이 났음은 물론, '화씨벽和氏璧'에 관련한 일과 염파와의 일화로도 유명하다. 진소왕에게 빼앗길 뻔한 화씨벽和氏璧을 조나라로 흠집 없이 가지고 돌아옴으로써 '완벽귀조完璧歸趙', 또는 '완벽完璧'이란 말이 생겨났고, 이 공로로 상경上卿에 임명된다. 이에 염파는 전쟁터에서 공을 세운 자신보다 인상여의 지위가 더 높아진 것에 불만을 품고 그를 욕보이려 하자 인상여가 피해 다녔는데, 얼마 후 염파는 인상여와 자신이 싸우는 틈을 타서 진나라가 공격할 것이기 때문에 피한다는 말을 듣고 부끄러워하며 가시나무를 등에 진 채 찾아와 사죄하는 헤프닝이 벌어진다. 이 일이 '부형청죄負荊請罪', '문경지교刎頸之交' 혹은 '문경지우刎頸之友'라는 말의 유래가 된 것이다. 또 장평대전에서 효성왕이 장군 염파를 조괄로 대신하려고 하자 굳게 반대했으나 결국 조괄이 병권을 쥐게 되면서 조나라는 크게 패퇴한다. 이러한 역사적 사실을 접하면서 만일 두 사람이 함께 마지막까지 조나라를 수호할 수 있었다면 어떻게 되었을까? 라는 의문이 생긴다. 즉 환상의 조합이었기 때문이다. 인상여의 무덤은 현재 하북성 한단시邯鄲市 자현磁縣 북쪽의 남성향南城鄉 강촌羌村에 있다.

조사는 원래 조趙나라의 세금을 걷는 관료였다. 평원군平原君 집안의 세금을 거둔 일로 죽을 뻔하다가 도리어 평원군의 추천으로 전국적으로 세금을 걷는 관료로 승진했다.

조사는 혜문왕 때 제나라의 맥구麥丘를 공격해 차지한다. 같은 해 진나라의 장군 호양胡陽이 한나라를 공격해서 알여閼與를 차지하는데, 이때 그는 장군이 되어 진나라의 허를 찌르는 전략으로 진나라 군대를 크게 격파하고 알여를 차지하고, 이 공으로 마복군馬服君에 봉해져 인상여, 염파 등과 같은 반열에 오른다. 이처럼 그가 승승장구할 수 있었던 것은 그의 정확한 안목과 판단력 때문으로 여겨진다. 조, 제, 초 3국의 합종이 실패로 돌아감으로써 곤욕을 치르기도 했지만, 안평군 전단田單, 평원군 조승趙勝과 병법에 관해 벌인 논쟁에서 이를 헤아릴 수 있다.

이후 조사의 행적은 자세히 알 수 없으며, 조나라가 진나라에게 크게 패전한 장평대전 당시 그의 아들 조괄이 장군이 되어 지휘한 것으로 보아 이 사건 이전에 세상을 등진 것으로 추측된다.

이목은 이름이 촬纈이고 목牧은 자字이며 전국시대 4대 명장 중의 한 명으로 꼽힌다. 그는 흉노, 진나라 등과의 전투에서 많은 전공을 세워 상국이 되고, 무안군으로 봉해진다.

흉노와의 전쟁에서는 북방의 장수로 있으면서 흉노匈奴를 방어하는데 수비책으로 일관해 흉노의 힘을 빼는 전법을 썼다. 이에 분노한 조왕이 다른 장수로 대체해서 흉노와 전투에 나섰다가 곧 패배하자 다시 이목을 임명해서 흉노에 큰 승리를 거두게 된다. 연燕과의 전쟁에서는 연나라로 출전하여 무수武遂와 방성方城을 차지한다.

진나라가 조나라의 적려赤麗와 의안宜安을 공격하자 이목은 대장군으로 진나라 군대와 맞서 싸워 비肥성 아래에서 환기桓齮가 이끄는 진나라 군대를 크게 격파한다. 이 공로로 이목은 무안군武安君에 봉해지고 3년 후 진나라가 파오番吾를 공격하자 이목이 진나라 군대를 물리친다. 그 후 진왕 정政(진시황)은 왕전王翦에게 수십 만 군사를 주어 조나라를 공격하게 한다. 이에 왕전은 이목을 제거하지 않으면 빠른 승전이 어렵다고 보고 이간책으로 조왕 천遷이 총애하는 곽개郭開에게 뇌물을 주고는 이목과 사마상이 반란을 꾀하고 있다는 말을 퍼뜨린다. 이로 인하여 이목은 죽임을 당하고 3개월 후 조왕 천이 사로잡히고 조나라가 멸망하였다. 이목은 마지막까지 진나라에 응전함으로써 "이목이 죽으면 조나라는 망한다."라는 말을 듣게 되는데, 이 말이 현실이 된 것이다. 《전국책》에는 이목을 모함해 죽인 인물이 곽개가 아니라 한창韓倉이라고 말한다.

이 열전에서 나라의 흥망성쇠는 물론 천하의 향배가 인재가 있는가, 인재를 어떻게 쓰는가에 달려 있다는 절절한 교훈을 주고 있다. 조나라에서 인재를 잘 활용했다면 진나라의 육국통일도 어려웠을 것이라는 생각이 들게 한다.

화씨벽을 보존한 인상여

염파는 조나라의 뛰어난 장군이다. 조나라 혜문왕惠文王 16년에 염파는 조나라 장수가 되어 제나라를 정벌해 크게 쳐부수고 양진陽晉[①]을 빼앗았다. 상경上卿에 제수되었으며 용맹스런 기개가 제후들에게 소문났다. 인상여는 조나라 사람으로 조나라 환자령宦者令 무현繆賢의 사인舍人이었다.

조나라 혜문왕 때 초나라 화씨벽和氏璧을 얻었다. 진秦나라 소왕이 듣고 사람을 시켜 조왕에게 서신을 보내서 진나라 15개 성과 화씨벽을 교환하기를 원했다. 조왕은 대장군 염파와 여러 대신과 함께 모의했다. 진나라에 주고자 했지만 진나라 성은 얻지 못하고 단지 진나라에 속임을 당할까 걱정이고, 주지 않는다면 곧바로 진나라 군사가 쳐들어올 것을 근심했다. 계획이 확정되지 않았으며 사람을 구하여 보내서 진나라에 보고할 자도 얻지 못했다.

廉頗者 趙之良將也 趙惠文王十六年 廉頗爲趙將伐齊 大破之 取陽晉[①] 拜爲上卿 以勇氣聞於諸侯 藺相如者 趙人也 爲趙宦者令繆賢舍人 趙惠文王時 得楚和氏璧 秦昭王聞之 使人遺趙王書 願以十五城請易璧

> 趙王與大將軍廉頗諸大臣謀 欲予秦 秦城恐不可得 徒見欺 欲勿予 卽
> 患秦兵之來 計未定 求人可使報秦者 未得

① 陽晉양진

색은 살펴보니 양진은 위衛나라 땅인데 뒤에 제나라에 속했으며 지금
조나라에서 빼앗았다. 사마표의 《속한서》〈군국지〉에는 지금 위국衛國
양진성陽晉城이 맞다고 한다. 어떤 판본에는 '진양晉陽'으로 되어 있는데
잘못이다. 진양은 태원군에 있고 또한 조나라 땅이라 제나라에서 빼앗
을 바가 아니다.

按 陽晉 衞地 後屬齊 今趙取之 司馬彪郡國志曰今衞國陽晉城是也 有本作 晉
陽 非也 晉陽在太原 雖亦趙地 非齊所取

정의 옛 성은 지금 조주曹州 승지현 서북쪽 47리에 있다.

故城在今曹州乘氏縣西北四十七里也

신주 이때는 서기전 283년이다. 6개국이 연합하여 악의의 지휘하에 제
나라를 대거 공격한 사건의 연장선상에 있고 제나라는 즉묵과 거莒를 중
심으로 연나라에 항거하고 있을 때였다. 따라서 염파가 공격한 것은 조
나라에 가까운 제나라 영토를 병합하려는 것으로 큰 싸움은 아니었다.
〈조세가〉에서는 양진을 석양昔陽(지금의 산서성 진중시晉中市 석양현)이라고 말
한다. 석양은 원래 조나라 중심부의 땅이므로 잘못된 주석이며, 〈조세
가〉에서 두예가 주석한 '낙평군 첨현의 석양성'도 조나라 중심부이므로
그릇된 주석이다. 승지현도 위魏나라에 가까우니 조나라가 차지했을 가
능성이 적다. 그렇다면 여기 주석도 오류일 가능성이 크다. 사마표의 말
이 제일 사실에 가깝다.

이때 환자령 무현이 말했다.

"신의 사인舍人 인상여가 사신으로 알맞을 것입니다."

왕이 물었다.

"어떻게 그것을 아시오?"

무현이 대답했다.

"신이 일찍이 죄가 있어 몰래 연나라로 도망치려고 했는데 신의 사인 인상여가 신을 만류해서 말하기를 '군君께서는 어떻게 연나라 왕을 알고 계십니까?'라고 하기에 신은 말하기를 '신이 일찍이 대왕을 따라 연왕과 함께 국경 부근에서 모였을 때 연왕이 사사로이 신의 손을 잡고 친구로 맺기를 원한다고 말하기에 이로써 알았다. 그러므로 가고자 한다.'라고 했습니다. 인상여가 신에게 이르기를 '대저 조나라는 강성하고 연나라는 약한데 군君께서 조왕의 총애를 받고 있으므로 연왕이 군君과 결탁하고자 하는 것입니다. 지금 군께서 조나라를 도망쳐 연나라로 달아난다면 연나라는 조나라를 두려워하니 그의 형세로는 감히 군君을 머물러 있게 하지 못할 것이며 군을 체포해서 조나라로 돌려보낼 것입니다. 군君께서 웃옷을 벗고 부월에 엎드려 죄를 청하는 것만 같지 못합니다. 그러면 다행히 (죄에서) 벗어날 수 있을 것입니다.'라고 했습니다. 신은 그의 계책을 따랐고 대왕께서는 또한 다행히 신을 사면했습니다. 신은 속으로 그가 용사이고 지혜와 계책이 있다고 여기니, 의당 사신으로 보낼만합니다."

이에 왕이 불러서 만나보고 인상여에게 물어 말했다.

"진왕이 15개 성과 과인의 화씨벽을 바꾸기를 청했는데 주어야 하겠느냐? 주지 말아야 하겠느냐?"

인상여가 대답했다.

"진나라는 강성하고 조나라는 약소한 나라인데 허락하지 않는 것은 불가합니다."

왕이 말했다.

"나의 화씨벽을 빼앗고 내게 성을 주지 않는다면 어찌하겠느냐?"

인상여가 말했다.

"진나라에서 성城으로 화씨벽을 요구했는데 조나라에서 허락하지 않는다면 잘못은 조나라에 있는 것입니다. 조나라에서 화씨벽을 주었는데 진나라에서 성을 주지 않는다면 잘못은 진나라에 있는 것입니다. 두 가지의 방책을 비교할 때 차라리 허락해서 진나라에게 잘못을 지우도록 하는 것이 나을 것입니다."

왕이 말했다.

"누구를 사신으로 하는 것이 좋겠는가?"

인상여가 말했다.

"왕께서 반드시 사람이 없다고 여기신다면 신이 원컨대 화씨벽을 받들고 사신으로 가겠습니다. 성이 조나라로 들어오면 화씨벽은 진나라에 머물 것이고 성이 들어오지 않으면 신이 화씨벽을 온전하게 해서 조나라에 돌려줄 것을 청하겠습니다."

조왕은 이에 마침내 인상여를 보내서 화씨벽을 받들고 서쪽 진나라로 들어가게 했다.

宦者令繆賢曰 臣舍人藺相如可使 王問 何以知之 對曰 臣嘗有罪 竊計
欲亡走燕 臣舍人相如止臣 曰 君何以知燕王 臣語曰 臣嘗從大王與燕

王會境上 燕王私握臣手 曰 願結友 以此知之 故欲往 相如謂臣曰 夫趙
彊而燕弱 而君幸於趙王 故燕王欲結於君 今君乃亡趙走燕 燕畏趙 其
勢必不敢留君 而束君歸趙矣 君不如肉袒伏斧質請罪 則幸得脫矣 臣
從其計 大王亦幸赦臣 臣竊以爲其人勇士 有智謀 宜可使 於是王召見
問藺相如曰 秦王以十五城請易寡人之璧 可予不 相如曰 秦彊而趙弱
不可不許 王曰 取吾璧 不予我城 奈何 相如曰 秦以城求璧而趙不許 曲
在趙 趙予璧而秦不予趙城 曲在秦 均之二策 寧許以負秦曲 王曰 誰可
使者 相如曰 王必無人 臣願奉璧往使 城入趙而璧留秦 城不入 臣請完
璧歸趙 趙王於是遂遣相如奉璧西入秦

진나라 왕은 장대章臺에 앉아서 인상여를 만났다. 인상여는 화씨
벽을 받들고 진왕에게 바쳤다. 진왕은 크게 기뻐하고 미인美人들
과 좌우에게 전해 돌려서 보이자 좌우 사람들은 모두 만세를 불
렀다. 인상여는 진왕이 조나라에 성을 줄 생각이 없는 것을 알고
이에 앞으로 나아가 말했다.

"화씨벽에 조그만 흠이 있는데 청컨대 가리켜 왕께 보여드리겠습
니다."

왕이 화씨벽을 주자 상여는 화씨벽을 가지고 뒤로 물러나 기둥에
의지하고 섰다. 이에 머리털이 위로 곤두서 머리에 쓴 관이 들썩
거릴 정도로 화가 치밀어 올라 진나라 왕에게 일러 말했다.

"대왕께서는 화씨벽을 얻으시려고 사신을 보내 서신을 조왕에게 전
했습니다. 조왕께서는 모든 신하들을 다 불러 놓고 의논했는데 모두

말하기를 '진나라는 탐욕스러워 그의 강성함을 등에 업고 빈말로 벽을 요구하는 것이어서 성으로 보상은 받지 못할까 걱정입니다.'라고 했습니다. 의논에서는 진나라에 벽옥을 주려고 하지 않았습니다.

신이 생각하기에 일반백성의 교제에서도 서로 속임이 있지 않는데, 하물며 대국大國에서 그럴 리가 있겠는가? 또 하나의 벽옥 때문에 강성한 진나라 환심을 거역하는 것은 옳지 않다고 여겼습니다. 이에 조왕께서는 5일 동안 목욕재계하고 신으로 하여금 화씨벽을 받들게 하고 절을 올리고 글을 써서 진나라 조정에 보냈습니다. 무엇 때문이겠습니까? 대국의 위엄에 엄숙히 하려고 공경하는 마음을 갖춘 것입니다.

지금 신이 이르렀는데, 대왕께서는 신을 별궁에서 만나고 예절은 매우 거만하십니다. 또 화씨벽을 받아 미인에게 전해서 신을 희롱했습니다. 신이 대왕을 살펴보니 조왕께 성읍으로 보상할 뜻이 없음을 알았습니다. 그러므로 신이 다시 벽옥을 취한 것입니다. 대왕께서 만약 신을 몰아붙이려고 하신다면 신의 머리는 지금 벽과 함께 기둥에서 부서질 것입니다."

인상여는 그 벽옥을 가지고 기둥을 노려보면서 기둥에 부딪치려 했다. 진왕은 그 벽옥이 부서질까 두려워서 이에 사과하는 말을 하면서 굳게 청했다. 이에 담당관리를 불러서 지도를 가져오게 하고 손가락으로 여기부터 15개의 성을 조나라에 주라고 지시했다. 인상여는 진왕이 다만 거짓으로 속여서 조나라에 성을 주라고 하는 것으로 헤아리고 실제로는 얻지 못할 것으로 여겨 이에 진왕에게 일러 말했다.

"화씨벽은 천하에서 함께 전해오는 보물입니다. 조왕께서는 두려워 감히 바치지 않을 수 없습니다. 조왕께서 벽옥을 보낼 때 5일간 목욕재계하셨는데, 지금 대왕께서도 또한 마땅히 5일 동안 재계하시고 구빈九賓의 예를 조정에 갖추어야[1] 신이 감히 벽옥을 올리겠습니다."

진왕이 헤아려보니 끝까지 강제로 빼앗을 수가 없는 것을 알고 5일간 재계를 하고 인상여는 광성전廣成傳[2]에 머무르게 했다. 인상여는 진왕이 비록 재계를 하더라도 결단코 약속을 배신하고 성을 보상으로 주지 않을 것이라는 것을 헤아리고 이에 그의 종자從者를 시켜 허름한 옷차림으로 벽옥을 그의 품속에 간직하고 지름길을 따라서 도망치게 해서 벽을 조나라로 돌려보냈다.

秦王坐章臺見相如 相如奉璧奏秦王 秦王大喜 傳以示美人及左右 左右皆呼萬歲 相如視秦王無意償趙城 乃前曰 璧有瑕 請指示王 王授璧 相如因持璧卻立 倚柱 怒髮上衝冠 謂秦王曰 大王欲得璧 使人發書至趙王 趙王悉召群臣議 皆曰 秦貪 負其彊 以空言求璧 償城恐不可得 議不欲予秦璧 臣以爲布衣之交尙不相欺 況大國乎 且以一璧之故逆彊秦之驩 不可 於是趙王乃齋戒五日 使臣奉璧 拜送書於庭 何者 嚴大國之威以修敬也 今臣至 大王見臣列觀 禮節甚倨 得璧 傳之美人 以戲弄臣 臣觀大王無意償趙王城邑 故臣復取璧 大王必欲急臣 臣頭今與璧俱碎於柱矣 相如持其璧睨柱 欲以擊柱 秦王恐其破璧 乃辭謝固請 召有司案圖 指從此以往十五都予趙 相如度秦王特以詐詳爲予趙城 實不可得 乃謂秦王曰 和氏璧 天下所共傳寶也 趙王恐 不敢不獻 趙王送璧時 齋戒五日 今大王亦宜齋戒五日 設九賓於廷[1] 臣乃敢上璧 秦王度之 終不

可彊奪 遂許齋五日 舍相如廣成傳② 相如度秦王雖齋 決負約不償城 乃
使其從者衣褐 懷其璧 從徑道亡 歸璧于趙

① 九賓於廷구빈어정

[집해] 위소가 말했다. "구빈은 곧 《주례》의 구의九儀이다."

韋昭曰 九賓則周禮九儀

[색은] 《주례》〈대행인〉에서 구빈을 구별하였는데 구복九服의 빈객을 이
른다. 《열사전》에는 구뢰九牢를 설치한다고 했다.

周禮大行人別九賓 謂九服之賓客也 列士傳云設九牢也

[정의] 유백장이 말했다. "구빈은 주나라 왕이 갖추는 예이며 천자가 헌
軒에 이르면 구복九服이 함께 모인다. 진나라와 조나라가 어찌 구빈을 하
겠는가? 다만 또한 거로車輅와 문물을 진설할 뿐이다."

劉伯莊云 九賓者 周王備之禮 天子臨軒 九服同會 秦趙何得九賓 但亦陳設車
輅文物耳

② 廣成傳광성전

[색은] 광성은 곧 전사傳舍의 명칭이다. 傳의 발음은 '전[張戀反]'이다.

廣成是傳舍之名 傳音張戀反

진왕은 5일동안 재계한 뒤에 이에 구빈九賓의 예를 조정에 갖추고
조나라 사신 인상여를 인도하게 했다. 인상여가 이르러 진왕에게

일러 말했다.

"진나라는 목공 이래부터 20여 명의 군주가 계셨지만 일찍이 약속을 분명하고 굳게 지킨 이가 있지 않았습니다. 신은 진실로 왕께 속임을 당하고 조나라를 저버릴까봐 두려웠습니다. 그러므로 사람을 시켜 벽을 가지고 돌아가게 했으니 지금쯤 조나라에 이르렀을 것입니다. 또 진나라는 강성하고 조나라는 허약해서 대왕께서 한 사람의 사신을 보내 조나라에 이르게 하면 조나라는 곧바로 벽옥을 바칠 것입니다. 지금 진나라의 강성함으로 먼저 15개 도시를 할애해 조나라에 준다면 조나라에서 어찌 감히 벽옥을 보류시켜서 대왕에게 죄를 얻겠습니까? 신이 대왕을 속인 죄는 마땅히 처벌될 것으로 알고 있습니다. 신은 끓는 가마에 나아갈 것을 청하오니 오직 대왕께서는 여러 신하와 깊이 헤아려 의논하십시오."

진왕은 여러 신하와 함께 서로 처다보며 탄식했다.[1] 좌우에서 의논했는데 혹자는 인상여를 끌고 가 죽이자고 했다.

秦王齋五日後 乃設九賓禮於廷 引趙使者藺相如 相如至 謂秦王曰 秦自繆公以來二十餘君 未嘗有堅明約束者也 臣誠恐見欺於王而負趙 故令人持璧歸 間至趙矣 且秦彊而趙弱 大王遣一介之使至趙 趙立奉璧來 今以秦之彊而先割十五都予趙 趙豈敢留璧而得罪於大王乎 臣知欺大王之罪當誅 臣請就湯鑊 唯大王與群臣孰計議之 秦王與群臣相視而嘻[1] 左右或欲引相如去

① 嘻 희

嘻의 발음은 '희希'이다. 곧 놀라서 노여워하는 말이다.

音希 乃驚而怒之辭也

진왕은 이로 인해 말했다.

"지금 인상여를 죽이면 마침내 벽옥을 얻지 못하고 진나라와 조나라가 좋은 관계만 단절될 것이다. 따라서 후하게 대우하여 조나라로 돌려보내는 것만 같지 못하다. 조왕이 어찌 벽옥 하나 때문에 진나라를 속이겠는가?"

마침내 진나라 조정에서 인상여를 만나보고 예를 마쳐 돌려보냈다. 인상여가 돌아오고 나자 조왕은 현명한 대부가 사신으로 가서 제후를 욕보이지 않았다고 여겨서 인상여를 제수하여 상대부上大夫로 삼았다. 진나라 또한 성을 조나라에 주지 않았고 조나라도 마침내 진나라에 화씨벽을 주지 않았다.

그 뒤 진나라는 조나라를 정벌하여 석성石城①을 빼앗았다. 다음 해에는 다시 조나라를 공격해서 2만 명을 죽였다.

秦王因曰 今殺相如 終不能得璧也 而絶秦趙之驩 不如因而厚遇之 使歸趙 趙王豈以一璧之故欺秦邪 卒廷見相如 畢禮而歸之 相如旣歸 趙王以爲賢大夫使不辱於諸侯 拜相如爲上大夫 秦亦不以城予趙 趙亦終不予秦璧 其後秦伐趙 拔石城① 明年 復攻趙 殺二萬人

① 拔石城발석성

서광이 말했다. "혜문왕 18년이다."

徐廣曰 惠文王十八年

색은 유씨는 아마 석읍石邑을 이르는 것일 것이라고 했다.

劉氏云蓋謂石邑

정의 옛 석성은 상주相州 임려현 남쪽 90리에 있다.

故石城在相州林慮縣南九十里也

신주 이때 조나라와 진나라는 조나라 서쪽 변경인 황하 부근에서 대치하고 있었다. 임려현은 조나라 수도 한단의 남쪽에 있는데, 이곳이 석성일 가능성은 적다. 〈조세가〉에도 이에 관한 주석이 있지만 역시 오류이다.

문경지교

진왕은 사신을 보내 조왕에게 알려서 왕과 함께 화평을 위해 서하西河 밖 민지澠池에서① 회합하자고 했다. 조왕은 진나라를 두려워하여 가지 않으려고 했다. 염파와 인상여가 계획해서 말했다.

"왕께서 가지 않으면 조나라가 허약하고 또 겁쟁이인 것을 보이는 것입니다."

조왕은 드디어 행차하는데 인상여가 따랐다. 염파는 전송하러 국경에 이르러 왕과 헤어지면서 말했다.

"왕께서 가시는데 거리와 회합하여 예를 마치고 돌아오는 것을 헤아려보니 30일이 넘지 않을 것입니다. 30일에 돌아오지 못하시면 태자를 세워 왕으로 삼고 진나라 여망餘望을 단절시키겠습니다."

왕은 허락했다. 드디어 진왕과 함께 민지에서 회합했다.② 진왕은 술을 마시고 술기운이 오르자 말했다.

"과인이 가만히 들으니 조왕께서는 음악을 좋아하신다는데 비파를 연주해 주시겠습니까?"

조왕이 비파를 연주했다. 진나라 어사가 앞에서 글로 써서 말하기를 '모년 모월 모일에 진왕이 조왕과 회합해 술을 마시는데 조왕에게 비파를 타게 했다.'라고 기록했다.

秦王使者告趙王 欲與王爲好會於西河外澠池^① 趙王畏秦 欲毋行 廉頗
藺相如計曰 王不行 示趙弱且怯也 趙王遂行 相如從 廉頗送至境 與王訣
曰 王行 度道里會遇之禮畢 還 不過三十日 三十日不還 則請立太子爲王
以絕秦望 王許之 遂與秦王會澠池^② 秦王飲酒酣 曰 寡人竊聞趙王好音
請奏瑟 趙王鼓瑟 秦御史前書曰 某年月日 秦王與趙王會飲 令趙王鼓瑟

① 外澠池외민지

색은 서하의 남쪽에 있으므로 '외外'라고 일렀다. 살펴보니 〈육국연표〉
에는 조나라 혜문왕 20년에 있었다.

在西河之南 故云外 案 表在趙惠文王二十年也

② 會澠池회민지

집해 서광이 말했다. "혜문왕 20년이다."

徐廣曰 二十年

인상여가 앞으로 나아가 말했다.

"조왕께 가만히 들으니 진왕께서는 진나라 음악을 잘한다고 했습니
다. 분부盆缻^①를 진왕께서 연주하시어 서로가 즐기도록 하십시오."
진왕은 노하여 허락하지 않았다. 이에 인상여가 나아가 부缻를 올
리고 무릎을 꿇고 진왕에게 청했다. 진왕은 부를 연주하는 것을
수긍하지 않았다. 인상여가 말했다.

"다섯 걸음 안이니 제 목을 쳐서 대왕께 피를 뿌리도록[2] 청하겠습니다."

좌우에서 인상여를 칼로 치려고 했지만 인상여가 눈을 부릅뜨고 그들을 꾸짖자 좌우에서 모두 움찔하면서 머뭇거렸다. 이에 진왕은 즐겁지 않은 표정으로 한 번 부를 두드렸다. 인상여가 돌아보고 조나라 어사를 불러서 기록하기를 '모년 모월 모일에 진왕이 조왕을 위해 부를 연주했다.'라고 적게 했다. 진나라 모든 신하들이 말했다.

"조나라 15개의 성을 청해서 진왕의 장수를 빌게 합시다."

인상여가 또한 말했다.

"진나라 함양을 청해서 조왕의 장수를 빌게 합시다."

진왕은 연회의 술자리가 끝날 때까지 끝내 조나라를 이길 수 없었다. 조나라 또한 군사를 두텁게 배치해서 진나라에 대비하고 있어 진나라는 감히 움직이지 못했다.

藺相如前曰 趙王竊聞秦王善爲秦聲 請奏盆瓴[1]秦王 以相娛樂 秦王怒 不許 於是相如前進瓴 因跪請秦王 秦王不肯擊瓴 相如曰 五步之內 相如請得以頸血濺[2]大王矣 左右欲刃相如 相如張目叱之 左右皆靡 於是秦王不懌 爲一擊瓴 相如顧召趙御史書曰 某年月日 秦王爲趙王擊瓴 秦之群臣曰 請以趙十五城爲秦王壽 藺相如亦曰 請以秦之咸陽爲趙王壽 秦王竟酒 終不能加勝於趙 趙亦盛設兵以待秦 秦不敢動

① 盆瓴분부

[집해] 《풍속통의》에서 말한다. "부缶는 기와 그릇으로 술과 간장을 담는

것이며 진秦나라 사람들이 두드리면서 노래에 박자를 맞추었다."

風俗通義曰 缶者 瓦器 所以盛酒漿 秦人鼓之以節歌也

瓵의 발음은 '부缶'이다.

瓵音缶

瓵의 발음은 '부缾'이다.

瓵音缾

② 濺찬

濺의 발음은 '찬贊'이다.

濺音贊

찬濺은 '뿌린다'는 뜻이다.

회합을 마치고 나라로 돌아오자 조나라는 인상여의 공로가 크다고 여겨 상경上卿에 제수하니 지위가 염파보다 높았다.[①] 염파가 말했다.

"나는 조나라 장군이 되어서 성을 공격하고 들판에서 싸워서 큰 공로가 있었지만 인상여는 한낱 말로서 수고했을 뿐인데 지위가 내 위에 있게 되었다. 또 인상여는 본디 천한 사람이라 나는 부끄러워서 차마 아래에 있지 못하겠다."

이에 선언하여 말했다.

"내가 인상여를 만나면 반드시 욕을 보일 것이다."

인상여가 듣고 기꺼이 만나려 하지 않았다. 인상여는 매일 조회

할 때 항상 병을 핑계대고 염파와 서열을 다투려고 하지 않았다. 그러고 나서 인상여는 외출을 했다가 멀찍이서 염파를 보았는데, 인상여는 수레를 끌고 피하여 숨었다. 이에 사인들이 서로 더불어 간하며 말했다.

"신들이 친척을 떠나와서 군君을 섬기는 것은 다만 군의 높은 의義를 사모하기 때문입니다. 지금 군과 염파는 같은 서열인데 염군廉君은 나쁜 말을 퍼뜨리고 있는데 군께서는 두려워서 숨기만 하니 두려움이 유달리 심한 것 같습니다. 또 보통 사람들도 오히려 이를 부끄러워하는데 하물며 장군이나 재상에 있어서이겠습니까! 신들은 불초하여 사직하고 떠나기를 청합니다."

旣罷歸國 以相如功大 拜爲上卿 位在廉頗之右^① 廉頗曰 我爲趙將 有
攻城野戰之大功 而藺相如徒以口舌爲勞 而位居我上 且相如素賤人
吾羞 不忍爲之下 宣言曰 我見相如 必辱之 相如聞 不肯與會 相如每朝
時 常稱病 不欲與廉頗爭列 已而相如出 望見廉頗 相如引車避匿 於是
舍人相與諫曰 臣所以去親戚而事君者 徒慕君之高義也 今君與廉頗同
列 廉君宣惡言而君畏匿之 恐懼殊甚 且庸人尙羞之 況於將相乎 臣等
不肖 請辭去

① 廉頗之右염파지우

색은 왕소가 살펴보니 동훈의 《답례》에서 말한다. "직분이 높은 자의 이름은 위에 기록하는데 사람에 있어서는 우右가 된다. 직분이 낮은 자의 이름은 아래에 기록하는데 사람에 있어서는 좌左가 된다. 이 때문에 아래로 옮기는 것을 일러 '좌左'라고 말하는 것이다."

王劭按 董勛答禮曰 職高者名錄在上 於人爲右 職卑者名錄在下 於人爲左 是以謂下遷爲左

진나라와 한나라 이전에는 우右를 사용해서 '위'로 삼았다.

秦漢以前用右爲上

상대적으로 높은 것을 우리말은 '위, 우'로, 일본어는 '우에[上]'라고 말한다. 또한 임금을 중심으로 무신은 좌左, 문신은 우右에 선다. 그래서 문신은 우가 높고 무신은 좌가 높다.

인상여는 굳이 만류하며 말했다.

"그대들이 보기에 염파 장군이 진왕에 비해 어떻소?"

그들이 대답했다.

"그야 진왕만 못할 것입니다."

인상여가 말했다.

"대저 진왕의 위엄 앞에서도 이 인상여는 조정에서 호통을 치고 그의 여러 신하를 욕보였는데 내가 비록 노둔하다 하더라도 어찌 염파 장군을 무서워하겠소? 도리어 내가 생각해 보면 강력한 진나라가 감히 조나라에 군사로 공격하지 못하는 것은 다만 우리 두 사람이 있기 때문이오. 지금 두 호랑이가 함께 싸우면 그 형세상 함께 살지 못할 것이오. 나는 이러한 것을 생각하기 때문에 국가의 위급함을 먼저 하고 사사로운 원한을 뒤로 하는 것이오."

염파는 이 소식을 듣고 어깨를 드러낸 채 가시나무를 등에 지고①
빈객을 따라서 인상여의 문에 이르러 사죄하며 말했다.

"비루하고 천박한 사람이 장군의 관대함이 이 정도인 줄 알지 못
했습니다."

마침내 서로 더불어 기뻐하면서 목숨을 함께하는 우정[문경지교刎
頸之交]②을 맺었다.

藺相如固止之 曰 公之視廉將軍孰與秦王 曰 不若也 相如曰 夫以秦王
之威 而相如廷叱之 辱其群臣 相如雖駑 獨畏廉將軍哉 顧吾念之 彊秦
之所以不敢加兵於趙者 徒以吾兩人在也 今兩虎共鬪 其勢不俱生 吾
所以爲此者 以先國家之急而後私讎也 廉頗聞之 肉袒負荊① 因賓客
至藺相如門謝罪 曰 鄙賤之人 不知將軍寬之至此也 卒相與驩 爲刎頸
之交②

① 肉袒負荊육단부형

[색은] 육단은 웃옷을 벗고 살을 드러내는 것을 이른다. 부형의 형荊은
가시나무이니 채찍으로 삼을 수 있다.

肉袒者 謂袒衣而露肉也 負荊者 荊 楚也 可以爲鞭

② 刎頸之交문경지교

[색은] 최호가 말했다. "죽고 사는 것을 함께해서 목이 베여도 후회가
없다는 말이다."

崔浩云 言要齊生死而刎頸無悔也

이해에 염파는 동쪽 제나라를 공격하여 제나라 부대 하나를 쳐부수었다.

후2년에① 염파는 다시 제나라 기幾②를 정벌하여 함락했다.

후3년에③ 염파는 위나라 방릉防陵④과 안양安陽을 공격해 함락했다.

후4년에 인상여가 군대를 이끌고 제나라를 공격하고 평읍平邑⑤에 이르렀다가 철수했다.

그 다음해에 조사趙奢는 진나라 군사를 알여閼與 아래에서 쳐부수었다.

是歲 廉頗東攻齊 破其一軍 居二年① 廉頗復伐齊幾② 拔之 後三年③ 廉頗攻魏之防陵④安陽 拔之 後四年 藺相如將而攻齊 至平邑⑤而罷 其明年 趙奢破秦軍閼與下

① 居二年거이년

신주 〈조세가〉에는 혜문왕 23년이라 하니, '거삼년'이라 해야 한다.

② 幾기

집해 서광이 말했다. "기幾는 읍 이름이다." 살펴보니 〈조세가〉에는 혜문왕 23년에 염파 장군이 위魏나라 기읍幾邑을 공격해 취했는데 〈전경중완세가〉와 〈육국연표〉에는 '제나라를 정벌하여 기를 함락함'의 일이 없다. 아마 기幾는 곧 읍 이름이고 혹 제나라에 속했거나 혹 위나라에 속했을 뿐이다. 전단田單이 제나라에 있었으니 함락시킬 수 없었을 것이다.

徐廣曰 幾 邑名也 案 趙世家惠文王二十三年 頗將攻魏之幾邑 取之 而齊世家

及年表無 伐齊幾拔之事 疑幾是邑名 而或屬齊或屬魏耳 田單在齊 不得至於

拔也

색은 〈조세가〉에는 혜문왕 23년에 염파 장군이 위나라 기읍幾邑을 공

격해 빼앗았다고 했는데 이곳 열전과 부합한다. 《전국책》에는 진秦나라

가 알여에서 무너지고 위나라 기幾를 공격했다고 했다. 기는 또한 위나

라에 속한다. 배인이 〈전경중완세가〉와 〈육국연표〉를 인용해 '제나라를

정벌하여 기를 함락시킨 일'이 없다고 했는데 아마 그 기幾는 옛 읍이거

나 혹은 제나라나 위나라에 속했기 때문일 것이다.

世家云惠文王二十三年 頗將攻魏之幾邑 取之 與此列傳合 戰國策云秦敗閼與

及攻魏幾 幾亦屬魏 而裴駰引齊世家及年表無 伐齊拔幾之事 疑其幾是故邑 或

屬齊魏故耳

정의 幾의 발음은 '기祈'이다. 상주相州와 노주潞州의 사이에 있다.

幾音祈 在相潞之間

신주 제나라 기幾가 아니라 위나라 기幾라고 해야 한다.

③ 後三年후삼년

신주 〈조세가〉에는 혜문왕 24년을 '후1년'이라고 했다. 그래서 후1년이

되어야 한다. 그래야 뒤에 이어지는 '인상여가 평읍을 공격한' 해가 어긋

나지 않게 된다.

④ 防陵방릉

집해 서광이 말했다. "다른 판본에는 '방자房子'로 되어 있다."

徐廣曰 一作房子

[색은] 살펴보니 방릉防陵은 초나라 서쪽에 있고 한중군에 속한다. 위나라에 방자房子가 있으니 아마 '릉陵' 자는 잘못일 것이다.

案 防陵在楚之西 屬漢中郡 魏有房子 蓋陵字誤也

[정의] 방자성은 상주相州 안양현 남쪽 20리에 있으며 방수防水로 인하여 이름으로 삼은 것이다.

城在相州安陽縣南二十里 因防水爲名

[신주] 〈조세가〉에는 '방자'라고 했다.

⑤ 平邑평읍

[정의] 옛 성은 위주魏州 창락현 동북쪽 30리에 있다.

故城在魏州昌樂縣東北三十里

조사와 조괄

조사趙奢는 조나라 전부리田部吏(세무담당 관리)였다. 전답의 세금을 거두는데 평원군平原君의 집안에서 조세를 기꺼이 내지 않으려고 하자, 조사는 법대로 다스려 평원군의 집안에서 업무를 담당하던 9명을 죽였다. 평원군은 노하여 장차 조사를 죽이려고 했다. 이에 조사가 평원군을 설득해서 말했다.

"군君께서는 조나라 귀공자입니다. 지금 군의 집안에서 방종하여 공적인 것을 받들지 않으면 법이 훼손됩니다. 법이 훼손되면 국가는 허약해지고 국가가 허약해지면 제후들이 군사로 치게 될 것입니다. 제후들이 군사로 치면 이는 조나라가 없어지는 것입니다. 조나라가 없어지면 군君에게 어찌 이런 부유함이 있겠습니까? 군君의 귀함으로 공적인 것을 받들어 법대로 하면 위와 아래가 공평해지고 위와 아래가 공평해지면 나라는 강성해집니다. 나라가 강성해지면 조나라는 견고해질 것입니다. 군은 귀척貴戚(국왕의 친척)인데 어찌 천하에서 가볍게 여기겠습니까?"

평원군은 그를 현명하다고 여기고 왕에게 말했다. 왕이 등용하여 나라의 세금을 다스리게 하자 나라의 세금이 크게 공평해져서 백성이 부유해지고 나라의 창고는 견실해졌다.

趙奢者 趙之田部吏也 收租稅而平原君家不肯出租 奢以法治之 殺平
原君用事者九人 平原君怒 將殺奢 奢因說曰 君於趙爲貴公子 今縱君
家而不奉公則法削 法削則國弱 國弱則諸侯加兵 諸侯加兵是無趙也
君安得有此富乎 以君之貴 奉公如法則上下平 上下平則國彊 國彊則
趙固 而君爲貴戚 豈輕於天下邪 平原君以爲賢 言之於王 王用之治國
賦 國賦大平 民富而府庫實

진나라가 한나라를 정벌하고자 알여에 주둔했다. 왕이 염파를 불러서 물었다.

"구원해야 합니까? 구원하지 않아야 합니까?"

염파가 대답했다.

"길은 멀고 험하며 좁아서 구원하기 어렵습니다.①"

또 악승樂乘을 불러서 묻자 악승도 염파의 말과 같이 대답했다.

또 조사를 불러서 묻자 조사가 대답했다.

"그 길이 멀고 험하며 좁으니 비유컨대 마치 두 마리 쥐가 굴속에서 싸우는 것과 같아서 장수가 용맹한 쪽이 승리할 것입니다."

왕은 이에 조사를 장군으로 삼아 구원하게 했다. 군사가 한단에서 30여 리쯤 갔을 때 조사는 군중에 명령을 내려 말했다.

"군사의 일에 간하는 자가 있으면 죽음뿐이다."

진나라 군사는 무안武安 서쪽에② 주둔했다. 진나라 군대가 북을 치고 소란스럽게 군사를 훈련시키는데 무안 집들의 기와가 모두 흔들릴 정도였다. 군중에 척후병 한 사람이 급히 무안을 구원해야 한다고 말하자, 조사는 곧바로 그를 처단했다. 그리고 방벽을 견고하게 하고 28일간을 머물고 행군하지 않으면서 다시 보루를 더 쌓았다.

秦伐韓 軍於閼與 王召廉頗而問曰 可救不 對曰 道遠險狹 難救[1] 又召樂乘而問焉 樂乘對如廉頗言 又召問趙奢 奢對曰 其道遠險狹 譬之猶兩鼠鬪於穴中 將勇者勝 王乃令趙奢將 救之 兵去邯鄲三十里 而令軍中曰 有以軍事諫者死 秦軍軍武安西[2] 秦軍鼓譟勒兵 武安屋瓦盡振 軍中候有一人言急救武安 趙奢立斬之 堅壁 留二十八日不行 復益增壘

① 道遠險狹 難救도원험협 난구

신주 한漢나라 지리 기준으로, 낙양 북쪽 황하의 북쪽에 있는 태항산맥 남쪽 자락을 경계로 하내군과 상당군이 위치한다. 이 태항산맥 남쪽 자락은 길이 험하여 예로부터 구절양장九折羊腸이라 일컬었다. 전국시대에 상당군을 남북으로 나누어 북쪽은 조나라가 남쪽은 한韓나라가 차지하고 있었다. 알여는 조나라와 한나라 국경 중간쯤에 자리하고 있었을 것으로 여겨진다.

② 武安西무안서

집해 서광이 말했다. "위군에 속하고 한단의 서쪽에 있다."

徐廣曰 屬魏郡 在邯鄲西

신주 잘못된 주석이다. 한나라를 공격하던 진나라 군대가 어찌 한단 가까운 위군에 진을 쳤을 것인가? 여기 무안이 아니라 뒤 주석에 나오는 상당군 일대의 무안을 말할 것이다.

진나라 간첩이 들어오자 조사는 잘 먹여서 보냈다. 간첩이 진나라 장수에게 보고하니 진나라 장수는 크게 기뻐하며 말했다.

"무릇 국도를 떠나 30리되는 곳인데[①] 군대가 진군하지 않고 보루만 늘려 쌓으니 알여는 조나라 땅이 아닐 것이다."

조사는 진나라 간첩을 보내고 나서 곧 군대를 모아 달려서 이틀 낮 하룻밤에 알여에 이르렀다. 활을 잘 쏘는 자들을 시켜서 알여에서 50리 떨어진 곳에 주둔하게 했다. 군대의 보루가 완성되자 진나라 사람들이 이를 듣고 모두 갑옷을 갖추고 이르렀다. 군사軍士 허력許歷이 군무의 일로 조사에게 간할 것을 청했다. 조사가 말했다.

"들여보내라."

허력이 말했다.

"진나라 사람들은 조나라 군사가 여기까지 이른 것을 생각하지 못하고 왕성한 기세로 쳐들어 올 것입니다. 장군께서는 반드시 그 진지를 두터이 하고 기다리십시오. 그러지 않으면 반드시 패할 것입니다."

秦間來入 趙奢善食而遣之 間以報秦將 秦將大喜曰 夫去國三十里[①]而軍不行 乃增壘 閼與非趙地也 趙奢旣已遣秦間 卷甲而趨之 二日一夜至 令善射者去閼與五十里而軍 軍壘成 秦人聞之 悉甲而至 軍士許歷請以軍事諫 趙奢曰 內之 許歷曰 秦人不意趙師至此 其來氣盛 將軍必厚集其陣以待之 不然 必敗

① 去國三十里거국삼십리

국國은 한단을 이르는데 조나라 수도이다.

國謂邯鄲 趙之都也

조사가 말했다.

"그 청을 받겠소."

허력이 말했다.

"부질의 형으로 주벌하실 것을 청합니다."

조사가 말했다.

"나중에 한단에서 영을 내릴 것이다.[①]"

허력은 다시 청하여 간했다.[②]

"먼저 북산의 위를 점거하는 자가 이기고[③] 뒤에 이르는 자가 패할 것입니다."

조사가 허락하고 곧 1만 명을 징발하여 달려가게 했다. 진나라 병사들이 뒤에 이르러 산을 오르려고 다투었으나 위를 차지하지 못했다. 이에 조사는 군사들을 풀어서 공격하여 진나라 군사들을 크게 물리쳤다. 진나라 군사들은 흩어져 달아나 마침내 알여의 포위를 풀고 돌아갔다.

조나라 혜문왕은 조사에게 마복군馬服君이란 호칭을 내렸으며 허력을 국위國尉로 삼았다. 조사는 이에 염파, 인상여와 함께 지위가 같아졌다.

趙奢曰 請受令 許歷曰 請就鈇質之誅 趙奢曰 胥後令[①]邯鄲 許歷復請諫[②] 曰 先據北山上者勝[③] 後至者敗 趙奢許諾 即發萬人趨之 秦兵後至

> 爭山不得上 趙奢縱兵擊之 大破秦軍 秦軍解而走 遂解閼與之圍而歸
> 趙惠文王賜奢號爲馬服君 以許歷爲國尉 趙奢於是與廉頗藺相如同位

① 胥後令서후령

색은 살펴보니 '서胥'와 '수須'는 옛 사람이 통용했다. 지금 '서후령'은
'서胥'가 '수須'가 된다는 것인데, 수須는 기다린다는 것이니 뒤에 명령을
기다리라는 것을 일컫는다. 허력의 말은 다시 죽일 만큼은 아니므로 다
시 뒤에 명령을 기다리라는 것을 이른다.

案 胥須古人通用 今者 胥後令 謂胥爲須 須者 待也 待後令 謂許歷之言更不擬
誅之 故更待後令也

정의 서胥는 수須와 같다. 군대가 도성에서 30리 떨어져 행군하지 않은
것은 험하고 좁은 길을 지날 계획이 있지 않은 것인데, 아마 사람들이 급
하게 무안을 구원해야 한다고 간할까 봐서 이런 명령을 낸 것이다. 지금
전투를 앞에 두고 계책을 얻어야 하는데 앞의 명령을 채용하지 않을 것
이므로 '뒤에 명령을 기다리라'라고 한 것이다.

胥猶須也 軍去城都三十里而不行 未有計過險狹 恐人諫令急救武安 乃出此令
今垂戰須得謀策 不用前令 故云須後令也

신주 '공恐' 자를 '두려워하다'라는 뜻으로 번역하는 경우가 많은데, 문
장이나 문구 앞에 오면 '아마', '의심컨대'라는 뜻도 있다.

② 邯鄲許歷復請諫한단허력부청간

색은 살펴보니 '한단邯鄲' 두 글자는 마땅히 '욕전欲戰'이 되어야 할 것
이다. 전쟁에 임할 때 허력이 다시 간한 것을 이른다. 왕찬의 시에 '허력

은 평범한 인물[完士]인데, 한마디 말로 진나라를 무찔렀네.'라고 했다. 이는 조사가 허력의 계책을 사용해서 마침내 진나라 군사를 쳐부수었다는 말이다. 강수는 '한漢나라 법령에는 완完하고 머리를 깎지 않는 것을 내耐(수염을 깎는 벌)라고 일컬으니, 곧 완사完士가 종군從軍을 아직 면한 것이 아니다.'라고 했다.

按 邯鄲 二字當爲 欲戰 謂臨戰之時 許歷復諫也 王粲詩云 許歷爲完士 一言猶敗秦 是言趙奢用其計 遂破秦軍也 江遂曰 漢令稱完而不髡曰耐 是完士未免從軍也

신주 한나라 이전에는 머리와 수염을 깎는 형벌을 '완完'이라고 했고, 한나라 이후에는 노역勞役으로 대치했다. 신체를 상하지 않게 하는 형벌이므로 완完이라고 한 것이다.

③ 先據北山上者勝선거북산상자승

정의 알여산은 명주洺州 무안현 서남쪽 50리에 있는데 조사가 진나라 군대를 알여에서 막은 곳이 곧 이 산이다. 살펴보니 《괄지지》에서 '진나라 군사를 막은 것이 이 산이다.'라고 했으니, 아마 명주에 아주 가까운 곳이다. 이미 한단에서 30리 떨어져 주둔했으며 또 이틀 낮과 하룻밤을 달려가서 알여에서 50리에 이르러 군대의 보루를 완성했다고 했는데, 지금 명주洺州와 노주潞州의 거리는 300리 사이이고 상주相州와 떨어져 있는 것에 따른다면, 아마 노주潞州 알여, 취성聚城이 점거하여 막은 곳인 듯하다.

關與山在洺州武安縣西南五十里 趙奢拒秦軍於關與 卽此山也 案 括地志云 言拒秦軍在此山 疑其太近洺州 旣去邯鄲三十里而軍 又云趨之二日一夜 至關與五十里而軍壘成 據今洺州去潞州三百里間而隔相州 恐潞州關與聚城是所拒據處

후4년에 조나라 혜문왕이 죽고 아들 효성왕孝成王이 왕위에 올랐다. 효성왕 7년,[①] 진나라와 조나라 군사가 서로 장평長平에서 대치했다. 이때 조사는 이미 죽었고[②] 인상여는 병이 들어 위독했는데 조나라는 염파를 장군으로 삼아 진나라를 치게 했다. 진나라가 여러 번 조나라 군사를 패배시켰지만 조나라 군사는 방벽을 굳게 하고 싸우지 않았다. 진나라가 여러 번 싸움을 걸었으나 염파는 응전하지 않았다. 조왕이 진나라 간첩의 말을 믿었다. 진나라 간첩이 말했다.

"진나라에서 싫어하는 것은 단지 마복군 조사의 아들 조괄趙括이 장군이 되는 것을 두려워할 뿐입니다."

조왕은 이에 조괄을 장군으로 삼아 염파를 대신하고자 했다. 인상여가 말했다.

"왕께서 명성만으로 조괄을 쓰시려는 것은 마치 기러기발을 아교로 붙여 놓고 비파를 타는 것과 같을 뿐입니다.[③] 조괄은 다만 그의 아비가 책으로 전하는 것만 읽을 수 있을 뿐이어서 변화에 부합할 줄 모릅니다."

조왕은 듣지 않고 마침내 조괄을 장수로 삼았다.

後四年 趙惠文王卒 子孝成王立 七年[①] 秦與趙兵相距長平 時趙奢已死[②] 而藺相如病篤 趙使廉頗將攻秦 秦數敗趙軍 趙軍固壁不戰 秦數挑戰 廉頗不肯 趙王信秦之間 秦之間言曰 秦之所惡 獨畏馬服君趙奢之子趙括爲將耳 趙王因以括爲將 代廉頗 藺相如曰 王以名使括 若膠柱而鼓瑟耳[③] 括徒能讀其父書傳 不知合變也 趙王不聽 遂將之

① 七年칠년

장평대전이 벌어진 것은 조나라 효성왕 6년으로 서기전 260년이다.

② 趙奢已死조사이사

집해 장화가 말했다. "조사의 무덤은 한단의 경계 서쪽 산 위에 있는데, 마복산馬服山이라고 한다."

張華曰 趙奢冢在邯鄲界西山上 謂之馬服山

③ 膠柱而鼓瑟耳교주이고슬이

신주 '교주고슬膠柱鼓瑟'이란 알맞지 않은 것을 억지로 맞추려는 어리석음을 뜻한다.

> 조괄은 어렸을 때부터 병법을 배워서 병법에 관한 일을 말하면 천하에서 대적할 자가 없었다. 일찍이 그의 아버지 조사와 함께 병법의 일을 말했는데, 조사도 능히 꺾을 수 없었다. 그러나 잘한다고 이르지 않았다. 조괄의 어머니가 조사에게 그 까닭을 묻자 조사가 말했다.
> "군사의 일은 사람이 죽는 곳인데, 조괄은 말을 쉽게 하오. 조나라가 조괄을 장수로 쓰지 않으면 그뿐이지만 만약 반드시 장수로 삼는다면 조나라 군사를 깨뜨리는 자는 반드시 조괄일 것이오."
> 조괄이 장차 행군하려 하자 그의 어머니가 왕에게 글을 올려서 말했다.
> "조괄을 장군으로 삼아서는 안 됩니다."

왕이 말했다.

"무슨 까닭입니까?"

어머니가 대답해서 말했다.

"당초 첩이 그의 아비를 섬기게 되었을 때 장군이 되었습니다. 자신이 몸소 음식을 받들어① 나아가 먹이는 자가 10여 명이었고 벗으로 삼은 자가 수백 명이었습니다. 대왕이나 종실에서 상으로 하사받은 것들은 모두 군대의 관리와 병사와 대부들에게 주었습니다. (출전) 명령을 받은 날부터는 집안일을 묻지 않았습니다. 지금 조괄은 하루아침에 장군이 되어 동쪽으로 향하여 접견을 하는데 군軍의 관리들이 감히 쳐다보는 자가 없고 왕께서 내리신 비단 같은 것들도 집안에 가져가 쌓아두었으며 날마다 좋은 전답과 집을 봐두었다가 살 수 있는 것들은 사고 있습니다. 왕께서 그 아비에 비해 어떻게 생각하십니까? 아버지와 자식의 마음이 다르니 원컨대 왕께서는 보내지 마십시오."

왕이 말했다.

"어머니는 그만하시오. 나는 이미 결정했소."

조괄의 어머니가 이에 말했다.

"왕께서 마침내 그를 보내시어 말할 수 없는 일이 있더라도② 첩이 연좌를 따르지 않도록 해주시겠습니까?"

왕이 허락했다.

趙括自少時學兵法 言兵事 以天下莫能當 嘗與其父奢言兵事 奢不能
難 然不謂善 括母問奢其故 奢曰 兵 死地也 而括易言之 使趙不將括卽
已 若必將之 破趙軍者必括也 及括將行 其母上書言於王曰 括不可使將

王曰 何以 對曰 始妾事其父 時爲將 身所奉^①飯飲而進食者以十數 所友
者以百數 大王及宗室所賞賜者盡以予軍吏士大夫 受命之日 不問家事
今括一旦爲將 東向而朝 軍吏無敢仰視之者 王所賜金帛 歸藏於家 而日
視便利田宅可買者買之 王以爲何如其父 父子異心 願王勿遣 王曰 母置
之 吾已決矣 括母因曰 王終遣之 卽有如不稱^②妾得無隨坐乎 王許諾

① 奉봉

정의 奉의 발음은 '봉捧'이다.

奉音捧

② 有如不稱유여불칭

신주 말로 할 수 없는 일, 곧 패전을 뜻한다. "패전하는 것과 같은 일이
있어도"라는 뜻이다.

조괄은 염파를 대신하고 나서 모든 군령의 약속들을 고치고 군
리를 바꾸어 배치했다. 진나라 장수 백기白起는 이를 듣고 뛰어난
군대를 보내 거짓으로 패하여 달아나는 척하고 그 양식보급로를
끊어서 그 군사를 둘로 나누자 (조나라) 사졸들의 마음이 떠났다.
40여 일이 지나자 조나라 군사들이 굶주렸다. 조괄은 정예병
을 출전시키고 자신도 크게 싸웠는데 진나라 군사가 조괄을 쏘
아 죽였다. 조괄의 군대가 패하자 수십여 만의 군사들이 마침내

진나라에 항복했는데, 진나라는 모두 구덩이에 묻어 버렸다. 조나라는 (이 전투의) 앞뒤로 해서 모두 45만 명이 죽었다.

다음 해에① 진나라 군사는 드디어 조나라의 한단을 포위했다. 한 해 남짓 되었는데도 거의 벗어나지 못했으나 초나라와 위나라 제후들이 와서 구원해 주어 겨우 한단의 포위가 풀리게 되었다.② 조왕은 또한 조괄의 어머니가 앞서 말한 것 때문에 끝내 죽이지 않았다.

趙括旣代廉頗 悉更約束 易置軍吏 秦將白起聞之 縱奇兵 詳敗走 而絕其糧道 分斷其軍爲二 士卒離心 四十餘日 軍餓 趙括出銳卒自博戰 秦軍射殺趙括 括軍敗 數十萬之衆遂降秦 秦悉阬之 趙前後所亡凡四十五萬 明年① 秦兵遂圍邯鄲 歲餘 幾不得脫 賴楚魏諸侯來救 迺得解邯鄲之圍② 趙王亦以括母先言 竟不誅也

① 明年명년

신주 〈백기열전〉에는 조나라 한단을 포위한 것은 진나라 소양왕 49년 정월부터라고 한다. 〈평원군열전〉에서 살폈듯이, 〈조세가〉에서 평원군이 초나라에 구원을 요청하러 간 것은 조나라 효성왕 8년이라 한다. 효성왕 8년은 진나라 소양왕 49년이고 장평대전은 효성왕 6년에 있었으니, 여기서 '明年'이란 표현은 '後二年'이라 해야 한다. 진나라는 장평대전 이후 한동안 장평에서 한단까지 차례차례 점령하며 마침내 한단까지 도달했다.

② 得解邯鄲之圍득해감단지위

신주 위나라 신릉군과 초나라 춘신군 등의 구원에 힘입어 진나라를 물리치고 한단의 포위를 푼 것은 효성왕 9년이다.

염파와 이목의 불운한 최후

한단이 포위에서 풀린 지 5년에① 연나라는 율복栗腹②의 계책을 써서 '조나라 장정들은 장평에서 다 죽었으며 그의 고아들은 장성하지 않았다.'면서 군사를 일으켜 조나라를 공격했다. 조나라는 염파 장군을 보내서 공격하여 연나라 군대를 호鄗 땅에서 크게 무찔러 율복을 죽이고 드디어 연나라를 포위했다. 연나라에서 5개 성을 할양해주고 화평을 청하자 이에 들어 주었다.

조나라는 위문尉文 땅③을 염파에게 봉하여 신평군信平君④으로 삼아 임시 재상으로 삼았다.⑤ 염파가 장평長平에서 면직되어 돌아와 세력을 잃었을 때 옛 빈객들이 모두 떠났다. 다시 장군으로 등용되자 빈객들이 또다시 이르렀다. 염파가 말했다.

"객들은 물러가시오."

객이 말했다.

"아! 군께서는 어찌 보는 것이 늦으십니까? 무릇 천하는 시장의 도道로써 사귀는 것입니다. 군께서 세력이 있으면 나는 군을 따르고 군께서 세력이 없으면 떠나는 것입니다. 이것이 진실로 그 이치입니다. 어찌 원망하십니까?"

6년이 지나자 조나라는 염파에게 위나라 번양繁陽[6]을 정벌하도록 해서 함락시켰다.

自邯鄲圍解五年[1] 而燕用栗腹[2]之謀 曰 趙壯者盡於長平 其孤未壯 舉兵擊趙 趙使廉頗將 擊 大破燕軍於鄗 殺栗腹 遂圍燕 燕割五城請和 乃聽之 趙以尉文[3]封廉頗爲信平君[4] 爲假相國[5] 廉頗之免長平歸也 失勢之時 故客盡去 及復用爲將 客又復至 廉頗曰 客退矣 客曰 吁 君何見之晚也 夫天下以市道交 君有勢 我則從君 君無勢則去 此固其理也 有何怨乎 居六年 趙使廉頗伐魏之繁陽[6] 拔之

① 五年오년

신주 한단이 포위에서 풀린 것은 효성왕 9년이고, 연나라가 조나라를 공격한 것은 효성왕 15년이다. 따라서 '6년'이라 해야 한다.

② 栗腹율복

신주 율복은 전국시대 연나라의 국상國相이다. 서기전 251년 연왕 희喜가 조나라에 사신으로 파견하자 조나라 효성왕은 크게 환대했다. 율복은 귀국하여 장평대전 이후 조나라가 피폐했으니 공격해야 한다고 보고했다.

③ 尉文위문

집해 서광이 말했다. "읍 이름이다."

徐廣曰 邑名也

④ 信平君신평군

신평은 호이다. 서광이 말했다. "위문은 읍 이름이다." 살펴보니 《한서》〈표〉에 '위문절후尉文節侯'가 있는데 남군에 있다고 했다. 아마 위尉는 관직[官]이고 문文은 이름[名]일 것이다. 위문이 식읍으로 삼은 읍을 취해 다시 염파를 봉했으며, 뒤에 호를 신평군이라고 이른 것이다.

信平 號也 徐廣云 尉文 邑名 按 漢書表有 尉文節侯 云在南郡 蓋尉 官也 文 名也 謂取尉文所食之邑復以封頗 而後號爲信平君

⑤ 爲假相國위가상국

신주 〈조세가〉에 따르면 임시 재상이 된 자는 염파에 이어 연나라를 포위하고 있던 장군 악승樂乘이다. 여기 기록이 잘못이다.

⑥ 繁陽번양

집해 서광이 말했다. "위군에 속한다."

徐廣曰 屬魏郡

정의 상주相州 내황현 동북쪽에 있다.

在相州內黃縣東北也

> 조나라 효성왕이 죽고 아들 도양왕悼襄王이 왕위에 올라 악승으로 하여금 염파를 대신하게 했다. 염파가 노하여 악승을 공격하자 악승이 달아났다. 염파는 마침내 위나라 대량大梁으로 달아났다. 그다음 해에① 조나라는 이목李牧을 장군으로 삼아 연나라를 공격하고 무수武遂와 방성方城②을 함락시켰다.

염파가 양梁 땅에 거주한 지 오래인데 위나라는 염파가 못미더워 등용하지 않았다. 조나라는 자주 진나라 군사들에게 곤욕을 당했는데, 조왕은 염파를 다시 등용해야겠다고 생각했고 염파도 다시 조나라에 등용되기를 생각했다.

조왕은 사신을 보내 염파를 아직 등용할 수 있는지 없는지를 살폈다. 염파의 원수인 곽개郭開는 사신에게 많은 재물을 주고 염파를 헐뜯게 했다. 조나라 사신이 이윽고 염파를 만나보았는데 염파는 한 말의 밥과 고기 10근을 먹고서 갑옷을 입고 말에 올라 등용될 수 있다는 것을 보여주었다. 조나라 사신은 돌아와 왕에게 보고해서 말했다.

"염파 장군은 비록 늙었으나 오히려 밥을 잘 먹었습니다. 그러나 신과 함께 앉아 있는데 잠시 동안 세 번이나 대변을 보았습니다.③"

조왕은 염파를 늙었다고 여기고 마침내 부르지 않았다. 초나라는 염파 장군이 위나라에 있다는 소문을 듣고 몰래 사람을 보내 맞이했다. 염파는 단번에 초나라 장군이 되었지만 공로가 없었고 이에 말했다.

"나는 조나라 군사를 지휘하고 싶다."

염파는 마침내 수춘壽春에서 죽었다.④

趙孝成王卒 子悼襄王立 使樂乘代廉頗 廉頗怒 攻樂乘 樂乘走 廉頗遂奔魏之大梁 其明年① 趙乃以李牧爲將而攻燕 拔武遂方城② 廉頗居梁久之 魏不能信用 趙以數困於秦兵 趙王思復得廉頗 廉頗亦思復用於趙 趙王使使者視廉頗尙可用否 廉頗之仇郭開多與使者金 令毀之

趙王曰 何以 對曰 始妾事其父 時爲將 身所奉飯飲而進食者以十數 所
友者以百數 大王及宗室所賞賜者盡以予軍吏士大夫 受命之日 不問家
事 今使者旣見廉頗 廉頗爲之一飯斗米 肉十斤 被甲上馬 以示尙可用
趙使還報王曰 廉將軍雖老 尙善飯 然與臣坐 頃之三遺矢矣[3] 趙王以爲
老 遂不召 楚聞廉頗在魏 陰使人迎之 廉頗一爲楚將 無功 曰 我思用趙
人 廉頗卒死于壽春[4]

① 其明年기명년

신주 여기서는 도양왕 원년이 되지만, 〈조세가〉에 따르면 도양왕 2년
이다. 〈연소공세가〉와 〈육국연표〉에는 모두 연왕 희喜 12년인데, 조나라
도양왕 2년에 해당한다. 따라서 '後二年'이라 해야 한다.

② 武遂方城무수방성

색은 살펴보니 〈지리지〉에서 무수는 하간국에 속하고 방성은 광양군
에 속한다고 했다.

按 地理志武遂屬河間國 方城屬廣陽也

정의 무수는 역주易州의 수성遂城이다. 방성은 유주幽州 고안현 남쪽
10리에 있다.

武遂 易州遂城也 方城 幽州固安縣南十里

신주 무수(지금의 하북성 보정시)는 수隋나라에서 낙랑군 수성현의 명칭을
옮긴(《수서》 〈지리지 상곡군〉 '수성현' 참고) 곳이다. 이 하나만으로도 한사군漢四
郡의 낙랑군은 현재 요하 동쪽으로 넘어오지 못했음을 증명한다.

③ 三遺矢矣삼유시의

[색은] 자주 대변을 보는 것을 이른다. 시矢는 다른 판본에는 '시屎' 자로 되어 있다.

謂數起便也 矢 一作屎

④ 廉頗卒死于壽春염파졸사우수춘

[정의] 염파의 묘는 수주壽州 수춘현 북쪽 4리에 있다. 인상여의 묘는 한단 서남쪽 6리에 있다.

廉頗墓在壽州壽春縣北四里 藺相如墓在邯鄲西南六里

이목李牧은 조나라 북쪽 변방의 뛰어난 장수이다. 항상 대代의 안문鴈門①에 거주하면서 흉노에 대비하고 있었다. 이목은 편의에 따라서 관리를 배치하고 시장에서 거두는 세금은 모두 장군의 막부莫府②로 들어오게 해서 군사들의 비용으로 삼았다. 날마다 여러 마리의 소를 잡아 군사들을 대접하며 활 쏘고 말 타는 연습을 시켰고 봉화를 신중하게 하며 많은 간첩③들을 두고 전사들을 후하게 우대하고 다짐해서 말했다.

"흉노가 쳐들어와 노략질하면 급히 보루로 들어와 지킬 것이지 감히 (흉노를) 포로로 잡는 자가 있으면 참수하겠다."

흉노가 쳐들어올 때마다 삼가 봉화를 올리면 문득 보루로 들어와 지키고 감히 싸우지 않았다. 이렇게 여러 해 동안 했는데 잃어버린 것이 없었다. 그러나 흉노는 이목을 겁쟁이로 여겼고, 조나라

변방의 군사일지라도 우리 장군을 겁쟁이라고 여겼다. 조왕이 이
목을 다그쳐도 이목은 옛날처럼 했다. 조왕이 노하여 이목을 소
환하고 다른 사람에게 장군을 대신하게 했다.

李牧者 趙之北邊良將也 常居代鴈門^① 備匈奴 以便宜置吏 市租皆輸入
莫府^② 爲士卒費 日擊數牛饗士 習射騎 謹烽火 多間諜^③ 厚遇戰士 爲約
曰 匈奴卽入盜 急入收保 有敢捕虜者斬 匈奴每入 烽火謹 輒入收保 不
敢戰 如是數歲 亦不亡失 然匈奴以李牧爲怯 雖趙邊兵亦以爲吾將怯
趙王讓李牧 李牧如故 趙王怒 召之 使他人代將

① 鴈門안문

정의 지금의 안문현은 대代 땅에 있다. 그러므로 대의 안문이라고 이
른다.

今鴈門縣代地 故云代鴈門也

② 莫府막부

집해 여순이 말했다. "장군이 정벌을 행하면 일정한 거처가 없고 소재
한 곳을 치소로 삼는다. 그러므로 '막부莫府'라고 이른다. 막莫은 크다는
뜻이다."

如淳曰 將軍征行無常處 所在爲治 故言 莫府 莫 大也

색은 살펴보니 집해 주석에서 여순의 해석은 '막莫은 크다는 뜻이다.'
라고 일렀다. 또 최호가 말했다. "옛날에 정벌을 나가서 장수가 되었다가
군대가 돌아오면 해산했다. 다스림에는 일정한 곳이 없어 막역幕帟으로
부서를 삼았다. 그러므로 '막부莫府'는 곧 '막莫'인데 마땅히 '막幕' 자가

되어야 하니 글자의 잘못일 뿐이다.

按 注如淳解 莫 大也 云云 又崔浩云 古者出征爲將帥 軍還則罷 理無常處 以幕
帟爲府署 故曰 莫府 則 莫 當作幕 字之訛耳

③ 間諜간첩

색은 앞의 間의 발음은 '간[紀覔反]'이고, 뒤의 諜의 발음은 '첩牒'이다.
上紀覔反 下音牒

한 해 남짓 지나 흉노가 쳐들어올 때마다 나가서 싸웠다. 나가서
싸우니 자주 불리해져서 잃는 것들이 많아지자, 변방에서는 농사
와 목축①을 할 수 없었다. 다시 이목을 요청하자 이목은 두문불
출하면서 굳이 병을 핑계 댔다. 조왕은 다시 강제로 일어나도록
해 군사들을 거느리도록 했다. 이에 이목이 말했다.

"왕께서 반드시 신을 등용하신다면 신은 전과 같이 할 것인데 그
렇게 하도록 하신다면 감히 명령을 받들겠습니다."

왕은 이를 허락했다. 이목은 도착하자 이전과 같이 약정했다. 흉
노는 여러 해 동안 얻는 것이 없었다. 끝까지 겁쟁이로 여겼다. 변
방의 군사들은 날마다 상품을 하사받았지만 (전쟁에) 쓰이지 못하
자 모두 한번 싸우기를 원했다.

이에 병거兵車를 가려 뽑아 1,300대를 얻고 기마를 가려 뽑아 1만
3,000필을 얻었으며 100금의 상을 받을 만한 용사② 5만 명과 활
을 잘 쏘는 자③ 10만 명을 선발하여 모두 싸움에 익숙하게 훈련

시켰다. 또 크게 (사람들을) 풀어 목축을 하게 하자 백성이 들판에 가득했다. 흉노가 조금 쳐들어오자 못이기는 척 거짓으로 달아나서 수천 명을 버려두었다.[4] 선우單于가 듣고 크게 군사들을 이끌고 쳐들어왔다. 이목이 기이한 진형을 많이 만들어서 좌우로 날개를 펼쳐서 공격하여 흉노의 10여 만 기병을 크게 쳐부수고 죽였다. 담람襜襤[5]을 섬멸하고 동호東胡를 쳐부수었으며[6] 임호林胡를 항복시키자 선우는 도망쳐 달아났다. 그 뒤로 10여 년 동안 흉노는 감히 조나라 변방의 성에 다가오지 못했다.

歲餘 匈奴每來 出戰 出戰 數不利 失亡多 邊不得田畜[1] 復請李牧 牧杜門不出 固稱疾 趙王乃復彊起使將兵 牧曰 王必用臣 臣如前 乃敢奉令 王許之 李牧至 如故約 匈奴數歲無所得 終以爲怯 邊士日得賞賜而不用 皆願一戰 於是乃具選車得千三百乘 選騎得萬三千匹 百金之士五萬人[2] 彀者[3]十萬人 悉勒習戰 大縱畜牧 人民滿野 匈奴小入 詳北不勝 以數千人委之[4] 單于聞之 大率衆來入 李牧多爲奇陳 張左右翼擊之 大破殺匈奴十餘萬騎 滅襜襤[5] 破東胡[6] 降林胡 單于奔走 其後十餘歲 匈奴不敢近趙邊城

① 畜축

정의 畜의 발음은 '휵[許六反]'이다.

許六反

② 百金之士五萬人백금지사오만인

집해 《관자》에서 말한다. "적을 쳐부수고 장수를 사로잡는 자는 100금의 상을 받는다."

管子曰 能破敵擒將者賞百金

③ 彀者구자

[색은] 彀의 발음은 '구[古候反]'이다. 구彀는 활을 쏘는데 능숙한 것을 이른다.

彀音古候反 彀謂能射也

④ 數千人委之수천인위지

[색은] 위委는 기棄와 같다. 그 죽이고 빼앗는 것을 멋대로 하는 것을 이른다.

委謂棄之 恣其殺略也

⑤ 襜襤담람

[집해] 襜의 발음은 '담[都甘反]'이고, 襤의 발음은 '람[路談反]'이다. 서광이 말했다. "다른 판본에는 '임臨'으로 되어 있다." 또 살펴보니 여순은 "담람은 호胡의 이름인데 대代의 북쪽에 있다."고 했다.

襜 都甘反 襤 路談反 徐廣曰 一作臨 駰又案 如淳曰 胡名也 在代北

[색은] 앞에 襜의 발음은 '담[都甘反]'이고, 뒤에 襤의 발음은 '람[路郯反]'이다. 여순이 말했다. "호의 이름이다."

上音都甘反 下音路郯反 如淳云 胡名也

⑥ 破東胡파동호

[신주] 〈조세가〉에도 나오지만, 이때 동호는 대代까지 활동하고 있었고

편의에 따라 '동호'라고 부른 민족은 고조선이나 그 후예인 부여夫餘의 일파일 것이다. 《사기》〈흉노열전〉에는 연나라 장수 진개秦開가 동호를 공격한 것으로 나오는데, 같은 내용이 《삼국지》〈동이열전〉에서 인용한 《위략》에는 조선을 공격한 것으로 나온다. 동호는 곧 고조선의 일파인 것이다. 이는 애초에 고조선과 부여의 중심지가 현재 요서 지방이라는 것으로 《사기》만 가지고도 증명하기에 모자람이 없다.

조나라 도양왕 원년, 염파는 이미 위나라로 망명해 들어가자 조나라는 이목에게 연나라를 공격하게 해서 무수武遂와 방성方城을 함락시켰다.[①] 2년 만에 방훤龐煖[②]은 연나라 군대를 쳐부수고 극신劇辛[③]을 죽였다. 7년 뒤에[④] 진나라는 조나라 장군 호첩扈輒[⑤]을 무수[⑥]에서 격파해 살해하고 10만 명을 참수했다.

(조왕 천遷 3년) 조나라는 이목을 대장군으로 삼아[⑦] 진나라 군대를 의안宜安[⑧]에서 공격하여 진나라 군대를 크게 쳐부수자, 진나라 장군 환의桓齮[⑨]는 패하여 달아났다. 이목을 봉해서 무안군武安君으로 삼았다.

3년이 지나 진나라는 파오番吾[⑩]를 공격했다. 이목은 진나라 군대를 격파하고 남쪽으로 한나라와 위나라를 막았다.

趙悼襄王元年 廉頗旣亡入魏 趙使李牧攻燕 拔武遂方城[①] 居二年 龐煖[②]破燕軍 殺劇辛[③] 後七年[④] 秦破殺趙將扈輒[⑤]於武遂[⑥] 斬首十萬 趙乃以李牧爲大將軍[⑦] 擊秦軍於宜安[⑧] 大破秦軍 走秦將桓齮[⑨] 封李牧爲武安君 居三年 秦攻番吾[⑩] 李牧擊破秦軍 南距韓魏

① 趙悼襄王元年~拔武遂方城조도양왕원년~발무수방성

신주 염파가 망명한 것은 도양왕 원년이고 이목이 연나라를 공격한 것
은 도양왕 2년이다.

② 龐煖방훤

색은 살펴보니 훤煖은 곧 풍훤馮煖이다. 龐의 발음은 '팡[皮江反]'이고,
煖의 발음은 '훤[況遠反]'이다. 또 발음은 '훤喧'이다.

按 煖卽馮煖也 龐音皮江反 煖音況遠反 亦音喧

신주 《전국책》에 나오는 맹상군의 식객 '풍훤馮諼'이 곧 방훤이라는
뜻이다. 〈맹상군열전〉에는 풍환馮驩이라고 한다. 하지만 시대가 다르고
방龐과 풍馮은 분명히 다른 성씨이니, 주밀하지 못한 주석이다.

③ 劇辛극신

색은 본래 조나라 사람인데 연나라에서 벼슬했다.

本趙人 仕燕者

④ 後七年후칠년

신주 진나라가 조나라 호첩을 격파한 것은 〈육국연표〉와 〈조세가〉에
모두 조왕 천 2년이니, '後八年'이라 해야 한다.

⑤ 扈輒호첩

색은 호扈는 씨이고 첩輒은 이름이다. 한漢나라 장이張耳 때에도 별도
로 호첩扈輒이 있었다.

扈 氏 輒 名 漢張耳時別有扈輒

⑥ 武遂무수

살펴보니 유씨가 말했다. "무수武遂는 본래 한나라 땅이고 조나라 서쪽에 있으니 아마 〈지리지〉에서의 하간군 무수는 아닌 듯하다."

按 劉氏云 武遂本韓地 在趙西 恐非地理志河間武遂也

〈조세가〉에는 무성武成이라 하고, 〈육국연표〉에는 평양平陽이라 했다. 〈염파인상여열전〉에서 '무수'라 한 것은 잘못일 것이다.

⑦ 趙乃以李牧爲大將軍조내이이목위대장군

앞서 '조왕 천遷 3년'이 탈락되었다.

⑧ 宜安의안

환주桓州 고성현 서남쪽 20리에 있다.

在桓州藁城縣西南二十里

⑨ 桓齮환의

齮의 발음은 '의蟻'이다.

音蟻

⑩ 番吾파오

현 이름이다. 〈지리지〉에는 상산군에 있다. 番의 발음은 '파婆'이고, 또 '반盤'으로 발음한다.

縣名 地理志在常山 音婆 又音盤

상주相州 방산현 동쪽 20리에 있다.

在相州房山縣東二十里也

〈육국연표〉와 〈조세가〉에 모두 진나라가 조나라 파오를 친 것은 조왕 천 4년으로 나온다. 따라서 앞서 '居三年'은 '明年'이라 해야 한다.

조왕 천遷 7년, 진나라가 왕전王翦에게 조나라를 공격하게 하자 조나라는 이목과 사마상司馬尙을 보내 막게 했다. 진나라는 조왕이 총애하는 신하 곽개郭開[1]에게 금을 많이 주어 반간으로 삼고 이목과 사마상이 반란을 일으키려 한다는 소문을 퍼뜨리게 했다. 조왕은 조총趙葱과 제나라 장수 안취顏聚를 보내 이목을 대신하게 했다. 이목이 명을 받지 않자 조나라는 사람을 보내 몰래 이목을 포박해 처형했다. 사마상은 직무에서 폐했다. 3개월 뒤에 왕전은 그로 인해 조나라를 급하게 습격하여 대파하고 조총을 죽였으며, 조왕 천과 그의 장수인 안취를 포로로 잡고 마침내 조나라를 멸했다.

趙王遷七年 秦使王翦攻趙 趙使李牧司馬尙禦之 秦多與趙王寵臣郭開[1]金 爲反間 言李牧司馬尙欲反 趙王乃使趙葱及齊將顔聚代李牧 李牧不受命 趙使人微捕得李牧 斬之 廢司馬尙 後三月 王翦因急擊趙 大破殺趙葱 虜趙王遷及其將顔聚 遂滅趙

---

① 郭開곽개

앞서 염파를 헐뜯게 해서 다시 부르지 못하게 했던 그 곽개이다. 늘 그렇듯이 역사의 마지막엔 매국노와 간신이 존재한다.

태사공은 말한다.

죽음을 알면 반드시 용감해진다. 죽는 것이 어려운 것이 아니라 죽을 곳을 찾는 것이 어려운 것이다. 바야흐로 인상여가 벽옥을 끌어안고 기둥을 흘겨보며 진나라 왕의 좌우를 꾸짖었을 때 형세는 죽임을 당하는 데 지나지 않았다. 그러나 사인 가운데 어떤 이는 겁이 나고 나약해서[1] 감히 발분하지 못한다. 인상여는 한번 그 기운을 떨쳐 위신을 적국에 펼쳤으며[2] 물러나서는 염파에게 양보하니 명성은 태산보다 무거웠다. 그는 지혜와 용기에 처하여 그것을 겸비했다고 이를 만하다.

太史公曰 知死必勇 非死者難也 處死者難 方藺相如引璧睨柱 及叱秦王左右 勢不過誅 然士或怯懦[1]而不敢發 相如一奮其氣 威信敵國[2] 退而讓頗 名重太山 其處智勇 可謂兼之矣

① 怯懦겁나

집해 서광이 말했다. "다른 판본에는 '굴나掘懦'로 되어 있다."

徐廣曰 一作掘懦

② 威信敵國위신적국

색은 信의 발음은 '신伸'이다.

信音伸

사마정이 펼쳐서 밝히다.

맑은 풍모는 늠름했고 씩씩한 기개는 이글거렸다. 각각 정성과 의로움을 다했으니 번갈아 자웅이 되었다. 화씨벽은 나갔다가 돌아왔고 민지에서 좋게 통교했다. 가시나무를 짊어져 경외함을 알았고 절개를 굽히니 사귐으로 변했다. 변경을 안정시키는 책략을 정한 것은 염파와 이목의 공이었구나!

淸飆凜凜 壯氣熊熊 各竭誠義 遞爲雌雄 和璧聘返 澠池好通 負荊知懼 屈節推工 安邊定策 頗牧之功

[지도 2] 염파인상여열전

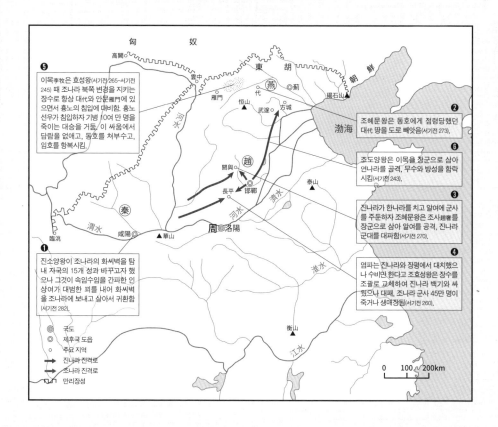

❺ 이목李牧은 효성왕(서기전 265~서기전 245) 때 조나라 북쪽 변경을 지키는 장수로 항상 대代와 안문雁門에 있으면서 흉노의 침입에 대비함. 흉노 선우가 침입하자 기병 10여 만 명을 죽이는 대승을 거둠./ 이 싸움에서 담람을 없애고, 동호를 쳐부수고, 임호를 항복시킴.

❷ 조혜문왕은 동호에게 점령당했던 대代 땅을 도로 빼앗음(서기전 273).

❻ 조도양왕은 이목을 장군으로 삼아 연나라를 공격, 무수와 방성을 함락시킴(서기전 243).

❸ 진나라가 한나라를 치고 알여에 군사를 주둔하자 조혜문왕은 조사趙奢를 장군으로 삼아 알여를 공격, 진나라 군대를 대파함(서기전 270).

❹ 염파는 진나라와 장평에서 대치했으나 수비만 한다고 조효성왕은 장수를 조괄로 교체하여 진나라 백기와 싸웠으나 대패, 조나라 군사 45만 명이 죽거나 생매장됨(서기전 260).

❶ 진소양왕이 조나라의 화씨벽을 탐내 자국의 15개 성과 바꾸고자 했으나 그것이 속임수임을 간파한 인상여가 대범한 꾀를 내어 화씨벽을 조나라에 보내고 살아서 귀환함(서기전 282).

◎ 국도
◎ 제후국 도읍
○ 주요 지역
→ 진나라 진격로
→ 조나라 진격로
⌐⌐ 만리장성

0   100   200km

찾아보기

당매唐眛　246~247

도주공陶朱公　230

ㅁ

마복군馬服君(조사趙奢)　282, 309, 312 (62, 280, 302, 305, 312, 333)

마복자馬服子　204, 206, 228

망제군望諸君　252~253, 269

맹분孟賁　170~171

맹상군孟嘗君　18, 23, 66, 69, 100, 129, 159, 180, 328

모공毛公　88, 90~91, 96

모수毛遂　18, 25~29, 31, 33~34, 62

모흡공毛翕公　275

무안군武安君　204, 206~207, 282~283, 327

무양군武襄君　271, 273

무현繆賢　281, 284, 286

문신후文信侯　132

문왕文王　29, 168, 201, 221, 223

ㅂ

방훤龐煖　327~328

백기白起　10, 25, 29, 30, 46, 66, 100, 102, 123, 148, 204, 206, 228, 231~232, 280, 315~316, 333

범려范蠡　217, 230

범저范雎　60~61, 68, 126, 147~151, 153, 155~157, 160, 163, 165~168, 174~175, 177~178, 181~182, 184, 189~198, 200, 209, 235~237

부차夫差　112, 217, 226, 229, 261~262

비간比干　14, 219, 221

ㅅ

사마상司馬尙　283, 330

인명

ㄱ

갑공蓋公　275

강성군綱成君　149, 235, 237

경양군涇陽君　159, 184, 188~189

고릉군高陵君　159, 184~185, 188~189

공손룡公孫龍　18, 37, 39~41

공손앙公孫鞅　216~217

곽개郭開　283, 320, 330

곽외郭隗　242, 244~245

관縮　181

관이오管夷吾　201

굉요閎夭　221, 223

교喬　233~234

극신劇辛　327~328

기겁騎劫　240, 252~254, 277

기자箕子　14, 172, 264, 271

ㄴ

노애嫪毐　143

누창樓昌　42

ㄷ

당거唐擧　209~212

상군商君　10, 215~216, 220~221, 224, 227, 231

상용商容　271

선우單于　325, 333

선태후宣太后　159, 161

설공薛公　88, 90, 91, 96

성왕成王　34, 221

성형成荊　170, 171

소진蘇秦　10, 26, 108, 225

수가須賈　148, 150~151, 191~197

순경荀卿　129, 131, 210

신릉군信陵君　18, 23, 35, 37~38, 60, 66~69, 76, 86, 96, 100, 129, 203, 316

신생申生　219, 221

신평군信平君　280, 317~319

ㅇ

악간樂間　241, 263, 269~271, 276

악숙樂叔　274

악승樂乘　269~273, 276~277, 280, 306, 319

악신공樂臣公　274~275

악양樂羊　240, 242, 244

악의樂毅　178, 239~243, 246, 250~252, 254~256, 263, 269, 271, 273~277, 285

악하공樂瑕公　274~275

안기생安期生　275

안리왕安釐王　66~68, 75, 91, 93

안취顏聚　330

양문군陽文君　127~128

양후穰侯　155~157, 159~161, 165, 175, 177, 184, 186~189

여불위呂不韋　10, 101, 132, 143

여상呂尙　168, 201

여희如姬　67, 79~80

연릉계자延陵季子　233

연소왕燕昭王　240, 242, 244~245, 256, 277

연왕희燕王喜　269, 277, 318, 321

연혜왕燕惠王　240~241, 251, 254~255, 265, 277

염파廉頗　46, 62, 204 206, 269, 271~272, 277, 279~282, 284~285, 295, 298~303, 306, 309, 312, 315, 317~320, 322, 327~333

오기吳起　215~216, 218, 220~222, 224, 228, 231

오자서伍子胥　9, 113, 170, 172, 219, 221, 261~262

오획烏獲　170

완完　103, 125, 128, 143

왕경기王慶忌　170~171

왕계王稽　148~149, 153, 155~157, 163, 197~198, 205, 212, 237

왕전王翦　10, 280, 283, 330

우경虞卿　17~19, 37~39, 42~45, 47, 50, 54~62, 202~203

월왕越王(구천句踐)　112~113, 217~218, 222~223, 229

위공자魏公子　21, 25, 65~66, 68, 76~77, 92~94

위문후魏文侯　242, 276

위소왕魏昭王　60, 66, 68~69, 150~151, 242

위제魏齊　19, 59~62, 68, 148, 150, 153, 195, 197, 200~203, 237

율복栗腹　269~271, 277, 317~318

응후應侯　45, 60, 125~127, 148, 189, 204~205, 207, 212~215, 217, 220~223, 235, 237

이목李牧　280, 282~283, 317, 319, 322~325, 327~330, 332~333

이원李園　101, 135~138, 141~145

이태李兌　186, 188, 209

인상여藺相如　46, 271, 279~282, 284, 286~293, 295~303, 309, 312, 322, 329. 331, 333

임비任鄙　170

ㅈ

장록張祿　148, 153, 157, 191~192

적송자赤松子　233~234

전단田單　240, 251~252, 266, 277, 282, 302

전문田文　18, 66, 69, 180, 184

접여接輿　172

정안평鄭安平　148~149, 153, 198, 204~205, 207, 212, 237

정주鄭朱　45

제민왕齊湣王　186, 188, 246, 248, 277

제양왕齊襄王　152, 227, 252

제환공齊桓公　201, 225, 243

조괄趙括　46, 62, 206, 228, 280~282, 312~316, 333

조도양왕趙悼襄王　271, 280, 319, 321, 327~328, 333

조무령왕趙武靈王　18, 186, 242, 244

조사趙奢　46, 62, 280, 282, 302, 305~309, 311~313, 333

조상국曹相國　275

조승趙勝　18, 20, 27, 66, 282

조왕 천遷　283, 327, 329~330

조총趙葱　330

조혜문왕趙惠文王　18, 20~21, 25~26, 75, 246, 250, 282, 284, 293~296, 302~303, 309, 312, 333

조효성왕趙孝成王　20, 25~26, 39~40, 42, 46, 57, 62, 85, 202, 271, 280~281, 312~313, 316, 318~319, 333

종種　215, 218, 220~221

주공周公　34, 139, 221

주문왕周文王　29, 168, 201, 221, 223

주보언主父偃　275

주영朱英　133, 138~139, 141~142, 144~145

주왕紂王　271, 273

주해朱亥　72, 74, 81, 83, 96, 142

진비晉鄙　35, 66~67, 75~76, 79, 81, 83~85, 94, 96

진소왕秦昭王　25~26, 75, 127, 144, 149, 153, 159, 165, 167, 181~182, 189, 196, 198, 201, 203~204, 207, 212, 235, 281

진시황제秦始皇帝　93, 143, 235

진장양왕秦莊襄王　92~93, 132, 149, 235

진효공秦孝公　216, 223

진효문왕秦孝文王　92, 149, 235

ㅊ

채택蔡澤　61, 147~149, 207, 209~210, 212~215, 217, 219, 221~223, 233, 235~237

초경양왕楚頃襄王　31, 100, 102~103, 124~125, 128~130, 187

초고열왕楚考烈王　30, 100~101, 103, 128, 130~132, 135~138, 142~145

초도왕楚悼王　216, 218, 221~223, 228

초유왕楚幽王　136, 143~144

초회왕楚懷王　31, 102, 128, 157

춘신군春信君　11, 18, 24, 35, 99~102, 124~125, 128~133, 135~139, 141~144, 316

ㅌ

탕왕湯王　29, 34, 266

태사교太史嗷　226~227

태자 단丹　235

ㅍ

평원군平原君　17~18 20~29, 33, 35~41, 57, 60~62, 66, 75, 77, 83, 85, 88~89, 100, 129, 131, 197, 200~203, 282, 305, 316

ㅎ

하상장인河上丈人 275

하육夏育 170~171, 226~227

한비자韓非子 149, 236~237

합려闔閭 130, 172, 217, 261

허력許歷 308~311

허유許由 233

호첩扈輒 327~328

화성군華成君 274

화양군華陽君 159~161, 184~188

환의桓齮 327, 329

황헐黃歇 18, 102, 104, 125~128, 136, 145

후영侯嬴(후생侯生) 67, 71~75, 78~79, 81, 83, 96, 203

지명

ㄱ

감천甘泉 175~176

강剛 160

강동江東 128, 137

거莒 131, 250~252, 257, 266, 277, 285

경수涇水 175

계구薊丘 258, 260

고밀高密 274

고평高平 198, 200

곡구谷口 175~176

공鞏 182

관내關內 122

관진觀津 133, 246, 252,

광무廣武 204

교서膠西 275

규구葵丘 225

기幾 302~303

ㄴ

농隴 175

능수陵水 170

ㄷ

대代 322~323, 326, 333

대량大梁 19, 61, 67~68, 71, 88, 91, 94, 96, 107, 197, 203, 281, 319

도桃 107

도陶 160, 186, 189

동군東郡 67, 92, 94~95, 133

동무성東武城 20, 38

동주東周 132

두우杜郵 228

ㅁ ─────────────────

맹애黽隘 133

무수武遂 283, 319, 327, 329

무안武安 306

문수汶水 258, 260

민지澠池 295

ㅂ ─────────────────

방릉防陵 280, 302, 304

방성方城 283, 319, 327

방여方與 119

번양繁陽 318

범范 231

복마濮磨 107

분汾 204

ㅅ ─────────────────

사구沙丘 186, 242

사수泗水 34, 119

산조酸棗 107

삼정三亭 153, 154

삼천三川 230, 232

상당上黨 18, 46, 62, 182, 280

상相 119

성고成皐 182

소곡少曲 198, 200

소관昭關 170

소蕭 119

수壽 160, 177

수首 107, 108

수수隨水 118, 119

수춘壽春 101, 133, 281, 320

ㅇ ─────────────────

악경樂卿 274

안문鴈門 322

안양安陽 280, 302

알여閼與 282, 302

야왕野王 133~134

양장羊腸 231

양진陽晉 280, 284

언릉鄢陵 122, 133

언鄢 30, 102, 157, 228

업鄴 67, 76, 83

연燕 26, 67, 95, 107, 149, 240, 270, 277, 283

연衍 107~108

영성嬰城 107, 109

영수靈壽 240, 242~244

영郢 30, 102, 157, 228, 261

원垣 107~108

위문尉文 317

위수渭水 168, 175

유留 119

의안宜安 283, 327

의양宜陽 183~184, 230

이릉夷陵 30, 228

인仁 107

임치臨菑 250

ㅈ

장평長平 42, 75, 280, 312, 317

정鄭 122, 200

제수濟水 109, 250, 258

제양濟陽 107~109

중구重丘 246

중항中行 231

즉묵卽墨 251, 266

진陳 30, 118, 133, 182, 228

질銍 119

ㅊ

채蔡 228

촉蜀 175, 228, 231

ㅌ

탕碭 119

태항산太行山 182, 184, 200, 231, 307

ㅍ

파오番吾 283, 327

평구平丘 107

평읍平邑 302

포蒲 107~108

ㅎ

하내河內 107

하상河上 204, 206

하수河水 92, 119, 122, 206, 232

한단邯鄲 18~19, 24~26, 35~38, 44~45, 47, 61~62, 66, 75~77, 83, 100, 129, 148, 204, 228, 269, 281, 294, 306~307, 309~311, 313, 316~318, 322

한漢 228, 231

함곡관函谷關 92~93, 132, 155, 175, 189, 198, 201, 248

함양咸陽 125

허虛 107

허許 122, 133~134

형구邢丘 108, 181~182

형양滎陽 182

형陘 204~205

호릉湖陵 119

호湖 155~156

호鄗 269, 277, 280, 317

황黃 107~109

회북淮北 128

회懷 181

효판崤阪 175

기타

ㄱ
광성전廣成傳 290

ㄷ
담람襜襤 325~326, 333
동호東胡 325~327, 333

ㅁ
문경지교刎頸之交 281, 295, 301

ㅂ
분부盆瓶 296~297

ㅅ
삼왕三王 110, 170, 235
시경詩經 110, 114

ㅇ
양월楊越 228
아경亞卿 243, 255
영항永巷 165~166
오제五帝 9, 11, 13, 170, 213
오패五伯 79, 110, 170, 235, 258
의거義渠 165~166
이궁離宮 165~166
임호林胡 325, 333

ㅈ
주역周易 110, 140, 225, 233, 234, 268
중산국中山國 179, 240, 242~244, 246, 248

ㅊ
창국昌國 241, 250~251, 263, 269, 276

ㅎ
한로韓盧 175~176
화씨벽和氏璧 281, 284, 286~290, 293, 332~333
흉노匈奴 13~14, 245, 270, 282~283, 322, 324~325, 327, 333

《신주 사마천 사기》〈열전〉을 만든 사람들

한가람역사문화연구소 사기연구실

이덕일(한가람역사문화연구소 소장, 문학박사)

김명옥(문학박사)

송기섭(문학박사)

이시율(고대사 및 역사고전 연구가)

정　암(지리학박사)

최원태(고대사 연구가)

한가람역사문화연구소는 1998년 창립된 이래 한국 사학계에 만연한 중화사대주의 사관과 일제식민 사관을 극복하고 한국의 주체적인 역사관을 세우려 노력하고 있는 학술연구소이다. 독립운동가들의 역사관 계승 작업을 꾸준히 진행하는 한편 《사기》 본문 및 '삼가주석'에 한국 고대사의 진실을 말해주는 수많은 기술이 있음을 알고 연구에 몰두했다. 지난 10여 년간 '《사기》 원전 및 삼가주석 강독(강사 이덕일)'을 진행하는 한편 사기연구실 소속 학자들과 《사기》에 담긴 한중고대사의 진실을 찾기 위한 연구 및 답사도 계속했다. 《신주 사마천 사기》는 원전 강독을 기초로 여러 연구자들이 그간 토론하고 연구한 결과의 집대성이라고 할 수 있다. 한가람역사문화연구소는 《신주 사마천 사기》 출간을 시작으로 역사를 바로세우기 위해 토대가 되는 문헌사료의 번역 및 주석 추가 작업을 꾸준히 이어갈 계획이다.

한문 번역 교정

유정님 박상희 김효동 곽성용 김영주 양훈식 박종민

《사기》를 지은 사람들

본문_ 사마천

사마천은 자가 자장子長으로 하양(지금 섬서성 한성시) 출신이다. 한 무제 때 대사공을 역임하다가 이릉 사건에 연루되어 궁형을 당했다. 기전체 사서이자 중국 25사의 첫머리인 《사기》를 집필해 역사서 저술의 신기원을 이룩했다. 후세 사람들이 태사공 또는 사천이라고 높여 불렀다. 《사기》는 한족의 시각으로 바라본 최초의 중국 민족사라고 할 수 있는데 여기서 사마천은 동이족의 역사를 삭제하거나 한족의 역사로 바꾸기도 했다.

삼가주석_ 배인·사마정·장수절

《집해》 편찬자 배인은 자가 용구龍駒이며 남북조시대 남조 송(420~479)의 하동 문희(현 산서성 문희현) 출신이다. 진수의 《삼국지》에 주석을 단 배송지의 아들로 《사기집해》 80권을 편찬했다.

《색은》 편찬자 사마정은 자가 자정子正으로 당나라 하내(지금 하남성 심양) 출신인데 굉문관 학사를 역임했다. 사마천이 삼황을 삭제한 것을 문제로 여겨서 〈삼황본기〉를 추가했으며 위소, 두예, 초주 등 여러 주석자의 주석을 폭넓게 모으고 자신의 견해를 덧붙여 《사기색은》 30권을 편찬했다.

《정의》 편찬자 장수절은 당나라의 저명한 학자로, 개원 24년(736) 《사기정의》 서문에 "30여 년 동안 학문을 섭렵했다"고 썼을 정도로 《사기》 연구에 몰두했다. 그가 편찬한 《사기정의》에는 특히 당나라 위왕 이태 등이 편찬한 《괄지지》를 폭넓게 인용한 것을 비롯해서 역사지리에 관한 내용이 풍부하다.